习近平新时代中国特色社会主义思想的河南实践

系列丛书

总纲领总遵循总指引的
河南实践

THE PRACTICE OF GENERAL PROGRAM GENERAL COMPLIANCE GENERAL GUIDELINE IN HENAN

主编 ◎ 王承哲

社会科学文献出版社
SOCIAL SCIENCES ACADEMIC PRESS (CHINA)

“习近平新时代中国特色社会主义思想的河南实践”系列丛书

编委会

前　言

习近平总书记和党中央对河南工作高度重视、寄予厚望。党的十八大以来，习近平总书记先后四次到河南考察，多次发表重要讲话、作出重要指示，为河南发展掌舵领航。全省上下深入学习贯彻习近平新时代中国特色社会主义思想和总书记关于河南工作的重要讲话重要指示批示精神，踔厉奋发、不懈探索，努力推动习近平总书记重要讲话重要指示批示和党中央各项决策部署在河南落地落实、见行见效，全省各项事业开创了新局面，开启了全面建设社会主义现代化河南的新征程，奋勇争先建设更加出彩的河南。

河南省社科院研创出版"习近平新时代中国特色社会主义思想的河南实践"系列丛书。该系列丛书充分展示河南贯彻落实习近平新时代中国特色社会主义思想的具体举措和成功经验，既是向党的二十大献礼，又是落实 2022 年河南兴文化工程文化研究计划，为锚定确保高质量建设现代化河南、确保高水平实现现代化河南"两个确保"奋斗目标，实施"十大战略"凝聚强大精神动力的重大成果。

"习近平新时代中国特色社会主义思想的河南实践"系列丛书第二辑包括《总纲领总遵循总指引的河南实践》《创新驱动发展的河南实践》《数字化转型战略的河南实践》《建设幸福美好家园的河南实践》《法治化营商环境的河南实践》《传承弘扬红旗渠精神的河南实践》《法治政府建设的河南实践》。该系列丛书围绕习近平总书记关于河南工作的重要讲话和指示批示精神，深入领会习近平新时代中国特色社会主义思想的精神实质和丰富内涵，旨在全面展现习近平新时代中国特色社会主义思想的河南实践，为推动河南全面建设社会主义现代化，锚定"两个确保"、实施"十大战略"，奋力谱写新时代中原更加出彩的绚丽篇章提供理论支持和智力服务。

目　录

第一章　总纲领总遵循总指引河南实践的理论内涵与实践引领

习近平总书记重要讲话精神具有十分鲜明的实践性、创新性、世界性和人民性。总书记在河南调研指导工作时作了“四个着力”“四张牌”“三起来”“三结合”等的重要指示，强调了“推动经济高质量发展”“黄河流域生态保护和高质量发展”，充分肯定了愚公移山精神、大别山精神、焦裕禄精神、红旗渠精神等的时代价值，这些重要的指示精神是推动河南发展的科学指引、做好河南工作的根本遵循。《在中国共产党河南省第十一次代表大会上的报告》指出，习近平总书记对河南高度重视、非常关心，先后四次亲临视察，发表重要讲话，作出重要指示，寄予我们在中部地区崛起中奋勇争先、谱写新时代中原更加出彩的绚丽篇章的殷切期望，为全面建设社会主义现代化河南提供了总纲领、总遵循、总指引。河南把学习贯彻习近平总书记重要讲话精神作为首要政治任务和头等大事，站在增强“四个意识”、坚定“四个自信”、做到“两个维护”、坚持“两个确立”的高度，深刻领会习近平总书记关于河南经济社会发展的总目标总要求，坚定高质量发展不动摇，深入贯彻习近平生态文明思想、文化繁荣兴盛的重要指示精神、黄河流域生态保护和高质量发展的重大部署、牢记初心使命传承红色基因的重大要求，领会习近平总书记重要讲话精神的精髓要义，以扎实作风确保习近平总书记重要讲话精神落地落实。

第一节　习近平新时代中国特色社会主义思想作为总纲领总遵循总指引的重大意义

党的十八大以来，习近平总书记多次到河南调研指导工作，深入革命老区、工厂车间、田间地头、黄河岸边，并亲临两会河南代表团参加审议，对新时代中原大地的新发展寄予厚望，提出实现“两个一百年”奋斗目标、实现中华民族伟大复兴的中国梦，需要中原更加出彩。

一 习近平新时代中国特色社会主义思想作为总纲领总遵循总指引的理论意义

习近平总书记视察河南重要讲话重要指示精神具有十分鲜明的思想性、政治性、战略性，为河南发展注入了强大的政治动力、精神动力。我们要以习近平总书记视察河南重要讲话重要指示为总纲领、总遵循、总指引，深刻理解其核心要义、精神实质、丰富内涵，统筹推进河南各项事业高质量发展，为实现中部崛起、谱写中原更精彩绚丽篇章贡献河南力量，为实现中华民族伟大复兴的中国梦作出新的更大贡献。

习近平总书记视察河南重要讲话重要指示落实了马克思主义的根本精神。我们党非常注重马克思主义的指导地位，也非常注重发展马克思主义。党的十八大以来，以习近平同志为核心的党中央坚持马克思主义根本立场，继承马克思主义基本精神，注重用马克思主义的基本原理和基本方法分析问题、解决问题，把马克思主义基本原理同中国具体实际相结合、同中华优秀传统文化相结合，继承发展了马克思列宁主义、毛泽东思想、邓小平理论、“三个代表”重要思想、科学发展观，创立了习近平新时代中国特色社会主义思想，续写了马克思主义中国化最新篇章，实现了马克思主义中国化的历史性飞跃和创造性升华，是马克思主义中国化的最新成果。习近平总书记寄予河南在中部地区崛起中奋勇争先、谱写新时代中原更加出彩的绚丽篇章，视察河南时的重要讲话重要指示是新时代中国特色社会主义思想在河南的具体实践和运用，只有坚持习近平新时代中国特色社会主义思想的科学指导地位，才能够夺取全面建设社会主义现代化国家新胜利，建设社会主义现代化强国。

习近平总书记视察河南重要讲话重要指示体现了以人民为中心的发展思想。习近平总书记反复强调，要“坚持立党为公、执政为民，践行全心全意为人民服务的根本宗旨，把党的群众路线贯彻到治国理政全部活动之中”，凸显了中国共产党人对人民的使命担当。习近平新时代中国特色社会主义思想扎根于人民的创造性实践中，始终贯穿着马克思主义群众观点和人民立场，坚持人民主体地位，体现着人民至上的政治立场和价值取向，是站在中国最广大人民的立场上、为中国最广大人民服务的科学理论。习近平总书记指出，“人民对美好生活的向往，就是我们的奋斗目标”，并强调“必须把促进全体人民共同富裕摆在更加重要的位置，让广大人民群众获得感、幸福感、安全感更加充实、更有保障、更可持续”，体现了以人民为中心的发展思想和为中国人民谋幸福、为中华民族谋复兴的初心与使命。人民幸福是习近平新时代中国特色社会主义思想的目标追求，坚持人民利益高于一切，把增进人民福祉作为发展的根本目的，推动发展成果更多更公平惠及全体人民。习近平总书记视察河南重要讲话重要指示体现了抓好民生工作、增进民生福祉，造福老区人民等的以人民为中心的思想，我们把习近平总书记殷殷嘱托转化为造福人民的务实举措，同心共筑中国梦、争先进位谋出彩。

习近平总书记视察河南重要讲话重要指示具有深远的战略眼光、宏阔的世界视野。党的十八大以来，以习近平同志为核心的党中央顺应时代发展变化，回应实践发展要求，将历史与现实、理论与实践、国内与国际紧密结合，对新时代中国特色社会主义建设各方面各领域问题进行全面深入的论述。习近平总书记在河南考察时就特别关注“三农”工作，强调要把做好“三农”工作放在经济社会发展全局中统筹谋划和推进。习近平总书记把保护黄河与中华民族伟大复兴和永续发展的千秋大计结合起来，把保护传承弘扬黄河文化与延续历史文脉、坚定文化自信、实现中国梦结合起来，把黄河流域生态保护和高质量发展纳入重大国家战略，体现了深远的战略眼光。习近平总书记考察河南时提出“实现‘两个一百年’奋斗目标、实现中华民族伟大复兴的中国梦需要中原更加出彩”，参加全国人大会议河南代表团审议时对河南深度融入共建“一带一路”，不断提高对外开放的水平寄予了厚望，具有高瞻远瞩的战略眼光和宏阔的世界视野，为河南各项事业的发展提供了行动指南和思想武器。

二　习近平新时代中国特色社会主义思想作为总纲领总遵循总指引的实践价值

习近平新时代中国特色社会主义思想是中国现代化建设的总遵循总指

引，对社会主义现代化进程具有重要的指导性，是我们党把握新时代、驾驭新实践、开辟新局面的科学导向，也是中国现代化进程中应对各种风险挑战、解决全球问题的科学指南。只有坚持习近平新时代中国特色社会主义思想的科学指引和全面引导，才能开启全面建设社会主义现代化国家、谱写社会主义现代化新征程的壮丽篇章。

习近平总书记视察河南重要讲话重要指示为开启河南现代化建设新征程指明了方向。坚持什么样的理论指导是至关重要的理论问题，也是重要的实践方向问题，它关涉到如何坚持和发展中国特色社会主义、坚持和发展什么样的中国特色社会主义等的重大问题。习近平总书记新时代中国特色社会主义思想回答了人民群众最为关切的重大理论问题和发展实践问题，为中国未来发展制定了蓝图，为发展新时代中国特色社会主义和建设社会主义现代化国家开启了新征程，为中华民族伟大复兴指明了前进方向。用习近平新时代中国特色社会主义思想指导河南各方面的实践，才能够推动河南省各项事业朝着健康有序的方向发展，为建成富强民主文明和谐美丽的社会主义现代化强国贡献力量。

习近平总书记视察河南重要讲话重要指示为河南应对风险挑战提供了科学指引。党的十八大以后，以习近平同志为核心的党中央统揽伟大斗争、伟大工程、伟大事业、伟大梦想，在矛盾冲突面前敢于迎难而上，在危机困难面前敢于挺身而出。党的十九大报告中指出："我们党要团结带领人民有效应对重大挑战、抵御重大风险、克服重大阻力、解决重大矛盾，必须进行具有许多新的历史特点的伟大斗争，任何贪图享受、消极懈怠、回避矛盾的思想和行为都是错误的。"河南要以习近平新时代中国特色社会主义思想为指导，充分认识新时代面临风险挑战的复杂性，时刻准备战胜一切艰难险阻，朝着我们党确立的伟大目标奋勇前进。

习近平总书记视察河南重要讲话重要指示为应对全球挑战、解决全球问题提供了新的选择。党的十八大以来，以习近平同志为核心的党中央，关注世界和平与发展，关注人类的前途命运与未来，提出了促进世界和平和人类进步的新倡议，为人类面临的共同问题提供了中国智慧、中国方案，特别是为广大发展中国家维护国家安定，保持民族独立，加快经济发展提供了新的方案。习近平新时代中国特色社会主义思想站在人类发展前沿引领时代潮流，深入思考"建设一个什么样的世界、如何建设这个世界"等重大课题，积极探索关系人类前途命运的重大问题，解决人类面临的共性问题，彰显宽广的世界眼光。习近平新时代中国特色社会主义思想注重从全球视野审视世界和中国，习近平总书记考察河南时提出实现中华民族伟大复兴的中国梦，需要中原更加出彩，希望深度融入共建“一带一路”，不断提高对外开放水平，为河南各项事业发展指明了前进方向，提供了根本遵循，注入了强大动力。

第二节　总纲领总遵循总指引河南实践的理论内涵

党的十八大以来，习近平总书记四次亲临河南视察指导，寄予了“实现中华民族伟大复兴的中国梦，需要中原更加出彩”的殷殷嘱托，阐明了事关河南发展全局和长远的重大问题，为河南出彩指明了前进方向，带来了发展机遇，激发了中原儿女的奋斗激情，“中原更加出彩”成为引领新时代河南发展的最强音。习近平总书记亲临河南视察调研工作，充分体现了习近平总书记和党中央对河南工作的高度重视，对河南广大干部群众的关心厚爱，为新时代河南工作提供了根本遵循、带来了重大机遇。习近平总书记在河南考察重要讲话思想深邃、内涵丰富，为我们全面深化改革、推动经济持续健康发展指明了方向。我们要把习近平总书记视察河南时的重要讲话重要指示和习近平新时代中国特色社会主义思想融会贯通，作为新时代河南出彩前行的思想指引。

习近平总书记关于“中原更加出彩”的重要嘱托。2012 年 11 月 29 日，习近平总书记在参观《复兴之路》展览时首次阐述“中国梦”重要思想，提出实现中华民族伟大复兴是中华民族近代以来最伟大的梦想。习近平总书记对河南工作高度重视、非常关心，先后 4 次亲临考察，作出重要讲话重要指示，2014 年 5 月视察河南时提出，“实现‘两个一百年’奋斗目标、实现中华民族伟大复兴的中国梦需要中原更加出彩”。2019 年 9 月，习近平总书记在河南考察时进一步提出“谱写新时代中原更加出彩的绚丽篇章”的殷殷嘱托。习近平总书记关于“中原更加出彩”的重要嘱托和论述为我们指明了远大目标和前进方向，提供了根本遵循，注入了强大动力，树起了新的标杆，开启了现代化河南建设新征程。习近平总书记关于“中原更加出彩”的重要嘱托对河南寄予了厚望，要求河南要有更高的标准和追求，需要更大的担当和作为，推动新时代中原更加出彩取得重要进展。

习近平总书记关于“四个着力”“四张牌”的重要论述。2014 年 5 月调研指导河南工作时，习近平总书记提出“四个着力”重大要求，即要把着力转变经济发展方式作为实现经济又好又快发展的关键，不断提高经济发展的质量和效益；要把着力推进改革开放作为实现经济社会又好又快发展的强大动力，继续当好全国改革开放的排头兵；要把着力促进社会和谐作为经济发展的内在需要，切实解决好人民群众最关心、最直接、最现实利益问题；要把着力加强党的领导作为推动经济社会发展的根本保证，毫不放松地抓好党的思想建设、组织建设、作风建设和制度建设。“四个着力”是对河南工作的精准把脉、科学指引，体现了新时代进行伟大社会革命的要求，体现了中国共产党自我革命的要求，是“五位一体”总体布局和“四个全面”战略布局在河南的具体化，也是新时代让中原更加出彩的根本遵循。与此同时，习近平总书记希望河南围绕加快转变经济发展方式和提高经济整体素质及竞争力，着力打好“四张牌”，即希望河南紧紧围绕中部地区崛起，以发展优势产业为主导推进产业结构优化升级，以构建自主创新体系为主导推进创新驱动发展，以强化基础能力建设为主导推进培育发展新优势，以人为核心推进新型城镇化，充分体现了习近平新时代中国特色社会主义经济思想，明确了河南落实新发展理念、深化供给侧结构性改革的重要抓手，指明了河南加快转变发展方式、优化经济结构、转换增长动力、实现高质量发展的关键举措。

习近平总书记关于县域和乡镇工作“三起来”“三结合”的重要论述。2014 年 3 月，习近平总书记在调研指导兰考县党的群众路线教育实践活动时，对县域治理和县域经济发展提出“三起来”的要求，即强调要准确把握县域治理特点和规律，把强县和富民统一起来、把改革和发展结合起来、把城镇和乡村贯通起来。乡镇工作要把改进作风和增强党性结合起来，把为群众办实事和提高群众工作能力结合起来，把抓发展和抓党建结合起来。“三起来”是国家治理体系和治理能力现代化在县域治理领域的具体体现。2014 年 5 月，习近平在兰考、尉氏镇村干部和村民代表座谈会上提出乡镇工作要做到“三结合”，即把改进作风和增强党性结合起来，把为群众办实事和提高群众工作能力结合起来，把抓发展和抓党建结合起来，以实实在在的成效取信于民。“三结合”是基层党组织强化政治功能和服务功能的重要遵循，为我们提升治理水平、夯实党的执政根基指明了方向。习近平总书记关于县域治理“三起来”、乡镇工作“三结合”的指示精神，是搞好县域经济和农村工作的根本遵循。

习近平总书记关于“推动经济高质量发展”在河南实践的重要论述。振兴实体经济、推动经济高质量发展，是习近平地方考察时经常提到的话题，也是他河南考察的重要内容。习近平总书记指出，要推动经济高质量发展，抓住促进中部地区崛起战略机遇，立足省情实际、扬长避短，把制造业高质量发展作为主攻方向，把创新摆在发展全局的突出位置，加强重大基础设施建设，坚持以人为核心推进新型城镇化，善于用改革的办法解决经济社会发展中的突出问题，积极融入共建“一带一路”，加快打造内陆开放高地，加快建设现代化经济体系。这些重大要求站位全国发展大局，直指河南经济发展的关键点和突破口，具有特殊针对性和长远指导性。河南省以习近平总书记重要讲话精神为指导，坚决推动习近平总书记关于河南经济社会发展的各项重大要求在河南落实落细。坚决推动经济高质量发展，坚持先进制造业引领，强化基础能力支撑，持续优化营商环境，扎实实施乡村振兴战略。

习近平总书记关于黄河流域生态保护和高质量发展的重要论述。习近平总书记多次亲临现场，深入黄河沿线调研考察，主持召开座谈会，为黄河流域生态保护和经济发展掌舵领航。2019 年 9 月 18 日，习近平总书记在郑州主持召开黄河流域生态保护和高质量发展座谈会并发表重要讲话，认为保护黄河是事关中华民族伟大复兴和永续发展的千秋大计，指出要坚持绿水青山就是金山银山的理念，坚持生态优先、绿色发展，以水而定、量水而行，因地制宜、分类施策，上下游、干支流、左右岸统筹谋划，共同抓好大保护，协同大治理，着力加强生态保护治理、保障黄河长治久安、促进全流域高质量发展、改善人民群众生活、保护传承弘扬黄河文化，让黄河成为造福人民的幸福河。最后，习近平总书记还强调从抓紧开展顶层设计、加强重大问题研究、着力创新体制机制等方面加强对黄河流域生态保护和高质量发展的领导。习近平总书记关于黄河流域生态保护和高质量发展的重要论述为我们共同抓好大保护、协同推进大治理提供了重要遵循，为加强黄河流域生态保护和高质量发展提供了思想指引和行动指南。河南省认真学习贯彻习近平总书记在黄河流域生态保护和高质量发展座谈会上的重要讲话精神，推动黄河流域生态保护和高质量发展，塑造黄河文旅品牌，走好黄河流域生态保护和高质量发展之路。

习近平总书记关于“牢记红色政权是从哪里来的”在河南实践的重要论述。2019 年 9 月 16 日至 18 日，习近平总书记先后来到河南信阳、郑州等地，就经济社会发展和“不忘初心、牢记使命”主题教育情况进行考察调研。16 日，习近平总书记到新县缅怀革命烈士，在鄂豫皖苏区首府革命博物馆内院会见当地红军后代、革命烈士家属代表时指出，“吃水不忘掘井人。我们绝不能忘记革命先烈，绝不能忘记老区人民，要把革命老区建设得更好，让老区人民过上更好生活”。习近平总书记告诫大家：“红色江山来之不易，是千千万万革命前辈用鲜血换来的。我们要牢记红色政权是从哪里来的，始终铭记缅怀革命先烈。”这些谆谆教导充分体现了对革命先烈的敬仰缅怀，对传承好红色基因的高度重视，对老区人民的真情大爱，为河南走好新时代长征路、传承红色基因、造福老区人民提出了新的时代要求。

习近平总书记关于党的群众路线教育实践活动的重要论述。习近平总书记在党的群众路线教育实践活动中多次强调学习弘扬焦裕禄精神，要求党员干部把焦裕禄精神作为一面镜子，努力做焦裕禄式的好党员、好干部。2014 年 8 月，习近平总书记在京听取兰考县和河南省党的群众路线教育实践活动情况汇报时强调，要深学细照笃行焦裕禄精神，学习弘扬焦裕禄同志对群众的那股亲劲、抓工作的那股韧劲、干事业的那股拼劲。这些重要论述体现了党要管党、从严治党的根本原则，为我们解决理想信念、群众观点、思想方法、精神状态、执政能力等方面存在的问题树立了标杆、提出了要求。

习近平总书记关于推动文化繁荣兴盛的重要论述。2017 年 6 月，习近平总书记对建设大运河文化带作出重要指示：大运河是祖先留给我们的宝贵遗产，是流动的文化，要统筹保护好、传承好、利用好。2019 年 9 月，习近平总书记在郑州主持召开黄河流域生态保护和高质量发展座谈会时强调，要推进黄河文化遗产的系统保护，守好老祖宗留给我们的宝贵遗产。2021 年 10 月，在仰韶文化发现和中国现代考古学诞生 100 周年之际，习近平总书记向全国考古工作者发去贺信，充分肯定了我国现代考古学诞生 100 年来取得的重要成果。2022 年 5 月，习近平总书记在中华文明探源工程第三十九次集体学习时强调，中华文明探源工程成绩显著，但仍然任重而道远，必须继续推进、不断深化。以上重要论述和重要指示批示，为新时代河南考古工作、历史文化遗产保护工作、中华文明探源工作指明了方向。河南历史文化资源丰厚，习近平总书记曾形象地说，河南“伸手一摸就是春秋文化，两脚一踩就是秦砖汉瓦”，习近平总书记还多次肯定愚公移山精神、大别山精神、焦裕禄精神、红旗渠精神等的时代价值，成为推动河南文化繁荣兴盛的总遵循、总指引。

习近平总书记关于中医药高质量发展的重要论述。中医药是中华民族的伟大创造，传承创新发展中医药是新时代中国特色社会主义事业的重要内容。党的十八大以来，习近平总书记对中医药传承创新发展作出一系列重大决策部署。2021 年 5 月 12 日，习近平总书记到河南省南阳市考察调研，12 日下午首先来到医圣祠，了解张仲景生平和对中医药发展的贡献、中医药传承创新等情况。中医药学蕴含着独特的医学理念和技术体系，综合医学理论、保健知识、防治方药、养生保健方法，对当今医学发展有着重要影响，中医药对新冠肺炎疫情防控治疗发挥了重要作用。习近平总书记强调，要做好守正创新、传承发展工作，积极推进中医药科研和创新，注重用现代科学解读中医药学原理，推动传统中医药和现代科学相结合、相促进，推动中西医药相互补充、协调发展，为人民群众提供更加优质的健康服务。习近平总书记在南阳考察时对中医药工作的殷殷嘱托和重要指示，为推动中医药传承创新发展指明了前进方向和战略指引、赋予新的历史使命。

习近平总书记关于推进南水北调后续工程高质量发展的重要论述。2021 年 5 月 13 日，习近平总书记到南阳实地了解南水北调中线工程建设管理运行、库区移民安置等情况。5 月 14 日，习近平总书记主持召开推进南水北调后续工程高质量发展座谈会并发表重要讲话，充分肯定南水北调工程的重大意义，系统总结实施重大跨流域调水工程的宝贵经验，明确提出继续科学推进实施调水工程的总体要求，对做好南水北调后续工程的重点任务作出全面部署，强调要深入分析南水北调工程面临的新形势新任务，科学推进工程规划建设，提高水资源集约节约利用水平，为推进南水北调后续工程高质量发展指明了方向、提供了根本遵循。

习近平总书记关于推进郑开同城化的重要指示。2019 年 5 月，习近平总书记在推动中部地区崛起工作座谈会上指出，中部地区这个“脊梁”要更硬一点，“补补钙”，发挥更大的支撑作用。2020 年初，在中央财经委员会第六次会议上，习近平总书记指出，要“强化郑州国家中心城市的带动作用”，“推动沿黄地区中心城市及城市群高质量发展”，“推进郑州与开封同城化，引领中原城市群一体化发展”，这为推进郑开同城化指明了方向，提供了根本遵循和科学指引。根据习近平总书记关于推进郑开同城化的重要指示精神，河南省第十一次党代会上，“加快郑州都市圈一体化发展，全面推进郑开同城化，并将兰考纳入郑开同城化进程”被写入了党代会报告，兰考已初步编制了纳入郑开同城化进程的总体方案。

第三节　习近平新时代中国特色社会主义思想引领河南高质量发展的实践历程

党的十八大以来，河南省把习近平总书记的重要讲话重要指示精神转化为同心共筑中国梦、争先进位谋出彩的具体行动，全省上下把学习宣传贯彻习近平总书记视察河南重要讲话精神作为首要政治任务和头等大事。2019 年 9 月，中共河南省委发出《关于认真学习贯彻习近平总书记考察调研河南时重要讲话精神的通知》，要求学习贯彻习近平总书记重要讲话精神，充分认识习近平总书记考察调研河南的里程碑意义，深刻领会习近平总书记重要讲话精神的精髓要义，牢牢把握习近平总书记重要讲话精神的实践要求，以扎实作风确保习近平总书记重要讲话精神不折不扣地落地落实。河南省以高度的责任感和强烈的使命感抓好学习、贯彻和落实，深刻领会习近平总书记重要讲话精神的精髓要义，认真贯彻落实中央决策部署，统筹推进“五位一体”总体布局，协调推进“四个全面”战略布局，把奋斗目标统一到习近平总书记“中原更加出彩”的殷殷嘱托上来，把工作导向引领到以高质量党建推动高质量发展上来，谱写新时代中原更加出彩新篇章，让习近平总书记的嘱托在中原大地落地生根、开花结果。

坚定不移推进乡村振兴。2019 年 3 月，习近平总书记参加十三届全国人大二次会议河南代表团审议并发表重要讲话，指出河南农业农村人口比重大，“三农”工作任务繁重，粮食生产这个优势、这张王牌任何时候都不能丢，要牢牢抓住粮食这个核心竞争力。河南省各地召开领导干部会议传达学习习近平总书记视察河南重要讲话精神，认真落实习近平总书记关于“三农”工作讲话精神，2021 年 3 月中共河南省委、河南省人民政府出台《中共河南省委河南省人民政府关于全面推进乡村振兴加快农业农村现代化的实施意见》，强调各地各部门要坚持把解决好“三农”问题作为重中之重，扎实实施乡村振兴战略，探索走出具有区域特色的乡村振兴之路。河南省作为国家粮食生产核心区，根据习近平总书记的指示精神，加大资金科技投入，提高粮食生产能力，优质专用小麦、优质花生种植面积和食用菌、蔬菜、中药材产值均居全国前列。不断深化农业供给侧结构性改革，现代农业产业体系加快构建，坚持绿色发展道路，开展人居环境整治，促进农村生产生活生态协调发展，越来越多农村人过上了和城里人一样的幸福生活。

坚定不移打好“四张牌”。2014 年 5 月，习近平总书记在河南考察时提出“发挥优势打好四张牌”的重要要求，即“以发展优势产业为主导推进产业结构优化升级，以构建自主创新体系为主导推进创新驱动发展，以强化基础能力建设为主导推进培育发展新优势，以人为核心推进新型城镇化”。着力发挥优势打好“四张牌”，是习近平总书记调研指导河南工作时提出的殷切期望和嘱托，把准了河南发展脉搏，切中河南省发展的突出矛盾和重大关键问题，完全符合河南发展实际，具有很强的思想性、战略性、针对性和指导性，为河南拓展开放空间、加快转型发展提供了重大机遇，增添了强大动力，为河南省决胜全面建成小康社会、让中原在实现中华民族伟大复兴的中国梦的进程中更加出彩指明了前进方向，河南省第十次党代会坚定不移地把进一步发挥优势打好“四张牌”作为谋划推动经济社会发展的根本遵循和全局任务。河南省委将“打好四张牌”写入党代会报告，着力解决好教育、就业、社会保障、医疗卫生等人民群众的切身利益问题。

坚定不移积极融入“一带一路”。习近平总书记在河南主持召开黄河流域生态保护和高质量发展座谈会时强调，要积极参与共建“一带一路”，提高对外开放水平，以开放促改革、促发展，为河南指明了改革重点和工作方向。河南省牢记习近平总书记提出的建成连通境内外、辐射东中西的物流通道枢纽等要求，“无中生有”打造空中、陆上、网上、海上“四条丝绸之路”，功能性口岸数量居内陆省份首位，朝着“买全球、卖全球”目标迈进。为保障跨境电商持续健康发展，郑州海关推动“网购保税+实体新零售”改革试点不断深入。为大力探索综合监管服务模式，促进河南跨境电商高质量发展，郑州海关支持海关特殊监管区域创新发展，首创的“1210”模式等多项监管举措及经验经海关总署向全国复制推广，其中部分内容被世界海关组织纳入跨境电商标准框架内容向全球推介。河南支持郑州新郑国际机场利用第五航权开辟新航线，推动更多航线纳入中欧安全智能贸易航线试点。郑州机场货邮吞吐量跻身全球机场50强，中欧班列（郑州）年运行总班列高达1300多列，中欧班列（郑州）满载率、辐射范围等体现运营质量的综合指标名列前茅，为保障中欧班列（郑州）各项业务发展，郑州海关创新监管模式，开展进口转关核销“先放行、后改单”试点，支持班列运邮、集装箱拆拼等特色业务开展，冷链运输全国领先，河南目前正由对外开放的跟随者变成内陆开放高地建设的探索者。

坚定不移打好“三大攻坚战”。全面建成小康社会必须打好三大攻坚战，即防范化解重大风险、精准脱贫、污染防治，这是在党的十九大报告中向全党全国各族人民提出的重大战略任务。打好打赢三大攻坚战，对于接续实现“两个一百年”奋斗目标具有重大而深远的意义。河南贯彻习近平总书记重要指示精神，坚定不移打好三大攻坚战，确保脱贫攻坚任务如期全面完成，推动生态环境质量持续好转，坚决守住不发生系统风险。打好防范化解重大风险攻坚战，深化开展扫黑除恶专项斗争，在全国率先逐县开展政府隐性债务摸底审计调查。精准脱贫攻坚战和产业扶贫取得重大进展，现行标准下绝对贫困问题在中原大地历史性画上句号。污染防治攻坚战取得决定性胜利，开展经济结构提质、生态功能提升、国土绿化提速、环境治理提效“四大行动”，环境质量持续改善，人民获得感、幸福感、安全感更加充实，群众的笑脸一天比一天灿烂。

坚定不移推进全面从严治党。党的十八大以来，以习近平同志为核心的党中央坚定推进全面从严治党，集中整饬党风，严厉惩治腐败，扎紧制度笼子，净化党内政治生态，开创了治国理政新局面。习近平在十九届中央纪委六次全会上强调，要以伟大自我革命引领伟大社会革命，坚持不懈把全面从严治党向纵深推进。河南省深入学习贯彻习近平新时代全面从严治党思想，坚定不移把管党治党引向深入，不折不扣落实中央八项规定实施细则有关精神，认真落实《党委（党组）落实全面从严治党主体责任规定》，全面贯彻《中共中央关于加强对“一把手”和领导班子监督的意见》。

河南省第十一次党代会强调，要深入贯彻新时代党的建设总要求，把严的主基调长期坚持下去，全面推进党的建设引领保障现代化河南建设行稳致远。在习近平总书记全面从严治党重要讲话精神的指引下，河南省持续营造学的氛围、严的氛围、干的氛围，各级党委干部“四个意识”更加牢固、“四个自信”更加坚定、“两个维护”更加坚决，为我们取得具有标志性意义的重要成果提供了坚强的政治保障。

全力以赴做好疫情防控各项工作。在抗击新冠肺炎疫情斗争中，习近平总书记强调，“针对这次疫情暴露出来的短板和不足，抓紧补短板、堵漏洞、强弱项，该坚持的坚持，该完善的完善，该建立的建立，该落实的落实”。河南省认真贯彻习近平总书记关于新型冠状病毒感染肺炎疫情的重要指示精神，严格落实党中央、国务院和省委省政府决策部署，科学研判河南省疫情发展态势，全力做好疫情防治工作。2020 年 2 月 5 日，中共河南省委办公厅发布了《关于学习贯彻习近平总书记重要讲话精神 进一步做好疫情防控工作的通知》，《通知》强调要提升政治站位，坚决把思想和行动统一到习近平总书记重要讲话精神上来，聚焦疫情防控，切实把各项工作抓实抓细抓落地。2020 年 4 月 17 日，河南省新型冠状病毒感染的肺炎疫情防控指挥部印发《关于做好新冠肺炎疫情常态化防控工作的指导意见》，在常态化防控重点、常态化防控机制、因时因势调整防控举措、组织领导等方面作了安排部署，采取最严格的救治、防控措施，全力做好疫情防控。

第二章　推进创新驱动、优势再造，打好“四张牌”：总纲领总遵循总指引在河南的经济建设实践

2014 年 5 月，习近平总书记在河南考察时提出“发挥优势打好四张牌”的重要要求，即“以发展优势产业为主导推进产业结构优化升级，以构建自主创新体系为主导推进创新驱动发展，以强化基础能力建设为主导推进培育发展新优势，以人为核心推进新型城镇化”。八年来，河南全省上下将打好“四张牌”作为推动经济社会发展的根本遵循，取得了一系列重大成就和重要突破。当前，河南经济社会发展正处于战略叠加的机遇期、蓄势跃升的突破期、调整转型的攻坚期、风险挑战的凸显期。立足新发展阶段，面对新发展格局，贯彻新发展理念，要深入学习贯彻习近平总书记系列重要讲话和调研指导河南工作时的重要指示精神，始终在思想上政治上行动上同以习近平同志为核心的党中央保持高度一致，牢记嘱托、不辱使命，持续深入打好“四张牌”，为河南在黄河流域生态保护和高质量发展中走在前列、在中部地区崛起中奋勇争先、谱写新时代中原更加出彩的绚丽篇章做出更大的贡献。

第一节　持续打好“产业优化升级牌”

持续打好“产业优化升级牌”，是新时代河南贯彻落实国家战略部署、让中原在服务国家高质量发展大局中更加出彩的切入点和落脚点。要充分认清持续打好“产业优化升级牌”的重要意义，立足河南发展实际，把握好产业发展规律，明确产业优化方向，科学统筹，多策并进，合力推进产业高质量发展，加快形成具有河南特色且具竞争优势的现代产业体系[①]。

---

① 完世伟：《打好“四张牌”的河南实践》，社会科学文献出版社，2021。

一 持续打好“产业优化升级牌”的重要意义

（一）河南加快构建现代产业体系的内在要求

党的十九大报告提出，“我国经济已由高速增长阶段转向高质量发展阶段，正处在转变发展方式、优化经济结构、转换增长动力的攻关期，建设现代化经济体系是跨越关口的迫切要求和我国发展的战略目标”。而现代产业体系是现代化经济体系的基本支撑，是构成国民经济体系的核心支柱和关键枢纽。产业强则经济强，只有现代产业体系壮大了、协调了，现代化经济体系才有坚实的基础。党的十九届五中全会提出：“加快发展现代产业体系，推动经济体系优化升级。坚持把发展经济着力点放在实体经济上，坚定不移建设制造强国、质量强国、网络强国、数字中国，推进产业基础高级化、产业链现代化，提高经济质量效益和核心竞争力。”作为经济大省的河南，需要在服务和支撑国家现代产业体系建设大局中承担应有的责任。《河南省国民经济和社会发展第十四个五年规划和二〇三五年远景目标纲要》也明确强调“加快建设现代产业体系”。持续打好“产业优化升级牌”，推进产业基础高级化、产业链现代化，成为新时代河南加快构建现代产业体系的内在要求和必由之路。

（二）河南重塑产业竞争新优势的必然选择

自党的十九大报告中首次提出“高质量发展”以来，“高质量发展”已成为当前和今后一个时期国家及地方发展的最鲜明主题。各地纷纷出台本地区高质量发展的规划或实施方案，区域高质量发展进入竞合加速新阶段。产业是发展的基础和核心，区域竞争归根结底是产业的竞争，产业能否实现高质量发展直接决定了整个地区高质量发展的含金量。较之国内发达省份，当前河南产业新旧动能转换还略显不足，现代产业体系建设还任重道远。河南的“三新”经济[①]体量仍偏小，发展速度还不够快，发展水平还不够高，市场竞争力还不够强。电子信息、高端装备制造、新能源、新材料等战略性新兴产业占比仍然较小，制造业服务化、“互联网+金融”、“互联

① “三新”经济：以新产业、新业态、新商业模式为核心内容的经济活动。

网+农业”等新业态培育依然缓慢，这就使得我们加快培育发展新产业新业态的任务显得异常紧迫。以数字经济为例，根据河南省发改委和中国信息通信研究院联合发布的《河南省数字经济发展报告（2021）》，2020 年，河南省数字经济总体规模接近 1.6 万亿元，同比增长 8.1%，全国排名第 10 位，产业数字化增加值接近 1.3 万亿元，同比增长 6.7%，全国排名第 9 位，与河南经济总量全国第 5 位的地位尚有不小差距。持续打好“产业优化升级牌”，成为河南在日益激烈的区域竞合态势中重塑和保持产业竞争优势的必然选择。

（三）河南推动中部地区高质量发展的最关键举措

2006 年 4 月，《中共中央国务院关于促进中部地区崛起的若干意见》印发，标志着中部崛起战略的正式实施。此后又相继出台了《国务院关于大力实施促进中部地区崛起战略的若干意见》《促进中部地区崛起规划（2016—2025 年）》等多项支持政策，中部地区经济社会发展取得了重大成就。2021 年 3 月 30 日，中共中央政治局召开会议，审议《关于新时代推动中部地区高质量发展的指导意见》。从国家“中部地区崛起”战略提出，到新时代推动中部地区高质量发展的指导意见出台，中部地区加快崛起的路径愈加清晰。以推动高质量发展为主题，着力构建以先进制造业为支撑的现代产业体系，成为中部地区产业结构优化的基本遵循。进入新发展阶段，河南作为中部地区的关键组成板块，如何推动河南在新时代中部地区崛起中奋勇争先、更好发挥河南在支撑中部地区高质量发展的关键作用，成为一项新的战略谋划。而持续打好“产业优化升级牌”，探索中部地区产业共生双赢发展，增强中部地区产业区域竞争优势，实现“1+1>2”发展目标，无疑成为最根本和最有效的举措。

（四）河南服务新发展格局实现更大作为的重要切入点

2020 年 5 月 14 日，中共中央政治局常委会召开会议，首次提出“构建国内国际双循环相互促进的新发展格局”。2020 年 9 月 1 日，习近平总书记在中央全面深化改革委员会第十五次会议上强调，“加快形成以国内大循环为主体、国内国际双循环相互促进的新发展格局，是根据我国发展阶段、环境、条件变化作出的战略决策，是事关全局的系统性深层次变革”。如何发挥自身优势，积极融入新发展格局实现更大作为，成为各省市及地区的重大研究课题。《河南省国民经济和社会发展第十四个五年规划和二〇三五年远景目标纲要》将“融入新发展格局实现更大作为”列为“十四五”时期河南经济社会发展主要目标之一，并明确将在进出口总值、释放内需潜力、优化营商环境、凸显内陆开放高地优势、建设高标准市场体系、完善现代流通体系、彰显连通境内外辐射东中西的物流通道枢纽优势等诸多方面实现新的更大突破。而产业是经济社会发展的根本载体，融入新发展格局实现更大作为，离不开产业转型升级。

（五）更好满足人民日益增长的美好生活需要的重要抓手

党的十九大报告指出：“中国特色社会主义进入新时代，我国社会主要矛盾已经转化为人民日益增长的美好生活需要和不平衡不充分的发展之间的矛盾。”顺应社会主要矛盾变化，尤其随着全国脱贫攻坚战取得全面胜利，进入全面小康社会时代，如何更好满足人民在经济、政治、文化、社会、生态等方面日益增长的美好生活需要，对经济社会发展提出了新的要求。河南作为全国重要的人口大省，人均收入水平和消费水平等指标长期低于全国平均水平，限制了人民对美好生活的向往。对河南而言，如何在现有发展基础条件下，更好满足人民日益增长的美好生活需要，成为高质量发展过程中亟待破解的难题。《河南省国民经济和社会发展第十四个五年规划和二〇三五年远景目标纲要》也将“以满足人民日益增长的美好生活需要为根本目的”作为“十四五”时期河南经济社会发展的指导思想之一。而缓解社会主要矛盾，更好满足人民日益增长的美好生活需要，归根结底还是靠发展，靠繁荣的产业来支撑。持续打好“产业优化升级牌”，不断提升产业服务及供给能力，谋民生之利、解民生之忧，更好促进更平衡更充分的发展，成为更好满足人民日益增长的美好生活需要最为行之有效的举措和最重要的抓手之一。

二　持续打好“产业优化升级牌”的非凡成就

（一）农业综合生产能力显著增强

河南是全国重要的产粮大省，承担着保障国家粮食安全的重任。河南始终把粮食和农业生产放在重中之重的位置，不断加大“三农”支持力度，持续推进“四优四化”，全面加快乡村振兴战略实施，努力探索出一条具有中原特点的农业高质量发展之路，农业综合实力实现了全面提升。农业基础设施不断改善，持续加大投入，大力推进高标准粮田“百千万”建设工程，巩固、完善和扩大高标准粮田面积，积极改造中低产田，强力推动土地整理，统筹推进水、电、路、林等生产设施和服务体系建设，为粮食增产创造了条件。2022 年河南小麦总产量达到 762.54 亿斤，单产 447.31 公斤每亩，总产量和单产再创新高。在全球粮食安全形势严峻的背景下，河南用占全国 1/16 的耕地，生产了全国 1/10 的粮食，为确保国家粮食安全做出了突出贡献。结构调整成效明显。积极发展优质粮食生产，已建成以豫北、豫中南为主的优质小麦基地，以沿黄地区为重点的优质水稻基地；特色农业发展迅速，在大别山、太行山和伏牛山区形成了茶叶、食用菌、中药材生产基地，在豫西、沿黄河故道形成了优质果品生产基地。农产品精深加工持续推进。以“粮头食尾”“农头工尾”为抓手，突出抓好面、肉、油、乳、果蔬五大产业，全省农产品加工业产值稳居全国第二位。

（二）制造业“脊梁”更加坚挺

近年来，河南始终坚持将新兴产业布局和传统产业提质相结合，围绕“两新一重”建设，不断提升制造业产业链现代化水平，不断加快制造业转型升级，不断强化数字赋能工业，河南工业经济增长迅速，新增长点不断涌现，优势产业呈现较强韧性。河南始终把加快新经济布局作为抢占发展制高点的突破口，瞄准产业前沿和技术前沿，大力发展战略性新兴产业，新型显示、智能终端、生物医药、新能源及网联汽车等十大战略性新兴产业得到快速发展，以“Huanghe”本土品牌为引领的鲲鹏计算产业初具规模。传统制造业转型升级步伐加快，近年来，河南一直致力于新技术赋能传统制造业，成效明显，新培育智能工厂和智能车间 149 个，企业上云 6 万家，千万吨级智能磨机、低风速风电设备等一批智能化装备产品投放市场。2021 年，全省工业增加值 18785.30 亿元，较 2014 年提高了 2881.02 亿元。河南的战略性新兴产业和数字经济快速发展，呈现持续增长态势，2021 年工业战略性新兴产业比上年增长 14.2%，高新技术制造业比上年增长 20.0%①。

① 河南省统计局、国家统计局河南调查总队：《2021 年河南省国民经济和社会发展统计公报》。

（三）服务业贡献不断增强

河南始终将打造现代服务业强省作为主攻方向，通过加强战略谋划，创新发展载体，推动河南服务业综合实力快速壮大。2021年，河南省第三产业增加值28934.93亿元，较2014年增加了16059.03亿元。物流、金融、文化、旅游、信息等现代服务业发展迅速，形成了一大批新的经济增长点，助推了全省产业层次由低端向高端升级。作为经济发展的“血液”，金融业受到政府的大力支持，积极引入外资银行，组建本土银行，完善区域金融组织体系。此外，期货交易品种研发不断加快，郑州商品交易所增加了玻璃、油菜籽、粳稻等期货交易品种，服务国民经济作用进一步提高。航空物流异军突起。随着郑州航空港经济综合实验区的建设，郑州成立了基地航空公司，组建了本地货运航空公司，引进了美国UPS、俄罗斯空桥、国货航、澳大利亚航空、Fedex、TNT等国内外知名货运航空、货代、物流企业。电子商务蓬勃发展。伴随郑州市成为全国唯一一家综合性跨境贸易电子商务试点城市，ebay、阿里巴巴、顺丰等知名电商、网商和物流企业合作进一步加深，百度、360、新浪微博等行业龙头企业进驻河南，河南电子商务行业集中度急剧提高，已形成蓄势待发之势。

三 持续打好“产业优化升级牌”重点任务

（一）着力推动农业高质量发展

贯彻落实国家乡村振兴战略部署，坚持科技引领、创新驱动和质量兴农、绿色兴农、品牌强农，以“六高六化”[①] 为思路，推进农业发展质量变革、效率变革、动力变革，推进农业由增产导向向提质导向转变，推进河南由农业大省向现代农业强省转变。深入实施农产品加工业扩容提质行动，切实增强农产品加工业在提升农产品附加值、固牢农业产业链等方面的功能作用。统筹发展农产品初加工、精深加工和综合利用加工，引导和支持大型农业企业、中小微企业、农产品加工园区、农民合作社、家庭农场等

① 六高六化：产品质量高、产业效益高、生产效率高、经营者素质高、市场竞争力高、农民收入高，布局区域化、经营规模化、生产标准化、发展产业化、方式绿色化、产品品牌化。

联动发展，推进农产品多元化开发、多层次利用、多环节增值。立足乡村特色种养、特色食品、特色手工业和特色文化等资源禀赋，推进乡村休闲旅游等乡村特色产业繁荣健康发展。坚持以特色资源增强竞争力、以加工流通延伸产业链、以信息技术打造供应链、以业态丰富提升价值链为路径，坚持增链、补链、延链、强链相结合，推动乡村特色产业全产业链式发展，提升乡村特色产业的附加值，促进农业多环节增效、农民多渠道增收。推动乡村产业业态创新融合，发展中央厨房、创意农业、功能农业、数字农业、智慧农业等新型业态。

（二）着力推动制造业高质量发展

将实现高质量发展作为制造业转型升级的主攻方向，坚持扬优势和补短板相结合、盘活存量和优化增量相结合，实施制造业高质量发展行动计划，争创国家制造业高质量发展试验区，不断完善先进制造业体系，推动河南制造向河南创造、河南速度向河南质量、河南产品向河南品牌转变，建设先进制造业强省。立足河南产业基础和比较优势，统筹推动装备制造、绿色食品、电子制造、先进金属材料、新型建材、现代轻纺等产业固链强链，强化细分领域产业链合理布局、分工协作和融合拓展，着力打造一批具有竞争力的万亿级、千亿级产业集群。实施战略性新兴产业跨越发展工程，动态实施重点事项、重点园区、重点企业、重点项目清单，强化建链引链育链，构建新型显示和智能终端、生物医药、节能环保、新能源及网联汽车、新一代人工智能、网络安全、尼龙新材料、智能装备、智能传感器、5G 等产业链，积极发展硅碳、聚碳、电子玻纤等新材料，前瞻布局北斗应用、量子信息、区块链、生命健康、前沿新材料等未来产业。聚焦产业链关键环节，培育引进一批具有核心技术支撑的引领型企业和高水平创新平台。着力提升产业链现代化水平。贯彻落实国家及河南相关规划部署，坚持产业链上下游联动、供需联动、内外联动，做强优势产业、做大新兴产业、做优传统产业，统筹强化战略支柱、战略新兴等产业链条，推动产业基础能力提升、运行模式优化、产业链控制力增强和治理能力提升，实现产业链、价值链、创新链有机统一。推动制造业与互联网深度融合发展。将制造业作为实施“互联网+”行动的主战场，充分依托和发挥河南制造业大省和互联网大省比较优势，以激发制造企业创新活力、发展潜力和转型动力为主线，推动制造业与互联网融合，加快形成叠加效应、聚合效应、倍增效应。促进制造业产品和服务质量提升。以建设先进制造业强省、质量强省为统揽，以提高制造业产品和服务质量水平为目标，着力培育制造业竞争新优势，促进河南产业向全球价值链中高端迈进。

（三）着力推动现代服务业高质量发展

以建设现代服务业强省为发展目标，推动生产性服务业向专业化和价值链高端延伸，推动生活性服务业向高品质和多样化升级，推进服务业专业化、标准化、品牌化、数字化建设，积极培育新业态新模式新载体，持续增强服务产业转型升级的支撑能力和满足消费需求升级的供给能力。顺应产业转型升级、消费结构升级等新趋势，以推动生产性服务业向专业化和价值链高端延伸、生活性服务业向高品质和多样化升级为思路，充分发挥市场配置资源的决定性作用，更好发挥政府作用，促进主导产业、新兴产业和传统产业协同发展，增强服务供给能力和水平，加快形成优质高效、布局优化、竞争力强的服务产业新体系。立足各地区位优势、资源禀赋和产业基础，布局建设多层级服务中心，形成服务业态协同发展新格局，打造服务业高质量发展新高地。以扩大产业规模、优化供给结构、提升质量效益为方向，着力提升现代物流、现代金融、信息服务产业支撑能力，推动电子商务健康发展，增强文化旅游、文化创意、健康养老服务供给能力，引领带动服务业全面发展。以科技服务、商务服务、会展服务、服务外包、居民和家庭服务等新兴产业为重点，加快形成一批新兴产业集群和服务业发展新增长点。

第二节　持续打好“创新驱动发展牌”

党的十九大报告明确提出，“创新是发展的第一动力”。党的十九届五中全会进一步提出，“坚持创新在我国现代化建设全局中的核心地位”，再一次彰显了创新在谋发展、谋大局中的地位和作用。当前的河南，面临着国家构建新发展格局战略机遇、新时代推动中部地区高质量发展政策机遇、黄河流域生态保护和高质量发展历史机遇，多重国家战略叠加、发展支撑坚实，科技创新到了由积势蓄势到实现跃升的关键阶段，比以往任何时候都更加需要创新、依赖创新，更加需要把科技创新摆在现代化建设全局的核心地位、把创新驱动作为高质量发展的逻辑起点和战略支撑。

一 持续打好“创新驱动发展牌”的重要意义

（一）适应全球发展大势的必然要求

在百年历史交汇期，以量子通信、5G、绿色科技等新技术为代表的科技创新加快了全球技术革新步伐，深刻影响着全球经济政治文化变革，科技创新的扩散性、渗透性、颠覆性正在加快全球产业体系、技术体系、治理体系、经济发展方式的变化，并引发全球治理格局的重构，全球多中心创新格局逐步形成。当今世界，先进技术、高端科技日益成为决定未来发展的“国之利器”。西方发达国家为维护自身利益，千方百计巩固已有的科技优势地位，对我国高端前沿科技进行各种限制和封锁。我们应该认识到，真正的核心技术是买不来的，也是换不来的，科技振兴必须依靠自身，走自立自强之路。从我国自身发展来看，进入高质量发展阶段，无论是建设现代化经济体系、实现内涵型增长，还是加快构建新发展格局、提高供给体系质量和水平，都需要强大的科技支撑。历史和现实一再证明，没有科技的自立自强就没有出路。

（二）顺应新时代中国发展阶段的客观选择

当前，中国特色社会主义进入新时代，我国经济发展由高速增长期向中低速的高质量发展阶段转变，速度不再是经济发展的首要因素，经济发展更加看重绿色可持续等高质量发展因素，而创新不仅是思维、观念的转变，更是科技、管理制度等多重因素的创新，是河南推进高质量发展的内在要求。在高质量发展下，过去长期依赖于资源、环境等地理资源禀赋，以及人口规模优势等的粗放式增长，产业长期处于行业供应链的上游或者中游，产业链的低端或者中低端，已经难以适应时代发展的需要，这就需要科技创新、管理创新、体制机制创新等全方位的创新，尤其是建立在自主知识产权基础上的科技创新，是为产业赋能提升的关键。党的十八大以来，以习近平同志为核心的党中央高度重视创新在国家现代化治理体系中的地位与作用，尤其是在党的十九届五中全会上明确提出，“坚持创新在我国现代化建设全局中的核心地位”，将创新提高到了全局发展的高度。新时代，中国加快建设社会主义现代化强国，推进高质量发展、谋划新发展格局比任何时候都需要创新这个领头羊，创新更是当前中国现代化新征程上重要的支点。

（三）重塑河南竞争新优势的根本所在

长期以来，河南在交通区位、产业基础、内需规模等方面形成了比较优势，特别是凭借交通区位优势和资源依赖特点，河南经济经历了一个快速增长期，并因此一跃而成为全国第五大省域经济体。但进入技术依赖和创新驱动发展阶段以后，河南经济增长承受的压力越来越大，在连续数年相对增速低于中部乃至沿海发达地区省份的情况下，近两年经济增速甚至滑落至全国平均增速以下，主要经济指标低于全国平均值。保持了十多年的全国第五的地位，也面临着竞争和挑战。随着构建新发展格局加快推进，产业链供应链大规模深层次重构，河南已有的传统比较优势面临不断弱化甚至消失的挑战。只有持续打好创新驱动发展牌，增强创新支撑，才能在重塑河南核心竞争新优势中取得新突破。只有加强创新驱动，通过创新要素集聚产业组织方式，大力发展枢纽经济，才能推动交通区位优势向枢纽经济优势转变，争取让“流量”变成“留量”，重塑河南的交通区位新优势。只有全面实施创新驱动，把创新制造业高质量发展作为主攻方向，大力发展战略性新兴产业和未来产业，大力培养和应用创新型人才，才能推动产业基础优势向现代产业体系优势转变，才能在新一轮的产业竞争中立于不败之地。

（四）打造国家创新高地的必由之路

党的十八大以来，党中央十分重视科技创新建设，尤其是在党的十九届五中全会上，明确了“十四五”时期科技创新发展的方向，打造国家科技创新高地是河南适应中国科技创新发展新形势的现实需要。当前，全国各省（区、市）积极响应中央号召，纷纷加大科技创新力度，争相打造区域创新发展新引擎，抢占科技创新制高点。北京、上海、粤港澳大湾区加快建设国际科技创新中心，强化构建新发展格局战略支撑；北京怀柔、上海张江、粤港澳大湾区、安徽合肥聚力建设综合性国家科学中心，国家战略科技力量加速布局；成都、重庆、武汉、西安着力打造区域性科技创新中心，构建辐射周边的区域创新高地。在国家创新高地的建设中，河南本身创新、科教和人才优势并不明显，只有持续打好创新驱动发展牌，全面实施创新驱动、科教兴省、人才强省战略，才能推动河南建成国家创新高地，才能在激烈的区域竞争态势中站稳脚跟。

二　持续打好“创新驱动发展牌”的突出成就

（一）自主创新能力得到全面提高

近年来，河南始终把增强自主创新能力作为提高区域竞争力的有效手段，作为推动高质量发展的基本途径，作为谱写中原更加出彩绚丽篇章的战略举措，坚持向创新要动力、向创新要活力，多措并举，逐步建立起以企业为主体、以政府为引导、市场化运作、产学研结合、适应市场经济体制和科技自身发展规律以及河南省情的自主创新体系，自主创新能力得到全面提高。重大关键核心技术实现新突破。世界最大直径硬岩掘进机研制成功，远销海内外；光互连芯片实现进口替代，供应于国际知名设备厂商；氢燃料电池客车开展示范运行，关键指标行业领先；可见光通信技术实现重大突破；引线框架铜合金新材料、大尺寸溅射钼靶材、LED 与半导体用精密超硬磨具、全自动微生物鉴定药敏分析系统等产品，打破了国外技术市场垄断；华兰生物自主研发的“四价流感病毒裂解疫苗”获得国家药品监督管理局颁发新药证书，填补了我国四价流感疫苗市场空白，市场占有率居国内首位。

（二）创新载体平台实现全面提升

河南始终坚持把构建高能级创新平台载体作为实施创新驱动发展战略的一项基础性工作，以郑洛新国家自主创新示范区建设为引领，创新平台载体得到全面提升。郑州、洛阳、新乡国家高新区在全国排名稳步持续提升，郑州进入全国前 20 名。启动建设智能传感器、智能装备、生物医药 3 个自创区产业共性关键技术创新与转化平台并取得实质性进展；组织实施大数据与人工智能等第二批 18 个自创区产业集群专项。国家超算郑州中心成功创建并投入运营，国家农机装备创新中心、国家生物育种产业创新中心、食管癌防治国家重点实验室、作物逆境适应与改良国家重点实验室等国家级创新平台获批建设①。黄河模拟器、作物分子设计育种、高性能天气预报等一批重大应用部署实施，河南首家国家野外科学观测研究站获批建设。“十三五”期间，河南省国家级创新载体达到179家，新建省级以上科技企业孵化器等双创载体684家。

（三）企业创新主体地位更加突出

围绕强化企业在自主创新中的主体地位，河南省出台了《支持“专精特新”中小企业高质量发展政策措施》《关于营造更好环境支持科技型中小企业研发的实施方案》等，营造全社会支持科技型中小企业创新发展的环境氛围。开展了一系列卓有成效的工作，企业创新主体地位得到全面加强。2020年，河南省国家科技型中小企业数量达到11826家，居全国第5位、中部首位。新增国家高新技术企业数量再创历史新高，达到1542家，总量达到6324家。高新技术企业持续保持良好发展态势，占规上工业企业数量12.2%的规上高新技术企业贡献了22.6%的产值，带动全省规上高新技术产业增加值占规上工业增加值比重达到43.4%②。仕佳光子、翔宇医疗、金冠电器等高企成功登陆科创板，高新技术企业占据全省上市（挂牌）企业的半壁江山。在抗击疫情、推动河南县域经济发展、支持乡村振兴战略中，河南企业技术创新的主体地位在不断增强，创新成为企业发展的第一动力。

（四）创新人才队伍全面优化

创新驱动，人才为本，谁拥有一流的创新人才，谁就拥有了创新的优势和主导权。近年来，河南越来越意识到人才的重要性，通过全方位营造尊重人才、重视人才的社会风尚，不断完善引才、育才、培才、用才的激励机制，做到了用感情爱才、用事业育才、用待遇聚才、用机会引才，实现了创新人才队伍建设的新突破。围绕人才聚集高地建设，河南从人才培养、人才信息平台构建、人才评价与激励、人才交流等各方面不断完善政

---

① 河南省人民政府：《河南省“十四五”科技创新和一流创新生态建设规划》（豫政〔2021〕41号）。

② 科技部网站，https：//www.most.gov.cn/dfkj/hn/zxdt/202105/t20210513_174658.html。

策措施，初步构建起了完善的政策体系。针对顶尖人才、高端人才、青年人才及团队，专门制订了“顶尖人才团队”“高端人才团队”等认定支持办法。按照“分类按需支持”原则，对“中原学者科学家工作室”科研条件建设予以重点支持；围绕帮助河南科技人才加速发展目标，参照国家基金委和外省市设立联合基金的做法，探索设立了省联合基金，吸引社会力量投入基础研究，不断壮大河南基础研究人才队伍；聚焦重点领域、重点国别和高端紧缺人才，加大柔性引才力度，如推进“杰出外籍科学家工作室”和“高等学校学科创新引智基地”建设。“十三五”时期，在豫两院院士达到 24 人、国家杰青 20 人、中原学者 73 人[①]。“十三五”期间，河南省研发人员全时当量由 2016 年的 166279 人增加到 2020 年的 203080 人，年均增长 5.13%。

三　持续打好“创新驱动发展牌”的主要任务

（一）大幅提高研发投入水平

研发投入是提升科技创新水平的重要原动力。河南省要针对研发投入较低的短板，加快提高对高层次研发活动的资金支持力度。要建立以政府投入为引导、企业投入为主体、金融投入为支撑的多元化创新科技投融资体系。着力提升财政科技资金的引导作用，加大财政科技投入力度，优化财政资金投入方式，提高资金使用绩效，引导社会资源向科技创新聚集。强化普惠性财税政策对科技创新的推进作用，全面落实企业研发费用加计扣除、高新技术企业税收优惠政策。制定完善引导全社会加大研发经费投入的政策措施，激励创新主体开展创新研发，提高全社会研发经费的投入。探索省级和市、县市区财政科技投入的统筹协调机制，建立省和地方联合实施省级重大科技项目、共建重大创新评价的资源配置协调机制。加强天使投资、风险投资和知识产权质押、股权质押、科技保险、企业债等金融服务，支持科技创新和成果转化。以各地高新技术开发区为载体，全面提高区级研发投入、企业研发投入、研发人员数量、专利申请数量，率先形

① 河南省人民政府：《河南省“十四五”科技创新和一流创新生态建设规划》（豫政〔2021〕41 号）。

成研发投入高地并逐步铺开扩大，形成以点带面、全领域实施的研发高投入新格局，进而全面提高全省研发投入强度，力争尽快超越全国平均水平，激发创新内在动力。要实施规上企业研发机构扶持计划，建立企业研发项目库，引导企业逐年提高研发投入，形成创新发展的内生动力。

（二）加快培育国家战略科技力量

河南创新发展战略的重要突破点就在于要加快培育国家领先的战略科技力量，这是真正支撑创新驱动发展的关键领域。为此，一是通过整合重组实验室体系，重建重振河南省科学院，完善提升各类创新平台，建设大科学装置，深度嵌入国家战略科技力量体系，为全省未来产业发展储备先进技术。通过重组搭建河南省科学院的组织体系、创新体系和保障体系，激活河南省科学院自身发展的内生动力。二是加快推动河南省科学院与中原科技城、国家技术转移郑州中心的融合发展，打造三位一体的创新高峰。三是推动河南省科学院与高等院校、科研院所、企业、各级人民政府的科技合作，打造以河南省科学院为中心，覆盖全省的科技创新与成果转化网络。

（三）推进关键领域核心技术攻关

紧跟世界科技发展前沿，聚焦“卡脖子”技术，围绕传统产业“迭代”、新兴产业“抢滩”、未来产业“破冰”，力争取得重大创新成果和群体性技术突破。聚焦重点产业和技术领域，建立健全产业重点攻关技术目录制度，强化产业链与创新链关键核心技术攻关与示范应用，推进基础研究、应用研究与产业化对接融通，加快构建支撑高质量发展的现代产业技术体系。围绕乡村振兴和科技兴农，充分发挥河南农业大省优势，重点开展良种选育、高效安全优质种养、病害防治、农产品精深加工等技术攻关，加快发展现代农业装备和智慧农业，强化科技支撑农耕文化、三农产业发展等，促进农业高质高效、农民富裕富足、乡村宜居宜业。聚焦数字产业化、产业数字化，以实现产业链关键技术自主可控为导向，构建新型软硬件生态环境及创新应用体系，增强信息产业竞争力。围绕制造业的数字化、网络化和智能化，以高端、智能、协同、绿色为发展方向，进一步促进信息技术与制造技术深度融合，重点突破核心基础零部件、智能装备等技术瓶颈，加快构建高端智能绿色制造体系，突破打通我国新兴产业的一些堵点、制约点、瓶颈点。围绕服务业数字化、标准化和品牌化发展，面向“互联网+”时代的平台经济、众包经济、创客经济、跨界经济、分享经济的发展需求，以新一代信息和网络技术为支撑，加强技术集成和商业模式创新，提高现代服务业发展水平。

（四）强化企业技术创新能力

企业，尤其是中小微企业是进行科技创新的重要主体。必须坚持并激发企业创新主体地位，持续提升企业的创新能力，推动生产组织创新、技术创新、市场创新。依据不同行业发展特点及科技创新要点，打造一批创新龙头企业、“瞪羚”企业和“雏鹰”企业，建立完善“微成长、小升高、高变强”梯次培育机制，加快实施“千人万企”科技政策服务行动，强化“一库一队”体系建设，逐步完善高技术后备企业库，打造一批服务企业的创新型专家服务队伍，同时，加快建立针对不同行业、不同领域、不同发展周期特点的创新型企业评价指标体系，加快提高创新型企业库的入库数量，建立具有河南省特色优势、具备核心竞争力的创新型企业集群。持续深入开展创新型企业培育行动，打造以创新龙头企业为引领、科技型中小企业为基础的创新型企业集群。

（五）培育集聚创新创造型人才

创新创造型人才是持续打好“创新驱动发展牌”的关键因素。强化对高层次人才及团队的支持力度，充分发挥院士基金支持作用，积极支持院士在豫科研项目工作；加强对“中原学者科学家工作室”科研项目和科研条件的支持。发挥好国家自科基金等区域联合创新基金的引导作用，探索国家自科基金河南省联合基金，加大对河南省自科基金青年基金的支持力度，鼓励支持社会力量投入基础研究，不断壮大河南省基础研究人才队伍。同时，加大高层次创新人才的引进力度，实施更加开放包容的引才政策，聚焦重点领域、重点国别和高端紧缺人才，创新方式方法，加大柔性引才力度。建立柔性引进院士新途径，新建一批院士团队服务站。争创国家高等学校学科创新引智基地和国家引才引智示范基地。持续推进“杰出外籍科学家工作室”和“高等学校学科创新引智基地”建设，重点支持引进诺贝尔奖获得者、发达国家科学院或工程院院士等国际顶尖人才及其团队。

第三节 持续打好“基础能力建设牌”

以强化基础能力建设为主导推进培育发展新优势是河南打好“四张牌”的重要支撑，对于河南新时期服务构建新发展格局、推动区域经济协调发展、贯彻落实国家战略规划，进一步助力经济强省建设，谱写新时代中原更加出彩的绚丽篇章具有重大的现实意义。站在新阶段，面对新格局，河南应坚持以人民为中心的发展思想，以深化供给侧结构性改革为主线，以持续增强河南信息、交通、能源、水利等基础能力为目标，加快建设新型基础设施，为开启全面建设社会主义现代化国家新征程提供坚实的基础保障。

一 持续打好“基础能力建设牌”的重大意义

（一）是服务构建新发展格局的必然要求

交通、物流、运输、信息、能源和水网体系等基础能力建设是连接生产和消费的重要环节。基础能力供给的优劣，会传导到经济体系，进而影响经济循环的发展质量和效益。河南具有承东启西、连南接北的区位优势和综合资源优势，产业基础较好，文化底蕴深厚，发展后劲强劲，是我国新一轮工业化、城镇化、信息化和农业现代化的重点区域，是扩大内需、提升开放水平极具潜力的区域，也是支撑全国经济保持中高速增长的重要区域，对于我国畅通国内国际“双循环”、服务构建新发展格局，具有重大的意义。但是也应看到，河南基础能力建设的现代化水平依然不高，存在着创新发展能力薄弱、数字化转型步伐缓慢、流通基础设施不完善等短板；存在着缺乏具有全球竞争能力的现代流通企业、对接全球的流通供应链服务能力不强等痛点，亟待加快体制机制创新和现代化建设步伐。因此，河南必须把持续打好“基础能力建设牌”作为当前和未来一个时期的努力方向和工作重点，通过不断夯实自身基础能力建设，为河南服务构建新发展格局提供坚强的基础保障。

（二）是推动区域经济协调发展的客观要求

基础能力是区域发展的重要潜力所在，是区域竞争力的关键所在。近年来，河南省委、省政府超前谋划，抢抓机遇，积极构筑现代基础设施网络，大力优化能源消费、生产结构，提升能源安全保障能力，不断强化水利体系建设，基础支撑能力快速提升。但是与河南自觉服务全国区域发展格局与努力实现跨越发展的双重任务相比，与中央对河南打造贯通南北、连接东西的现代立体交通体系和现代物流体系的具体要求相比，还需要进一步突出重点、弥补短板、强化弱项。通过进一步加强基础能力建设，支撑起真正意义上的中原“崛起”，要充分发挥“中国之中”的独特区位优势，持续打好基础能力建设这一河南促进全省区域协调发展、提升河南在全国发展大局中的地位的好牌，主动融入“一带一路”等国家战略建设，打造内陆开放型经济高地，不断缩小与东部沿海地区的发展差距，为河南在中部地区崛起中奋勇争先提供重要的关键支撑。

（三）是贯彻落实国家战略的重要举措

党的十八大以来，以习近平同志为核心的党中央统筹推进“五位一体”总体布局，协调推进“四个全面”战略布局，科学谋划新时代中国特色社会主义事业，推动中部地区崛起、黄河流域生态保护和高质量发展以及推动形成以国内大循环为主体、国内国际双循环相互促进的新发展格局重大国家战略相继出台。这三大国家战略，为河南省经济高质量发展提供了强劲动力，提供了根本遵循。再加上近年来河南省获批的国家粮食生产核心区、中原经济区、郑州航空港经济综合实验区，中国（郑州）跨境电子商务综合试验区、郑洛新国家自主创新示范区、中国（河南）自由贸易试验区、国家大数据（河南）综合试验区、全国首个国家级普惠金融改革试验区等战略部署，河南发展的空间拓展得越来越宽，在全国大局中扮演的角色也越来越重要。同时也应看到，河南基础能力建设方面差距依然明显，在乡村振兴、制造业高质量发展、现代综合交通、低碳高效能源、重大水利工程、生态环保、社会民生等重点领域，制约河南发挥国家战略优势的基础能力短板和弱项依然比较突出。新时代面临新形势，河南必须持续打好“基础能力建设牌”，才能承担好国家赋予河南的历史重任。

（四）是加快建设经济强省的重要支撑

党的十八大以来，河南经济发展稳中有进，经济总量多年稳居全国第5位，经济实力不断增强，产业体系日趋完善，经济强省建设迈出新步伐，实现了新突破，河南发展已经站在了新的历史起点上。但是人口多、底子薄、基础弱的基本省情依然存在，一些历史遗留问题和矛盾愈加凸显，集中表现在“三低”上：一是产业结构层次低，二是创新能力低，三是乡村基础设施建设水平低。由此可见，提升基础能力建设仍然是河南破解难题的重要突破口。聚焦困扰河南发展的突出矛盾，着眼如何弥补河南的发展短板，确保全面建设社会主义现代化河南开好局、起好步，在中部地区崛起中奋勇争先，谱写新时代中原更加出彩的绚丽篇章，必须持续打好“基础能力建设牌”，破除发展瓶颈，解决深层次矛盾和问题，夯实河南高质量发展的基础支撑能力，推动经济社会发展不断迈上新台阶。

二　持续打好“基础能力建设牌”的非凡成就

（一）综合交通体系建设不断提升

近年来，河南充分利用区位交通优势，铁路、公路、航空同时发力，在综合交通体系建设上大做文章，成效显著。一是铁路建设内通外达。逐步形成了以郑州为中心的“米”字形高铁网、“四纵六横”大能力货运铁路网和“十字加半环”城际铁路网。从郑州出发，4小时可以到达50%以上的省会城市，6小时可以到达80%以上的省会城市。随着蒙西至华中、三门峡至江苏沿海港口等铁路的建成通车，中欧班列汉堡、卢森堡、法兰克福等欧洲主要城市的开通，焦柳铁路等铁路扩能改建，河南“四纵六横”货运干线铁路网已基本形成，河南铁路的货运优势不断释放，向东可通过铁路货运班列运输拓展连接沿海港口群，向西可借助中欧班列联通欧亚国际物流通道，成为“一带一路”重要交通枢纽。随着郑焦、郑开、郑机等城际铁路的开通运营，郑州城际铁路得到持续优化，使得城市间的关系更加紧密。高速公路网络四通八达。河南省18个省辖市中有17个省辖市形成了高速公路的十字交叉，全省109个县（市）全部实现高速公路通达，通达率100%，并在全国率先实现“全省所有县20分钟上高速”。“空中丝绸之路”

建设快速推进，通航点由郑州、卢森堡增加至芝加哥、米兰、亚特兰大、伦敦、吉隆坡等 14 个城市，航线覆盖欧洲、北美洲和亚洲的 23 个国家的 100 多个城市，基本形成了横跨欧美亚三大经济区、覆盖全球主要经济体的枢纽航线网络。

（二）高效能源支撑体系不断完善

贯彻落实习近平总书记的“四个革命、一个合作”能源安全战略，以“节能优先、内源优化、外引多元、创新引领”为方向，坚持创新、协调、绿色、开放、共享发展，初步构建了高效能源支撑体系。煤炭方面，积极利用国家多条运煤通道途经河南的优势，通过提高煤炭调入运力，提升煤炭支撑能力；石油方面，随着日照—濮阳—洛阳原油管道项目河南段建设，兰州—郑州—长沙成品油管道、齐鲁石化及山东地方炼厂调入，原油供应能力全面提升；天然气方面，随着鄂—安—沧线（河南段）、社旗—镇平、商丘—柘城等建成投运，首船“河南专供”海外 LNG 实现到岸交付，西气东输一线、二线等天然气长输管道调入，天然气供应能力大幅提升；电力方面，随着青海—河南±800 千伏特高压直流工程投产送电、配套 1000 千伏驻马店—南阳特高压交流输变电工程全面开工，500 千伏“鼎”字形主网架基本形成，电网支撑能力显著提升。清洁低碳能源发展迅速。煤炭消费减量替代取得重大成就，煤炭占一次能源消费比重降至约 67%，非化石能源消费占比升至 9.5%左右[①]。

（三）兴利除害的现代水网体系逐渐形成

近年来，河南省坚持节水优先、空间均衡、系统治理、两手发力，深入实施“四水同治”，加快重点水利工程建设，完善旱引涝排、丰枯互补、内连外通、调洪防灾的水安全保障网。经过多年努力，河南基本形成了以南水北调总干渠为纵轴，以黄河、沙颍河、淮河为横轴，以太行山区、黄海平原区、豫西山丘区、豫东平原区、长江支流区、淮河上游区为六大区域的“一纵三横六区”现代水网格局；初步形成了以南水北调中线供水、引黄等供用水工程和已建大中型水库为基础，以骨干河道和大中型灌区工

① 魏澄宙、谷建全：《河南能源发展报告（2021）》，社会科学文献出版社，2020。

程为纽带的多功能现代水网。加快推动“四水同治”，出山店水库、前坪水库下闸蓄水，引江济淮、小浪底南北岸罐区等十大水利工程加快推进，“四水同治”成果丰硕。围绕如何降低水灾害做文章，通过完善防汛预案，强化抢险演练，精准调度工程，加强应急抗灾，全省实现了无一水库垮坝、无一河道决堤、无一人因洪灾伤亡，水旱灾害防御体系日益牢固。

（四）新型基础设施建设快速推进

随着5G、互联网、云计算等新一代信息技术的广泛应用，特别是在新冠肺炎疫情的严峻形势下，新基建建设正式提速。为更好地顺应发展趋势，打好基础能力建设牌，河南积极行动，加快了新型基础设施布局步伐。5G项目全面铺开。围绕把5G作为新基建、新产业重要抓手的战略目标，通过充分发挥郑州直联点综合带动作用，推动了郑州、开封、洛阳互联网国际通信专用通道建设，推进了中原数据基地建设，加快了洛阳标识解析体系二级节点的应用推广、NB-IOT网络建设等。围绕国家级互联网骨干直联点试点城市建设，推动郑州国家级互联网骨干直联点扩容提速。经过多年发展，河南综合工业互联网平台已上线运营，覆盖50类工业行业，具备5G+机器视觉、5G+VR远程维修、5G+高清监控等15项工业互联网场景实施能力，这也标志着河南互联网建设进入新的发展阶段。

三 持续打好“基础能力建设牌”的重点任务

（一）加快构建便捷畅通的综合交通体系

打造多向联通的骨干运输通道。提升京港澳、陆桥、济郑渝、太郑合等“米”字形通道，拓展完善二广、大广、晋豫鲁、沪陕等“井”字形通道，布局新增北沿黄和宁洛通道，形成多向立体、内联外通的“米+井+人”综合运输通道。加快建设立体互联的内畅网络，结合以郑州为中心的“米”字形高速铁路网，加快完善地铁网络和都市圈轨道交通，构建以郑州为中心，辐射近郊城镇和新兴增长中心的“半小时通勤圈”。推动郑州轨道交通向周边城市（镇）延伸，逐步实现相邻次级中心城市之间的轨道交通直联。构建多层次的综合交通枢纽。推进综合交通枢纽一体化规划建设，提升郑州国际性和洛阳、商丘全国性综合交通枢纽能级，支持南阳建设全国性综合交通枢纽，统筹推进区域性综合交通枢纽建设。加快郑州国际航空货运枢纽和国际邮政快递枢纽建设，完善郑州铁路枢纽“四主多辅”客站布局。加快洛阳综合枢纽场站建设，推动向国际性综合交通枢纽迈进。推动干线、支线、通用机场协同发展，改扩建既有机场，形成“一枢多支”的现代化机场群。

（二）加快构建低碳高效的能源支撑体系

按照节能优先、内源优化、外引多元、创新引领的发展原则，积极完善全省能源产供储销体系，全面提升能源安全绿色保障水平。加快建设省外入豫新能源通道，优化省域间电力、油、气传输基础设施，增强多元外引能力。强化能源供应和储备，构建多元安全的能源供应保障体系。推动煤炭行业增优减劣，及时淘汰落后无效产能，稳步建设大型现代化煤矿，提高煤炭入洗率。推进中原油田、南阳油田等传统油田转变开采、开发方式，持续提升对常规油气的替代能力。创新可再生能源开发方式，扩大积极推进分散式风电、平价风电项目建设，探索多能互补、风电+储能等智慧能源新模式。提高生物质能利用效率和效益，加快实现生物质热电联产、生物天然气、固体成型燃料，推进生物质能的多元化利用、产业化发展。坚持集中式和分布式并举，大力发展风能、太阳能、生物质能、地热等新能源和可再生能源，优化省内能源供应结构。

（三）加快构建兴利除害的现代水网体系

把黄河长治久安作为重中之重，充分发挥小浪底工程调水调沙枢纽作用，建设以干流龙羊峡、刘家峡、黑山峡、碛口、古贤、三门峡、小浪底等7大骨干水利枢纽为主体，以支流陆浑、故县、河口村、东庄等水库为补充的黄河水沙调控工程体系，确保黄河长久安澜。围绕黄河、淮河和南水北调中线工程等重大水利基础设施建设，全面推进重大水源、引调水、河湖库渠连通等工程建设，完善太行山区、黄海平原区、豫西山丘区、豫东平原区、淮河上游区、长江支流区等蓄引提调区域水网，实现黄河、海河、淮河、长江流域水系互通互济，形成“一纵三横六分区”水资源调配格局①。统筹推进黄河、

① 河南省人民政府：《河南省国民经济和社会发展第十四个五年规划和二〇三五年远景目标纲要》。

海河、淮河、长江流域防洪体系建设，加快消除防洪薄弱环节，提升全域防洪减灾能力。加快淮河、长江等流域主要支流控制性水利枢纽工程前期研究和建设，实施新出险大中小型病险水库（水闸）和病险淤地坝除险加固工程。开展重要支流和中小河流综合治理，持续实施重点山洪沟治理和洼地治理，加快海河、淮河等流域蓄滞洪区安全建设。

（四）加快推进新型基础设施建设

加快5G、工业互联网、物联网等新一代网络基础设施建设，推进大型数据中心、人工智能等信息技术基础设施建设，构建高效、广泛、融合、智能、安全的信息基础设施体系。推进城域网结构优化和关键环节扩容，实施郑州国家级互联网骨干直联点提升工程，完善全域互联网骨干网建设，加快提升千兆家庭宽带接入能力。推动郑州加快建设国家级新型互联网交换中心，统筹布局感知网络，建立传统信息基础设施和5G协同发展的移动物联网综合生态体系，完善支持NB—IoT（窄带物联网）的全省性网络，拓展电子政务外网带宽资源，优化组网架构，扩大覆盖面，加快实现区域连续覆盖、城乡地区无差别热点区域覆盖。加快在交通、物流、市政等重点领域部署物联网终端和智能化传感器，实现感知设备统一接入、集中管理和感知数据共享利用。加快建设国家工业互联网大数据分中心，支持郑州市建设国家级工业互联网平台应用创新推广中心，加快洛阳、许昌、漯河等省辖市工业互联网标识解析二级节点建设和推广应用。围绕郑州量子通信城域网的构建，推进相关高质量的量子制备中心、量子通信郑州卫星地面站等基础科研设施建设，探索开展量子安全政务、量子安全移动办公、量子安全财政支付等创新应用。

第四节　持续打好“新型城镇化牌”

河南是人口大省和农业大省，城镇化水平长期落后于全国平均水平，新型城镇化是河南发展最大的潜力所在。当前，河南省持续推进以人为核心的新型城镇化，既有利于提升要素配置效率，激发发展新动能，通过扩大内需促进形成强大的国内市场，也有利于促进河南城乡融合发展，推动区域协调发展，不仅是服务构建双循环新发展格局的必然要求，也为河南省高质量发展和民生福祉改善提供了坚实保障。

一 持续打好“新型城镇化牌”的重要意义

（一）服务构建双循环新发展格局的必然要求

新型城镇化是深化供给侧结构性改革和实施扩大内需战略的重要结合点，目前河南省城镇化仍有巨大空间，持续推进新型城镇化既能创造巨大需求，又能提升有效供给，为双循环新发展格局的加快形成提供了有力支撑。河南要加快融入新发展格局，就需要扭住扩大内需这个战略基点，推动以人为核心的新型城镇化，实现农村转移人口市民化，能够加速释放消费与投资潜力，加快内需扩容提质。2021 年河南省常住人口城镇化率为 56.45%，仍比全国平均水平低 8.27 个百分点，加上近 2000 万的“半城镇化”人口，城镇化潜力依然巨大。随着大量农村转移人口进入城镇，必将带来旺盛的消费需求和扩大有效投资。人口的流入，将会激发城镇基础设施、公共服务设施和住宅建设等巨大投资需求。同时，随着人们环保意识的增强以及对美好生活品质的追求，智慧城市建设和生态城市建设成为发展趋势，也将带动新型基础设施投资。将河南打造成为国内大循环的重要战略支点、国内国际双循环的重要节点，城镇化依然是最大潜力。

（二）促进河南区域协调发展的重要举措

促进区域协调发展本质在于缩小地区之间的发展差距及其域内居民之间的收入差距，以达到一种融洽、互补、和谐的状态。近年来，河南始终紧跟国家区域发展战略的步伐，朝着不断缩小区域差距的方向前进。但河南省内城镇化水平仍存在不平衡的问题。从城镇化水平看，豫北以及豫西区域如郑州市、济源市、焦作市以及鹤壁市人口城镇化率均超过 60%，而以黄淮地区为主的信阳市、南阳市、濮阳市等地区城镇化率则明显低于全省平均水平。从经济实力看，无论是经济总量和人均水平，河南的省辖市之间差距明显，经济发展的差距势必造成人口向更高收入、设施更加完善的城市流动，形成“强者更强、弱者更弱”的马太效应。推进以人为核心的新型城镇化，强调大中小城市与小城镇的协同发展。新型城镇化是对国土空间布局合理利用的典范，通过实施区域均衡战略，既强调“发挥中心城市和城市群带动作用”“建设现代化都市圈”，通过郑州和洛阳主副中心城市发挥增长极模式来协调区域内部的差距，对区域发展产生引导和带动作用；又强调利用客观规律，不走一刀切的刻板道路，按照区域环境承载力和绿色集约原则确定城镇化发展的蓝图，支持特色中小城镇实现差异化发展，从而促进大中小城市与小城镇之间的相对平衡与协调的发展，形成有序分工、优势互补的空间布局。只有打好“新型城镇化牌”，才能够有效解决河南大量的农业转移人口市民化问题，提高农业转移人口市民化质量，促进公共服务的城乡均等和城乡融合，有效地缩小城乡居民之间的收入差距，毫无疑问应该成为河南区域协调发展过程中缩小城乡差距和实现区域城乡一体化的关键手段。

（三）推动河南城乡融合发展的有效手段

河南作为农业大省，农村人口数量大、占比高，随着常住人口城镇化率超过50%，河南已经完成由农业社会为主体的社会向城市型社会为主体的社会的转变。长期以来，要素由“乡”到“城”的单向流动，造成了广大农村地区发展的滞后，城乡发展差距越来越大。新型城镇化在增强城镇集聚和扩散能力、提升城镇建设和发展水平的同时，能增强工业对农业的反哺能力和城市对农村的辐射带动作用，推进城乡区域协调发展，促进社会公平和共同富裕，是破解河南城乡二元结构和解决城乡发展不平衡、不充分问题的关键抓手。持续打好新型城镇化牌，补齐河南省城乡之间在基础设施和公共服务方面的差距，保护农民在农村的原有权益，不断提升城乡供水、供电的一体化，提升农村的住房质量，加速推进美丽乡村建设，进一步缩小城乡差距，使城乡区域之间的居民能够更为充分、更为均等地分享城镇化的成果，形成工农互促、城乡互补、全面融合、共同繁荣的新型城乡关系。

（四）实现河南省高质量发展的重要支撑

城市化既是经济社会发展的一个综合结果，也是促进经济社会发展的重要途径。作为人口大省、农业大省、发展中的大省，新型城镇化是河南实现跨越式发展的主要途径，是推动河南省经济高质量发展的强大引擎。在新型城镇化的过程中，大量农村人口向城市转移，劳动力数量和质量都得到了提升，促进人力资本增值，有利于提升全要素生产率。随着人们收入水平的提高，还会释放出巨大的消费需求和引发大规模投资需求，有利于释放内需巨大潜力。需求侧的强劲也将直接带动供给侧的发展，需求侧供给侧的相互配合，直接支撑河南经济的整体活跃度。而新型城镇化不仅是经济增长的“发动机”，也是社会治理和生态文明实现的“稳定器”，在新发展阶段，新型城镇化不仅以城乡融合发展、居民共同富裕为追求目标，而且以经济社会生态等系统的统筹协调为价值取向，传统粗放式的经济发展模式已经被摒弃，集群型、循环型、低碳型、生态型、可持续的城镇发展新模式，有利于河南省实现高质量可持续发展。同时，城镇化进程促进了金融保险、仓储物流、科技研发、信息中介等城市生产性服务业发展，催生新产业和新业态，使城市能够持续地通过结构转换提高生产率水平，实现自我增长。

二　持续打好“新型城镇化牌”的辉煌成就

（一）实现了由农村型社会为主体向城市型社会为主体的历史性转变

河南是农业大省，农业人口众多。新中国成立之初，河南城镇人口只占总人口的6.4%，到了1978年改革开放之初，城镇化率也仅有13.6%。改革开放以来，特别是20世纪90年代以来，河南贯彻落实全国以小城镇为主、加快推进城镇化主基调，坚持把加快城镇化进程作为全省经济社会发展的主战略，河南城镇化进入了快速发展的轨道。2014年习近平总书记调研指导河南工作时明确指出，希望河南围绕加快转变经济发展方式和提高经济整体素质及竞争力，打好“四张牌”。河南广大干部群众牢记习近平总书记的嘱托，齐心协力持续打好“四张牌”。2017年，河南省常住人口城镇化率突破50%，达到50.16%，标志着河南这个传统农业大省跨入了历史性变革的新时代。2021年，河南省常住人口城镇化率达到56.45%，与全国平均水平的差距不断缩小。

（二）城镇空间布局不断优化

2016年，中原城市群成为七大国家级城市群之一，郑州跻身国家中心城市，河南城镇化进入量和质并重的高质量发展阶段。中原城市群带动作用明显提升，郑州国家中心城市辐射带动力显著增强，洛阳副中心城市建设全面提速，郑州、洛阳两大都市圈建设加快推进，区域中心城市引领城镇协同区发展的城镇空间格局初步形成，有力地解决了郑州“一城独大”、中小城市发展滞后的“头重脚轻、走路不稳”问题，充分释放出新型城镇化蕴藏的巨大内需潜力。区域性中心城市和县域经济发展水平全面提速。提升了南阳、商丘、安阳等区域性中心城市发展能级，研究制定了支持南阳发展的政策措施，推动商丘、安阳完善城市功能、发展优势产业，增强要素吸纳集聚能力，实现了与国家重大区域发展战略积极对接融入，并强化了与京津冀、长三角、长江中游等发达地区城市群协同联动，实现了借势发展、错位发展。

（三）城镇化质量持续优化

围绕打好以人为本的新型城镇化牌，近年来，河南始终把以人为本的理念贯穿于推进新型城镇化的全过程，坚持以造福人民群众为出发点和落脚点。通过深化农村集体产权制度改革，使农民对财产性权益的合法预期得到更大满足，农民的财产性收入得到持续提升，有效解决了农业人口进城的后顾之忧。通过积极探索建立有利于农业人口有序转移的户籍、财税、社保等体制机制，出台促进农民进城八项措施，实行城乡统一的户口登记制度，全面实施居住证制度，逐步填平了城乡居民在身份上的制度鸿沟，有效消除了城乡居民在各项福利方面的差距。通过加强城乡基础设施和环境建设，改善居住环境，大力发展教育、卫生、文化、体育等各项社会事业，切实解决农业转移人口的就业、住房、教育等民生问题，确保了广大城乡居民能够共享改革发展成果。通过开展思想道德素质、诚信守法行为和文明风尚习惯提升行动，培育市民特别是新市民的主体意识、法律意识和文明意识，让新老市民在安居乐业的同时真正以城市为家，爱家护家。一系列综合配套改革措施的实施有效解决了农业人口进城的意愿、成本和收益等问题，农业转移人口市民化进一步加快，让他们能够“进得来、留得住、过得好”。

（四）城镇综合承载能力显著提高

围绕打好新型城镇化牌，河南通过深入实施百城建设提质工程，持续推进中小城市尤其是县级城市扩容提质发展，城市综合承载能力得到显著增强。根据县级城市的产业基础和发展条件，以产业集聚区为载体打造了一批特色主导产业和优势产业集群，因地制宜地适度布局发展现代服务业，以推进农产品精深加工来提高产业链附加值，有效推动了先进制造业、现代服务业和特色高效农产品加工业等产业集聚，逐步构建了高效合理的现代产业支撑体系，为县域发展培育新的经济增长点。通过持续加快中小城市和小城镇的交通通信、水电暖气、综合管廊、医疗卫生、文化体育等基础设施和公共服务设施建设，稳步推进城镇教育、就业、养老、住房等基本公共服务全覆盖，加快廉租住房、经济适用住房、公共租赁住房等各类保障性住房和工矿棚户区改造，有效推动了城市功能的均衡和完善。

三　持续打好“新型城镇化牌”的主要任务

（一）提升农业转移人口市民化质量

农业转移人口市民化是指农业转移人口在城市获得工作并最终取得城镇永久居民身份，平等享受城镇居民各项公共服务和政治权利，并融入城市社会的过程。习近平总书记在十九大报告中指出：“以城市群为主体构建大中小城市和小城镇协调发展的城镇格局，加快农业转移人口市民化。”加快农业转移人口市民化步伐已经成为新时代推进城镇化高质量发展的内在要求。要坚持以人为本、共享发展的理念，以让农业转移人口“进得来、留得住、过得好”为目标，以实现稳定就业的农民工、举家迁移的农民工和新生代农民工为重点群体，利用其思想观念、生活方式已基本融入城市社会，有在城市定居的强烈意愿的优势，加快推进农业转移人口市民化进程。然而，由于涉及资金需求量巨大、公共产品紧张等问题，还需要建立和完善比较健全的农业转移人口市民化制度，提高农业转移人口市民化质量，强化各级政府责任，打消进城农民的疑虑，充分调动社会力量，构建政府主导、多方参与、成本共担、协同推进的农业转移人口市民化机制，着力打破制约农业转移人口市民化的制度藩篱，切实保障农业转移人口和其他常住人口同等享有城市的各类权益。要建立健全由政府、企业、个人共同参与的农业转移人口市民化成本分担机制，明确成本承担主体和支出责任。

（二）提高城镇体系空间组织效率

城镇体系是指一定地域范围内具有紧密联系的不同规模、种类、职能的城镇所构成的城镇系统，是相互关联、发挥各种职能作用的不同等级城市的空间布局总况。受自然条件、资源禀赋、交通区位和经济发展水平等因素的影响，河南省的城镇化区域差异明显，城镇化水平总体呈现“北高南低、西高东低”的态势，豫中、豫北、豫西等地的城镇数量比较多，城镇化水平较高，豫南、豫东、豫西南的城镇化进程则相对较为缓慢。要依托现代化的交通体系，着力构建中心集聚、圈层蔓延、轴带辐射、节点提升的城市体系空间布局。推动中原城市群融合化发展，以郑州国家中心城市建设和洛阳区域性中心城市建设为驱动，加大郑州大都市建设推进力度，深化郑州与开封、新乡、焦作、许昌等城市的一体化程度，使其逐步成为组团式建设、网络化发展的复合型城镇密集区，形成带动中原城市群发展的核心区域。构建“米”字形城镇发展轴，发展壮大地区性中心城市，积极培育以县级城市为重点的现代中小城市，将小城镇建设作为连接城乡和带动乡村发展的重要载体，打造一批特色鲜明、宜居宜业宜游的魅力小镇，促进各类要素资源向节点城镇和城镇轴带汇聚，形成以点带线、以线促面的城镇化空间格局。

（三）提高中小城市综合承载功能

相对于超大、特大城市和大城市而言，中小城市数量众多，承载着大量人口，是推进新型城镇化建设的主要力量，是衡量地区经济社会发展水平的重要标志，也是实现基本公共服务均等化、生产要素合理流动、人民共享发展成果的重要载体。如果说中原城市群建设是推进新型城镇化的主体形态，那么河南众多的中小城市则是中原城市群建设的重点所在。加快推进县城城镇化补短板强弱项，提升县城综合服务能力。一要补齐以县城为主的中小城市公共服务设施。优化医疗卫生、教育、养老托育、文旅体育、社会福利和社区综合服务设施，建立标准化的疾控中心，更多公办幼儿园、养老床位和体育公园，还将打造综合性多功能的社区美好生活服务站。二要补齐以县城为主的中小城市的环境基础设施。完善垃圾无害化资源化处理设施、污水集中处理设施和县城公共厕所，大大提升宜居度。三要补齐市政公用设施，包括推进市政交通设施、市政管网设施、配送投递设施建设，老旧小区更新改造和县城智慧化改造，推进交通、电网、水务等市政公用设施智能化。四要补齐产业配套设施，完善产业平台配套设施、冷链物流设施和农贸市场。

（四）推动城乡深度融合发展

改革开放以来，特别是党的十八大以来，河南省的城乡一体化发展程度不断提升，城乡一体的基本公共服务提供机制逐步建立，城镇化率稳步提高，城乡差距明显缩小，城乡之间要素的流动性已有显著增强。然而，城乡发展不平衡、乡村发展不充分的问题仍然比较突出。为此，必须从以下几个方面重点发力。一是促进城乡土地要素市场化。通过农村土地制度的改革，拓展农民土地承包经营权的权利范围，将流转权、抵押权、租赁权细分权利纳入农户的承包权之内，使农民对土地资源的再配置拥有更大的决策权和收益权。建立和完善城乡统一的建设用地市场，促使农村集体建设用地与城镇国有建设用地实现同价同权，以市场机制引导土地价格的形成，让土地增值收益更多地留在农民手中。二是建立城乡统一的劳动力市场，构建富有吸引力的就业创业环境。没有人才这一有生力量，城乡的发展将无从谈起。要通过加强城乡基础设施和公共服务一体化建设、优化基层营商环境等途径，提升乡村吸引人才、留住人才的能力，推进劳动力流动由单一集聚向双向流动转变。依托信息技术建立和完善劳动力市场供求信息平台，提高城乡劳动岗位供给和就业需求的信息匹配程度，降低劳动力市场交易成本。三是健全农村金融市场，撬动更多金融资本和工商资本投向农村。要提高农村的资本收益率，财政支农政策向土地规模化经营、土地治理和质量提升、生态环境保护、农产品加工、城乡物流体系构建等领域倾斜，提高农村一二三产业的营利性。当然，在鼓励资本双向流动的同时，还要做好资本下乡的风险防范工作，防止降低耕地质量、影响农业安全、损害农民利益等问题的出现。

（五）完善城镇化改革体系

走高质量发展的新型城镇化道路涉及人、地、钱等方面的体制机制创新，必须依靠改革的力量，坚决破除现行城乡土地制度、户籍制度、社会保障制度和财税体制等方面存在的障碍。一是创新人口管理方式，加快户籍制度改革。加快形成以合法稳定住所或稳定职业为户口迁移基本条件、以经常居住地为户口登记基本形式的城乡统一的户籍管理制度。二是要深化农村土地制度“三权分置”改革，以土地为纽带重塑城乡关系。通过建立和完善农村土地产权制度，推动农村宝贵的土地资源转化为发展的资本，有效保障农民对土地的承包、使用和收益等权益，保护进城落户农民的土地承包经营权、宅基地使用权和宅基地上的房屋继承权等权利，消除其后顾之忧。三是深入实施社会保障制度改革，完善公共服务体系。深化社会保障制度改革是新时代践行新发展理念、促进新型城镇化成果公平共享的有效途径。必须统筹推进城乡社会保障体系建设，有序完善社会保障和社会救助体系，适时提升社会保障统筹层级，最终实现社会保障的一体化、均等化。四是深化财税体制改革，创新新型城镇化建设资金保障机制。建立规范透明的城镇化投融资机制，提高财政资金使用效率。在认真开展风险评估的前提下，积极利用开发性、政策性、商业金融和保险资金，鼓励金融机构、工商资本与城镇化项目规划和运营机构开展合作。

第三章　推进脱贫攻坚与乡村振兴有效衔接，实现农业农村现代化：总纲领总遵循总指引在河南的乡村建设实践

“立政之本则存乎农。”习近平总书记视察河南期间曾指出，河南农业农村人口比重大，“三农”工作任务繁重，粮食生产这个优势、这张“王牌”任何时候都不能丢，要牢牢抓住粮食这个核心竞争力，在乡村振兴中实现农业强省目标。河南省委省政府坚决落实习近平总书记重要讲话指示精神，举全省之力夺取了脱贫攻坚的全面胜利，积极推进乡村振兴战略走向深入，巩固拓展脱贫攻坚成果同乡村振兴有效衔接，走出了一条农业大省推进实现农业农村现代化的河南路径。

第一节　总纲领总遵循总指引对河南乡村建设实践的重大意义

习近平新时代中国特色社会主义思想，是指导我国农业农村发展取得历史性成就、发生历史性变革的科学理论，也是实施乡村振兴战略、做好新时代“三农”工作的行动指南。党的十八大以来，习近平总书记先后4次到河南考察调研，多次发表重要讲话、作出重要指示，全面系统指出了河南在乡村振兴战略中的地位、优势和责任，指明了工作重点和实现的方法路径，论述了弥补短板和统筹发展的重大关系，为做好新时代河南“三农”工作、谱写更加出彩的绚丽篇章提供了根本遵循，注入了强大动力，确立了更高标准，是指引河南乡村建设的时代最强音。

一　为打赢打好脱贫攻坚战提出了要求

党的十八大以来，以习近平同志为核心的党中央坚持把解决好“三农”

问题作为全党工作的重中之重，将脱贫攻坚作为全面建成小康社会的标志性工程，以脱贫攻坚为抓手，推动“三农”工作取得历史性成就。[①] 2012年底，党的十八大召开不久，党中央就提出“小康不小康，关键看老乡，关键看老乡能不能脱贫”的论断，拉开了脱贫攻坚的序幕。2013 年 11 月，在苗家黑瓦木楼前的一块平地上，习近平总书记作出“实事求是、因地制宜、分类指导、精准扶贫”的重要指示。以此为起点，从“六个精准”“五个一批”“四个问题”到“有的要下一番绣花功夫”，精准扶贫重要思想不断丰富发展，坚持精准扶贫、精准脱贫方略的要求不断提高。党的十九大明确把精准脱贫作为决胜全面建成小康社会必须打好的三大攻坚战之一，作出了新的部署。2018 年，是我国脱贫攻坚工作进入决胜阶段的关键一年，党中央要求脱贫攻坚任务重的地区党委和政府把脱贫攻坚作为“十三五”期间头等大事和第一民生工程来抓。可见，减贫反贫一直是以习近平同志为核心的党中央高度重视的工作板块，脱贫攻坚作为重大民生工程被摆在治国理政的突出位置。

脱贫攻坚战冲锋号已经吹响，全党全国咬定目标苦干实干。在全面建成小康社会目标实现之年，习近平总书记对脱贫攻坚工作作出重要指示，要求各级党委和政府务必保持攻坚态势，善始善终，善作善成，不获全胜决不收兵。“逆水行舟用力撑，一篙松劲退千寻”。在脱贫攻坚最后的决战时刻，习近平总书记从坚定信心不动摇、咬定目标不放松、整治问题不手软、落实责任不松劲、转变作风不懈怠等方面对脱贫攻坚工作提出了具体要求。这为河南坚定信心决心、注重质量，强化目标导向和问题导向，决战决胜脱贫攻坚，明确了新要求。

二 为推进乡村全面振兴提供了遵循

习近平新时代中国特色社会主义思想为推进乡村振兴提供了遵循。民族要复兴，乡村必振兴。实施乡村振兴战略，是中共十九大作出的重大战略部署，是决战全面建成小康社会、全面建设社会主义现代化国家的重大

① 汪晓东、李翔、刘书文：《谱写农业农村改革发展新的华彩乐章》，《人民日报》2021 年 9 月 23 日。

历史任务，是新时代“三农”工作的总抓手。实施乡村振兴战略，要按规律办事。寻求乡村发展规律，走中国特色的乡村振兴道路，在有 14 亿人口的中国，实现乡村振兴是前无古人的伟大壮举，没有可以照搬照抄的经验，要靠自己去摸索、探寻。

河南是农业大省，也是人口大省，做好“三农”工作，推进乡村全面振兴，对河南具有重要意义。2019 年 3 月 8 日，习近平在参加十三届全国人大二次会议河南代表团的审议时指出，乡村振兴是包括产业振兴、人才振兴、文化振兴、生态振兴、组织振兴的全面振兴，实施乡村振兴战略的总目标是农业农村现代化，总方针是坚持农业农村优先发展，总要求是产业兴旺、生态宜居、乡风文明、治理有效、生活富裕，制度保障是建立健全城乡融合发展体制机制和政策体系。① 习近平总书记从内涵、目标、手段、保障等不同层面对乡村振兴战略的论述，构成了全面、系统、有机联系的整体，既是总书记对于河南作为农业大省、人口大省明确自身职责、肩负重要使命提出的殷切期望，更是总书记从全局工作出发对落实好乡村振兴战略的再强调、再部署，为推进乡村全面振兴提供了根本遵循。

站在“十四五”规划的新起点，踏上全面建设社会主义现代化国家新征程，更要坚定不移推行乡村振兴战略。河南省将“全面推进乡村振兴”作为重要工作任务写入省“十四五”规划中，强调要坚持农业农村优先发展，推动乡村产业、人才、文化、生态、组织等全面振兴，构建工农互促、城乡互补、协调发展、共同繁荣的新型工农城乡关系，促进农业高质高效、乡村宜居宜业、农民富裕富足。

三 为推动农业农村现代化建设明确了思路

脱贫摘帽不是终点，而是新生活、新奋斗的起点。② 打赢脱贫攻坚战是全面建成小康社会的底线任务，在打赢脱贫攻坚战后，接续推进脱贫地区发展仍是未来较长一段时期的重要任务。要推进全面脱贫和乡村振兴有效衔接，持续激发农业农村现代化发展的内生动力。河南作为农业大省，农

---

① 张敏彦：《河南团，习近平对这个战略再作部署》，农业农村部官网，2019 年 3 月 11 日，http：//www.moa.gov.cn/ztzl/2019lhjj/zdgz_24797/201903/t20190311_6173527.htm。

② 习近平：《在决战决胜脱贫攻坚座谈会上的讲话》，中国政府网，2020 年 3 月 6 日，http：//www.gov.cn/xinwen/2020-03/06/content_5488175.htm。

业特别是粮食生产对全国影响举足轻重。2014 年 5 月 9 日，习近平总书记到开封市尉氏县张市镇高标准粮田综合开发示范区考察时指出，河南农业农村人口比重大，“三农”工作任务繁重，粮食生产这个优势、这张王牌任何时候都不能丢。在总书记的指引下，河南不断提升粮食产能，着力打造全国最重要的粮食生产核心区，推动实现藏粮于地、藏粮于技，主动担当起国家粮食安全重任，习近平总书记还强调要推进农业供给侧结构性改革，延伸粮食产业链、提升价值链、打造供应链，不断提高农业质量效益和竞争力。这为河南发挥优势推进“四优四化”，促进农业发展由增产导向转向提质导向，推动质量兴农、绿色兴农、品牌强农，明确了发展思路。

第二节　打好打赢脱贫攻坚战，凝聚合力夺取脱贫攻坚的全面胜利

摆脱贫困，为广大人民群众谋幸福，是我们党和国家推动发展的根本目的。打赢脱贫攻坚战，是保障全体人民共享改革发展成果、实现共同富裕的重大举措。河南是人口大省、农业大省，也是全国脱贫攻坚的一个主战场。党的十八大以来，河南省以习近平新时代中国特色社会主义思想为指导，坚决贯彻落实党中央、国务院关于打赢脱贫攻坚战的决策部署，把脱贫攻坚作为“十三五”期间头等大事和第一民生工程，通过实施脱贫攻坚重大专项、聚焦重点地区和人群攻坚、深化脱贫攻坚长效机制建设等工作，凝聚脱贫攻坚合力，取得脱贫攻坚战全面胜利。

一　实施脱贫攻坚重大专项

党的十八大以来，河南在全省开展了打好产业扶贫、就业创业扶贫、生态扶贫、金融扶贫“四场硬仗”；推进了健康扶贫、教育扶贫、扶贫助残、易地扶贫搬迁、危房改造、扶贫扶志“六大行动”；实施了交通扶贫、水利扶贫、电网升级和网络扶贫、环境整治“四项工程”。将实施 14 个脱贫攻坚重大专项作为关键环节和具体抓手，为高质量打好打赢全省脱贫攻坚战提供了战略支撑，奠定了坚实基础。

（一）打好产业扶贫、就业创业扶贫、生态扶贫、金融扶贫“四场硬仗”

1. 产业扶贫

脱贫攻坚，产业扶贫是关键。长期以来，河南秉持“产业扶贫是稳定脱贫的根本之策”基本理念，将产业扶贫视为脱贫攻坚的主战场，坚持以产业扶贫“十大行动”为抓手，以贫困群众增收为目标，全力打赢产业扶贫硬仗，取得了显著成效。一是坚持因地制宜，指导各地充分利用当地资源，立足产业基础，发展特色产业，在全面可持续发展的基础上重点扶持特色农业、小型加工业、乡村旅游业、电商产业、光伏产业五大特色产业，在了解贫困群众意愿的基础上，因地因村因人展开帮扶，在深挖当地产业扶贫突出矛盾和问题后，探索构建适宜的产业扶贫战略路径，推动一二三产业融合发展。二是注重规划引领，以促进规划衔接和强化规划落地实施为重点，确保各贫困地区的产业扶贫规划既符合国家、省扶贫政策要求和产业发展方向，又能够实现扶贫资源的有效整合，以短中长结合统筹谋划扶贫产业，确保贫困群众短期能脱贫、中期能致富、长期可持续，使产业扶贫成为脱贫攻坚长久之计。三是加大资金支持和技术保障力度，稳固产业发展基础，拓宽产业发展空间，特别是在养殖业、农产品加工业、兴办扶贫工厂、开展乡村旅游产业等方面给予相应的资金和技术支持，鼓励科研院校开展技术扶贫，把先进的产业技术传授给贫困群众，并指导当地劳动部门与市场机构、电商平台等展开合作，为贫困地区的人民提供技术培训服务。

2. 就业创业扶贫

就业是贫困劳动力实现脱贫的重要途径，促进贫困人口就业增收是打好打赢脱贫攻坚战的重要内容。“一人就业、全家脱贫”，河南省遵循习近平总书记关于就业扶贫的论述，认真贯彻落实党中央国务院和省委省政府决策部署，始终坚持劳务协作输出就业、就地就近吸纳就业、居家灵活就业、自主创业带动就业、中介组织介绍就业、公益性岗位安置就业等六种就业途径。为打赢全省就业创业扶贫决战决胜硬仗，出台了十二条稳定和扩大贫困劳动力就业创业措施，从提高就业补贴、创业培训补贴、初始创业补贴标准、创办实体补贴比例、脱贫攻坚优秀项目奖补等方面为贫困劳动力就业创业提供帮扶，对贫困户参与“地摊”经济、“线上+”经济进行补贴，加大对公益性岗位开发力度，对初创型小微企业支持力度，对脱贫监测户、边缘户帮扶力度。多措并举，稳定贫困劳动力就业，提高贫困劳动力就业能力，兜住贫困劳动力就业底线。

3. 生态扶贫

生态环境与我们的生活息息相关。河南省把生态扶贫作为脱贫攻坚的重要举措，结合生态保护脱贫，探索生态脱贫新路子。落实“生态补偿脱贫一批”这一脱贫攻坚举措，凝聚各方力量，推动“生态补偿扶持、生态工程建设、生态环境治理、生态产业发展”。一是落实林业惠农政策，河南省在生态护林员政策、公益林生态效益补偿、退耕还林补助、造林补助等系列林业惠农扶贫政策中发力，全面落实生态补偿政策，扩大补偿面积，积极提高补偿标准。二是以重大生态工程带动贫困地区生态环境发展，比较突出的有太行山绿化、伏牛山植物大观园、沿黄湿地公园和天然林保护等绿化工程，“森林河南”建设也取得了显著成效。三是集中政策优势，提升贫困地区生态品质。在农村环境整治、各种污染防治、改善贫困地区人居环境等方面不断发力，切实增强村民生活幸福感。四是大力发展生态产业，促进贫困地区高质量发展。逐步在乡村地区形成“企业+专业合作组织+基地+农户”多元合作的产业化经营模式，同时森林康养、林果加工、乡村旅游业蓬勃发展，乡村生态产业百花齐放，通过产业带动，贫困地区形成了“生态保护、环境美化、群众增收、区域发展”的新局面。

4. 金融扶贫

金融扶贫是消除贫困、改善民生、逐步实现共同富裕的重要保障，金融扶贫政策是打赢脱贫攻坚战的有力支撑。河南省积极推进省内金融扶贫各项工作的开展，积极拓展和实施针对建档立卡贫困户的扶贫小额信贷政策，不断创新金融扶贫模式，对省内扶贫开发工作产生积极带动作用。一是组织协调，复制“卢氏模式”。卢氏县创新小额信贷方式，建立覆盖全省农村地区的“县乡村三级金融服务体系”，为脱贫攻坚探索了一条全新的可复制推广的道路，累计惠及贫困群众 124.46 万户，解决了贫困户申请贷款过程中的燃眉之急。二是推进精准扶贫企业扶贫贷款，有效发挥企业带贫作用，优化带贫产业链。制定“精准扶贫”企业贷款实施方案，通过“公司+贫困户”“公司+基地+贫困户”等方式，将建档立卡贫困户纳入现代产业体系。三是积极谋划，完善政策措施。针对疫情期间金融扶贫政策如何执行、脱贫攻坚任务完成后政策是否延续等问题，相关部门制定了专项政策，如：将河南省扶贫小额信贷政策延续到2023年底；对疫情影响下还款困难的贫困户、带贫企业，及时通过适当延长还款期限、无还本续贷、展期等方式给予支持等。

（二）开展健康扶贫、教育扶贫、扶贫助残、易地扶贫搬迁、危房改造、扶贫扶志等“六大行动”

1. 健康扶贫

没有全民健康，就没有全面小康，深入实施健康扶贫工程至关重要。河南高度重视健康扶贫，大力实施健康扶贫工程，旨在为群众提供全面健康保障。一是充分利用现有医保制度，最大限度向贫困人口倾斜。建立困难群众大病补充医疗保险制度，为贫困人口再增加一道保障线。建立独具特色的健康扶贫“3+3+N”（基本医保+大病保险+困难群众大病补充保险，医疗救助+疾病应急救助+慈善救助，各地政府结合实际创立的医疗兜底保障机制）医保兜底保障政策体系，让贫困人口看得起病。二是实施精准救治，达到有效医治。通过每年一次的健康体检，掌握贫困群众的病情，进而有效开展大病集中救治、慢病签约服务和重病兜底保障。三是实现乡村医疗服务能力升级，让贫困人口能够在家门口看病。实施基层医疗卫生服务能力提升工程，加大项目、资金向贫困地区倾斜力度。积极利用信息技术，弥补基层医疗短板，实现远程医疗覆盖所有贫困县。

2. 教育扶贫

脱贫攻坚需要发挥教育基础性、先导性、全局性作用，激发群众脱贫动力，引导困难群众明理立志，让教育点亮希望。脱贫攻坚战打响以来，河南省坚持把教育扶贫作为脱贫攻坚的优先任务，围绕“保障学业、支持事业、促进就业、助推产业”展开教育扶贫，取得了显著成效。一是精准帮扶，让人人都有学上。完善全学段资助政策，细化资助体系，确保资助金发放精准，做到“应助尽助”，不让一个贫困家庭孩子因贫困失学辍学。二是两手齐抓，提升基层办学质量。一方面注重改善学校硬件设施，实施学前教育三年行动计划、“全面改薄”等工程，新建扩建各阶段学校校舍，为贫困地区学生提供良好的学习环境。另一方面注重提升乡村教育软实力，加强贫困地区师资力量建设，通过选派特岗教师、开展对口支教等形式为乡村输送良好教育资源。三是智力帮扶，激活贫困家庭造血能力。投入专项资金，依托职业学校举办职业教育“精准脱贫技能培训班”，组织高校与贫困县展开一对一结对帮扶工作，发挥高校在智力、科技、培训、人才、产销帮扶方面的优势。

3. 扶贫助残

让广大残疾人安居乐业、衣食无忧，过上幸福美好的生活是脱贫攻坚的重要目标。河南省高度重视残疾人脱贫攻坚工作，将其列入脱贫攻坚三年计划，创造性地开展残疾人脱贫帮扶工作，提升残疾人生活质量和幸福指数。一是制定和完善相关政策。《河南省残疾人脱贫攻坚行动计划（2016—2020年）》《着力解决因残致贫家庭突出困难的实施方案》等政策和分类实施的残疾青壮年文盲扫盲、贫困残疾妇女就业脱贫、贫困残疾人家庭无障碍改造等方案的出台，为缓解贫困残疾人实际困难助力。二是给予普惠加特惠支持。在保障残疾人充分享受“两不愁三保障”普惠性政策的基础上，针对残疾人特殊需求，建立困难残疾人生活补贴和重度残疾人护理补贴制度，大力推动重度残疾人照护服务，实施残疾儿童康复救助，深化拓展扶贫助残涵盖面，提升残疾人脱贫攻坚质量。三是凝聚扶贫助残合力。对内通过大力宣传激发残疾人脱贫致富内生动力，对外呼吁各界爱心人士参与到志愿助残服务中。

4. 异地扶贫搬迁

将缺乏生存条件地区的人口迁移到适宜生存的地方，帮助搬迁人口实现跨越式发展，是易地扶贫搬迁脱贫攻坚的主要目标。河南省各级部门上下联动、齐心协力、扎实推动易地扶贫搬迁政策出台和实施，使近26万贫困群众离开恶劣环境，开启易地新生活，实现生活条件明显改善、公共服务水平稳固提升、就业渠道不断拓展的新局面。在具体的推进工作中，一是充分发挥“四靠”（靠县城、靠园区、靠乡镇、靠乡村旅游点）引领作用，确保搬得出、搬得好。二是公共服务“五个有”（有社区服务中心、有义务教育学校、有幼儿园、有卫生室、有文化场所）全覆盖，确保服务好、保障全。三是开展产业扶贫“五个一”（建设一个村级光伏小电站、一项特色产业帮扶、建设一个扶贫车间、有一人稳定就业、有一份稳定收益)，确保稳得住、收益多。四是开展美好生活“五个新”(感恩新时代、住进新房子、展现新气象、实现新作为、营建新家园)，确保能融入、生活好。

5. 危房改造

保障贫困群众的住房安全，是打赢脱贫攻坚战的重要基础。河南省在习近平总书记扶贫开发重要论述的指引下，大力开展农村危房改造清零活动，累计完成重点对象危房改造 57.8 万户。多措并举，强力推进脱贫攻坚住房安全保障工作落实。一是创新工作模式。创新鉴定模式，精准确定改造对象；创新保障模式，因地因人制宜改造危房；聚焦重点群体改造，把建档立卡贫困户优先纳入改造计划。二是全方位巩固提升危改成果。加强质量安全管理，制定技术规范，打牢技术基础；强化技术培训，特别是开展针对基层干部和农村建筑工匠业务技能的培训；严格资金使用，出台补助资金使用管理办法，使资金补助拨发到位；全面开展核验，利用信息平台和信息工具对全省建档立卡贫困户开展核验，多重措施为危房改造工程增色添彩。

6. 扶贫扶志

“人穷志不能短，扶贫必先扶志”，习近平总书记关于扶贫扶志的论述，深刻揭示了扶贫扶志工作的科学内涵，为河南省开展扶贫扶志专项行动提供了科学指导。坚持扶贫与扶志、扶智相结合，着力解决“贫在素质”“困在精神”的问题，不断激发贫困群众自力更生、勤劳致富的主动性。一是加强硬件设施建设。按照“七个一”标准，加快建设贫困地区村级综合性文化服务中心、公共图书馆、文化馆。二是丰富乡村文化资源。开展文艺院团“千戏送千村”行动、文化工作者“千人进千村”行动、民营文化企业“千企帮千村”扶贫行动，丰富贫困地区文化服务供给，营造浓厚的文化氛围。三是加强乡风文明建设，充分发挥农村“一约四会”作用，推广“孝善基金”“孝心基金”等做法，推动各地深化移风易俗。四是加强政策约束。研究制定《河南省扶贫扶志行动方案》，明确规定除低保金、养老金等发放现金外，其他帮扶措施与贫困群众参与直接挂钩，更多采取以工代赈、生产奖补、劳务补助、开发公益岗位等方式，不断引导贫困群众摒弃消散思想，增强自主脱贫信心。

（三）实施交通扶贫、水利扶贫、电网升级和网络扶贫、环境整治“四项工程”

1. 交通扶贫

交通是广大农民脱贫致富奔小康的保障。河南省坚持“脱贫攻坚、交通先行”，建起“外通内联、通村畅乡、辐射周边、循环互补”的交通运输网络，以交通扶贫打通百姓脱贫致富幸福路。重点推进四项工作，助力乡村经济发展。一是完善政策措施。出台《交通运输脱贫攻坚重大专项工作推进方案》《河南省交通运输脱贫攻坚三年行动计划（2018—2020 年）》，明确工作目标和重点任务。二是加大对重点地区的支持力度。坚持全省交通扶贫项目向贫困地区特别是深度贫困地区倾斜，出台《交通运输支持深度贫困地区脱贫攻坚实施意见》，加大对特困地区政策支持力度，针对未脱贫村一村一策制定政策措施。三是示范引领脱贫。在全省范围推广新县交通扶贫与产业融合、旅游开发，光山县“四好农村路”建设，息县公路路域环境整治，卢氏县创新模式融资、加快农村公路建设，潢川县“村村通公交”等交通扶贫工作经验，促使乡村公路实现建立、管理、养护、运营协调发展。四是注重督察监督。建立督察机制，成立督导队伍，定期开展专项督导工作，巩固交通扶贫成果。

2. 水利扶贫

补齐贫困地区水利短板是脱贫攻坚战中的重要环节。河南围绕《河南省水利脱贫专项方案》《河南省水利脱贫攻坚三年行动计划》明确的目标任务，以解决农村饮水安全问题为抓手，推进贫困地区水利基础设施建设。主要做了以下几项工作：一是完善制度体系。结合本省水利建设情况，构筑“1231”水利脱贫攻坚制度体系。二是实行责任分包和指导督导工作方法。通过“责任分包、专题调研、技术服务”工作，建立“一对一”监督、帮扶、联系、指导工作机制。三是强化运行管理。围绕“双百”达标工作方案，严格选用饮水评价安全标准，精准识别贫困地区饮水安全情况；强化水费收缴，为实现工程良性运行提供经费保障；健全完善了县级农村饮水工程运行管理机构、运行管理办法和运行管理经费“三项制度”。四是实施“四化工作”，达到农村供水“规模化、市场化、水源地表化、城乡一体化”的效果。

3. 电网升级和网络扶贫

电网升级和网络扶贫是脱贫攻坚重要惠民工程。河南省聚焦电网升级和定点扶贫项目，全力推进电力扶贫目标任务，集中资源实施贫困地区电网“三年攻坚、两年提升”。开辟光伏扶贫项目绿色通道，简化并网环节，优化服务流程，保障光伏电站即时并网投运。落实低保五保每户每月10度电量电费减免政策，实行一般工商业电价降低10%制度，有效降低村民生活成本和扶贫企业用电成本。

网络扶贫是打好脱贫攻坚战的重要组成部分。河南坚持信息扶贫、网络先行，加大资金投入，推进贫困地区网络基础设施建设，以数字赋能带动贫困地区发展。一是持续加大网络扶贫资金投入。实施农村4G网络覆盖、光纤宽带网络覆盖、电信普遍服务试点、网络提速降费、网络信息惠民等五大工程，累计完成网络扶贫投资281.6亿元。二是助推农业信息化和乡村数字化建设。开展贫困村电商帮扶，以电商培训助力农村经济发展。大力推广“互联网+”相关涉农平台应用，以智慧党建、智慧农业、智慧校园、农业信息溯源等助力乡村数字化建设。

4. 环境整治

建设生态宜居的美丽乡村要以农村人居环境整治为着力点。河南省坚持把推进贫困地区人居环境整治作为实现全面建成小康社会的重要基础，协调协同相关部门统筹推进垃圾污水治理、厕所革命、村容村貌整治等重点工作，取得明显成效。并以人居环境整治为载体，促进贫困地区生态改善、产业发展，依托良好的生态环境、独特的民俗风情和乡土文化，大力发展乡村旅游。全面开展文明村镇创建。随着人居环境的逐步改善，贫困群众的精神面貌显著提升。激发贫困群众内生动力。好媳妇、好公婆、“五美庭院”等文明创建活动，星级文明户和文明标兵评选活动，文化长廊、文化墙、村史馆、农家书屋建设，为村庄环境增添一抹亮色。

二　聚焦重点地区和人群攻坚

扶贫工作，直接关系数千万人民的福祉。“在扶贫的路上，不能落下一个贫困家庭，丢下一个贫困群众。”河南落实精准方略，聚焦“三山一滩”地区、深度贫困地区、特殊贫困群体三类重点，把精准施策体现在脱贫攻坚的全过程、各环节，确保扶贫资源真正用在贫困地区，打赢脱贫攻坚主战场。

（一）聚焦“三山一滩”地区攻坚

以大别山革命老区为代表的“三山一滩”（大别山、伏牛山、太行山、黄河滩区）地区，扶贫任务最重，贫困人口占河南全省的70.1%，是河南脱贫攻坚的主战场。面对这场硬仗，河南省瞄准突出问题和薄弱环节集中发力，运用组合拳，凝聚合力，打赢攻坚战。坚持政策先行，出台《河南省大别山伏牛山太行山贫困地区群众脱贫工程规划（2014—2020年）》《河南省黄河滩区居民迁建规划》。狠抓政策落实，因地制宜开展帮扶。对于“一方水土养不了一方人”的深山地区，大力实施易地扶贫搬迁，统筹搬迁与发展、保脱贫与保生态的关系。针对黄河滩区地势低洼、风险较高的村庄，积极实施移民迁建工程，规划实施安置区建设。创新“三山一滩”地区搬迁后扶贫发展模式，不断完善基础设施建设，引导当地发展特色产业，确保贫困人口“搬得进、留得住、有就业、有收入”。以习近平总书记2019年视察河南时的讲话为指引，大力支持和推进大别山革命老区脱贫攻坚，在产业发展和就业增收、基层基本公共服务建设、红色资源保护利用等方面取得显著成效。

（二）聚焦深度贫困地区攻坚

深度贫困问题是河南省脱贫攻坚必须面对的严峻问题。河南聚焦于深度贫困地区攻坚，着力攻克深度贫困堡垒。针对深度贫困地区状况，制定了《关于支持深度贫困地区脱贫攻坚的实施意见》。加大政策倾斜力度，新增资金、新增项目、新增举措重点支持深度贫困地区。加大财政在贫困发生率超过10%的4个深度贫困县（卢氏县、台前县、淅川县、嵩县）的投入力度，在对深度贫困县按因素分配专项扶贫基金的基础上，倾斜安排专项扶贫资金，设立扶贫小额信贷风险补偿金。针对1235个深度贫困村，省财政为未脱贫村倾斜安排2.7亿元专项扶贫资金。同时，加大社会帮扶支持力度，动员全社会力量参与深度贫困地区脱贫攻坚。建立省属高校与深度贫困县对口帮扶机制，鼓励省属高校选派科技扶贫团、科技指导员、科技顾问到深度贫困县帮助工作；实施城市三级医院与深度贫困县开展“一对一”“组团式”“等额对调式”帮扶行动；鼓励支持民营企业“千企帮千村”精准扶贫行动向深度贫困地区倾斜等。

（三）聚焦特殊贫困群体攻坚

河南以精准扶贫要扶真贫为理念，聚焦于特殊贫困群体攻坚，确保脱贫路上不落一人。河南省针对贫困老年人、重度残疾人、重病患者等特殊贫困群体，开展规模化摸清排查工作，实施贫困群体信息动态管理，为特殊贫困人口构建了以社会保险、社会救助和社会福利制度为主体的综合性保障体系。如聚焦“病残”“孤老”“弱小”等困难群体，实行“单人户”施保、就业成本扣减、低保渐退等特殊扶贫政策。农村低保提标到每人每年不低于 4260 元，农村特困人员基本生活标准提高到年人均不低于 5538 元，基础养老金最低标准达到每人每月 103 元。全面落实残疾人两项补贴，惠及 215 万人，为重度残疾人家庭实施无障碍改造，为 3.78 万贫困残疾人提供辅助器具适配服务。

三　深化脱贫攻坚长效机制建设

党的十九届四中全会提出，坚决打赢脱贫攻坚战，巩固脱贫攻坚成果，建立解决相对贫困的长效机制。河南省深化脱贫攻坚长效机制建设，通过强化顶层设计、落实“四个不摘”、加强动态管理，巩固脱贫成果，促进脱贫攻坚与乡村振兴有效衔接。

（一）强化顶层设计

为持续推进减贫工作，拓展和巩固脱贫攻坚成果，河南省不断强化顶层设计，研究制定了《关于巩固脱贫攻坚成果有效防止返贫的意见》，明确提出脱贫攻坚“五个不动摇”，把脱贫攻坚当作乡村振兴的优先任务。《关于做好贫困县退出后有关工作的通知》《贫困村脱贫后驻村第一书记帮扶任务清单》等前瞻性的政策制定有效保障了贫困县、贫困村帮扶工作不断档、质量标准不降低、持续发展不滑坡。在打赢脱贫攻坚战之后，出台《关于实现巩固拓展脱贫攻坚成果同乡村振兴有效衔接的实施意见》，重点巩固脱贫攻坚成果，提升脱贫地区整体发展水平，从财政、土地、金融、人才四方面入手实现政策衔接。

（二）落实“四个不摘”

防止返贫，关键要把握好“稳定脱贫关”，提高脱贫攻坚质量。河南省严格落实“摘帽不摘责任、不摘政策、不摘帮扶、不摘监管”的要求，坚持把防返贫致贫摆在突出位置，确保脱贫攻坚工作的稳定性连续性。全省市、县和行业部门在相关贫困县、贫困村脱贫后持续签订年度目标责任书，做到摘帽不摘责任；对已经脱贫的县、村和农户，保持政策的连续性，做到投入不减、项目不少、政策不变，做到摘帽不摘政策；保持集中连片特困地区省辖市、贫困县脱贫攻坚工作分工稳定，驻村工作队中老队员延期离任、新队员配合开展工作，实现摘帽不摘帮扶；另外，加强对脱贫县村的督察和考核监督，针对“四个不摘”政策落实中的问题成立治理专项，做到摘帽不摘监督。

（三）加强动态管理

建立脱贫攻坚长效机制，要强化脱贫成效动态管理。河南省从加强风险检测和健全帮扶机制两方面着手进行脱贫成效动态管理。一是积极开展脱贫户返贫风险监测，将风险挡在防止返贫致贫的防护墙之外。对人均纯收入较低、转移性收入占比较高、家庭成员中有大病病人等 10 类返贫风险较高的脱贫户实施重点检测。二是完善帮扶机制。明确帮扶对象，重点关注扶贫对象、脱贫不稳定户和边缘易致贫户的生活动态，优化扶贫对象信息采集、更新和录入程序。针对不同类型脱贫人群采取差别化措施开展帮扶工作，出台措施推动“两类人群”帮扶，为贫困边缘人口社会救助提供相应政策支持，发挥现有帮扶政策作用，应对脱贫不稳定户可能面临的风险，有劳动能力的边缘人口继续享受扶贫小额信贷、技能培训、扶贫公益岗位、参与扶贫项目等扶持政策，明确帮扶责任人，不断落细帮扶措施，确保群众满意度和后评估效果。此外，实施保险扶贫应对因灾、病残、意外等返贫风险，给符合条件的贫困户多重险种支持，以有效应对突发情况。

第三节　做好“三农”工作的河南实践，推动乡村振兴落地生根

现代农村是一片大有可为的土地、希望的田野。河南省以习近平总书记在参加河南代表团审议时的讲话为遵循，以巨大的决心、明确的目标、有力的举措推动“三农”工作开创新局面，奋力建设现代农业强省。在乡村振兴工作体系和政策体系先行的基础上，坚持以产业发展夯实乡村振兴物质基础，以制度改革激发乡村振兴内生动力，以人才建设强化乡村振兴智力支撑，以文化铸魂增强乡村振兴底蕴优势，做好“三农”工作的河南实践，推动乡村振兴落地生根。

一　以产业发展夯实乡村振兴物质基础

产业兴旺是实现乡村振兴的基石。作为全国粮食、畜禽主产区和农产品加工大省，河南省扛稳粮食安全重任，推进农村产业高质量发展。坚持质量兴农、绿色兴农、品牌强农，深化农业供给侧结构性改革，坚持“三链同构”、三产融合，发展特色产业，在粮食安全和现代农业建设方面成绩突出，为乡村振兴提供物质基础。

（一）扛稳粮食安全重任

确保重要农产品特别是粮食供给，是实施乡村振兴战略的首要任务。河南省牢记习近平总书记嘱托，发挥粮食生产优势，在确保国家粮食安全方面展现新担当新作为。推进藏粮于地，建设新时代粮食生产核心区。一是落实严格的耕地保护制度。要求各级党委和政府担负起耕地保护责任，逐级签订耕地保护目标责任书。严格耕地用途管制，严格管控耕地转化为其他用地，对违规占用耕地的行为给予严厉处罚，牢牢守住全省 1.2 亿亩耕地红线。并建立健全耕地质量和产能监测评价制度，完善耕地质量监测网络，开展退化耕地综合治理和污染耕地阻控修复。通过对产粮大县予以奖励，落实耕地地力保护补贴、最低价收购小麦等惠农政策补贴，提高农民种粮积极性，确保粮食产量稳定。二是推进高标准农田建设，以藏粮于技提升粮食生产力。2018 年以来，河南省通过实施全域国土综合整治试点工

程，系统优化耕地、永久性基本农田和村庄建设用地布局。大规模开展高标准农田建设和提质改造，推进高标准农田建设整县（市）示范，持续推进中低产田改造，逐步开展退化耕地综合质量、污染耕地阻控修复。2022年初印发的《河南省高标准农田建设标准》，为新时期高标准农田建设提供了遵循。

（二）推进农村产业高质量发展

促进乡村振兴必须牢牢抓住产业振兴这个重要环节。河南省从农业转型升级和农村产业融合发展两方面入手，促进农村现代化产业建设。一是深入实施农业供给侧结构性改革，加快推进农业转型升级。河南省出台了《关于深入推进农业供给侧结构性改革 大力发展特色优势农业的意见》《关于坚持三链同构加快推进粮食产业高质量发展的意见》《关于加快畜牧业高质量发展的意见》等一系列政策性文件，以大力推进农业绿色化、优质化、特色化、品牌化，以“四优四化”为重点，制定了绿色产品生产和高效种养业转型升级方案，为促进农业转型升级提供了指引。通过创建特色农产品优势区，建设现代农业产业园、农业科技园，促进农业产业聚集性发展。实行标准化生产，培育农产品品牌，保护地理标志农产品，打造一村一品、一县一业发展格局。二是在实现农业转型升级的基础上，推动一二三产业同步升级、融合发展。纵向延长产业链条，大力发展规模化种植、农产品加工、精深加工、冷链物流、电子商务，不断提升价值链，完善利益链，通过保底分红、股份合作、利润返还等多种形式，让农民合理分享全产业链增值收益。横向拓展相关产业。以农业功能拓展带动产业融合发展，培育现代农村产业集群，推动副产物综合利用、休闲农业、优势特色农业与旅游、文化、康养、体育、教育、互联网等产业深度融合，进一步提升乡村产业实力。

二　以制度改革激发乡村振兴内生动力

深化改革是激活农业农村发展活力的法宝，是实施乡村振兴战略的重要保障。河南省聚焦农民和土地、农民和集体的关系，持续推进农村重点领域改革，强化乡村振兴制度供给，释放乡村振兴新动能。

（一）深化农村土地制度改革

深化农村改革，主线仍是处理好农民和土地之间的关系。长期以来，土地制度改革是河南省农村改革的焦点，也是难点，尤其是农村承包地、集体经营性建设用地和宅基地的改革。河南省加快推进农村土地“三权分置”改革，放活土地经营权，积极发展土地流转、土地托管、联耕联种、联管联营等多种形式的适度规模经营，增强农村土地生产力。如邓州市孟楼镇以集中流转、集中整理、集中再流转的方式，实现了农民、村集体、农开公司、经营主体的四方共赢。在全省承包地确权登记颁证全面完成的前提下，开展确权登记颁证“回头看”工作，确保承包地确权登记颁证工作质量。在乡镇一级明确宅基地管理机构，逐步建立乡镇联审联批制度。重点推进土地改革试点工作，如济源第二轮土地承包到期再延长 30 年国家试点，长垣、巩义、孟津、宝丰、新县全国农村宅基地制度改革试点，开展农村集体经营性建设用地入市试点。

（二）完善新型农业经营体系

建立新型农业经营体系是加快推进农业农村现代化的重要举措。河南省坚持家庭经营基础地位，积极培育各类新型经营主体和专业化社会服务组织，逐步建立新型农业经营体系。一是抓好家庭农场发展，实施家庭农场培育计划，在培育规模适度、生产集约、管理先进、效益明显的家庭农场方面不断发力。二是开展农民合作社规范提升行动，推进首批启动的 23 个试点县开展农民合作社质量提升整县推进试点，从社员等级、民主管理、产权关系、财务管理、盈余分配、经营机制创新等方面给予指导，增强农民合作社经济实力和服务带动能力。三是培育和吸纳农业专业化社会化服务组织，以更宽泛的服务领域和具有创新性的服务方式，为小农户提供全程社会化服务。

（三）巩固农村集体产权制度改革成果

自 2018 年起，河南省在全省范围内推行农村集体资产清产核算工作，目前清产核资基本完成，摸清了集体家底。2020 年全面完成农村集体产权制度改革整省推进试点任务，农村集体经济组织登记证书陆续发放，新型农村集体经济不断发展，逐步实现“资源变资产、资金变股金、农民变股东”，激活集体资源资产，实现集体资产保值增值。加快发展新型农村集体经济，扶持一批村级集体经济发展试点，加大财政资金支持力度，在试点地区探索了资源开发型、物业租赁型、资产盘活型、乡村旅游型、农业生产型、联合发展型等多种新型集体经营模式，发挥示范引领作用。注重对集体经济组织负责人的培训，以懂经营、善管理的集体经济发展带头人，带领农村集体经济向更好的方向发展。不断加强农村经营资产管理，以完善的集体资产管理体制和运行机制，促进集体资产保值增值。

三　以人才建设强化乡村振兴智力支撑

人才聚集，乡村振兴才有底气。河南省高度重视乡村人才振兴，按照习近平总书记要求，强化乡村人才支持政策，吸纳和激励各类人才在农村广阔天地大施所能、大展才华、大显身手，打造乡村人才队伍，为乡村振兴提供强有力的人才支撑和智力保障。

（一）强化乡村人才智力支持政策

河南省从深化体制机制改革和加大财政资金投入两方面强化乡村人才智力支持。围绕习近平总书记关于乡村振兴和河南工作的重要讲话精神，研究制定《河南省推动乡村人才振兴行动方案（2018~2020年）》，坚持把人力资本开发放在首要位置。在乡村振兴人才政策制定上，深化体制机制改革。从更加积极、更加开放、更加有效三个角度完善农村人才培养、评价、激励、专送服务等体制机制。逐步建立起以科技创新成果与水平、人才团队与条件平台建设、科研成果推广应用和科研组织方式与管理机制创新等为主要指标的农业科研机构绩效评价体系。提升职业农民的认同度，推进建立职业农民制度，针对职业农民制定职业认定标准，在明确职业农民的主要工作和主要职责的基础上，充分给予社会保障，为各地市普遍确立和施行职业农民制度提供了政策参考。另一方面，加大财政资金投入。通过制定支持乡村人才振兴的财政政策，为各类各级乡村人才培养争取更多的资金支持。同时，合理利用涉农发展资金，设立农业农村人才发展专项基金，将各项资金统筹协调使用，为乡村人才建设不断注入“源头活水”。从资金、项目、优质学校建设方面对乡村振兴基层人才教育培训组织、高等院校涉农专业人才培养予以倾斜，在学费减免和加大财政拨款方面予以政策支持。

（二）积极选派专家人才到乡村服务

专家人才是稀缺人力资源，积极选派专家人才到乡村服务是加大乡村振兴智力支持的重要体现。河南省以习近平总书记中国特色社会主义思想为指导，推动专业人才服务乡村。一是选派省博士服务团等专家人员到乡村开展工作。在满足基层需求的基础上，坚持“工作表现突出的优先、农村工作经验丰富的优先、有涉农方面专业技术特长的优先”原则，从省属高等院校、党校、科研院所等单位中选派专家到各县村挂职锻炼。选派到各村镇的专家将派出单位的优势资源带到所去地区，极大地推动了院地合作、校企合作，为促进当地经济社会发展提供了项目支持和技术支撑。二是实施科技特派员“十百千”工程。农业农村现代化发展需要抓好产业科技命脉，河南省实施“五个一”重点工程，指导产业科技特派员服务团、科技特派员服务队、科技惠民专项、科普传播基地、科技特派员工作站建设，通过分析乡村振兴产业的发展状况、帮助推进产业技术攻关、解决产业发展中的技术难题，为县域经济发展提供智力支持。

（三）建设乡村本土人才队伍

打造好乡村本土人才队伍，为乡村建设提供强有力的人才支撑。河南省以实现脱贫攻坚成果与乡村振兴成果有效衔接为重点，把县域经济发展和乡村振兴结合起来，大力培养乡村本土人才，强化人才振兴保障，在广大乡村地区建立起了一支“懂农业、爱农村、爱农民”的乡村本土人才队伍。[①] 通过实施全民技能振兴工程和职教攻坚工程，依托“阳光工程”“雨露计划”等培训工程，提升乡村人才综合能力和素质。在农村地区技能人才培养中累计投入资金 42.8 亿元，这些资金应用到乡村学校建设、农村教育信息化建设、培养乡村教师队伍、培育乡村医生等方面。大力推进新型职业农民培育工程，广泛开展各类创业培训，培育农村创新创业带头人，

① 陈明星：《脱贫攻坚与乡村振兴有效衔接的基本逻辑与实现路径》，《贵州社会科学》2020 年第 5 期。

培训基层农技人员、企业骨干、农民等农村各类实用人才。开展电商专家下乡活动，培育农村电商人才，在数字乡村建设的基础上，培育信息技术人才。完善农民工返乡创业扶持政策体系，鼓励外出务工人员回乡创业。

四 以文化铸魂增强乡村振兴底蕴优势

乡村振兴，既要形塑，更需铸魂。乡村文化振兴对巩固脱贫攻坚成果，提升乡村文化软实力，满足村民日益增长的文化需求具有重要意义。河南省把文化振兴作为增强“四个意识”、坚定“文化自信”、做到“两个维护”的具体行动，不断提升公共文化服务效能，改善农村精神文明风貌，提升乡村文化产品供给质量，以强大的内趋功效激发乡村振兴活力。

（一）提升公共文化服务效能

高质量公共文化服务为乡村文化振兴提供精神支撑。河南省将加强公共文化服务建设作为“重点民生实事”之一摆在重要位置，持续加大投入力度，从硬件和软件建设两方面提升公共文化服务效能。一是完善硬件设施。主要体现为大力建设乡村文化体育和社会服务设施，为村民提供休闲娱乐的场地。意识到基层综合性文化服务中心建设的重要性，着力实现乡村两级公共文化服务全覆盖。二是实施文化惠民工程，持续提升群众文化生活满意度。政府不断推动公共文化资源向贫困乡村地区倾斜，广泛开展“戏曲进乡村”“中原文化大舞台”等丰富多彩的文化活动，鼓励文艺工作者、民营文化企业开展文化结对帮扶，为乡村带去更多更好的文化服务。引导社会各界人士投身乡村文化建设，活跃繁荣农村文化市场，丰富农村文化业态。三是缩小城乡文化差距。推动全民阅读、全民健身等文化活动进入乡村，丰富群众文化生活。

（二）改善农村精神文明风貌

乡村精神文明建设为乡村振兴凝神聚力。河南省充分发挥乡风文明在乡村建设中的主体作用，实施县域农村精神文明建设示范工程，广泛开展文明村镇、文明家庭、星级文明户等群众性精神文明创建活动。大力开展移风易俗，弘扬时代新风行动，深入开展“传家训、立家规、扬家风”活动。通过建立“一约四会”遏制红白事大操大办、人情攀比、“天价彩礼”，倡导文明祭扫，初步改善农村陈规陋习。各地基层政府注重对村民进行无神论宣传教育和引导，整治乡村封建迷信现象，组织文化科普活动，提升农民科学文化素养。并完善基层矛盾纠纷多元化解机制，建立基层矛盾纠纷排查化解工作县、乡、村三级平台。

（三）提升乡村文化产品供给质量

乡村文化产业发展是文化振兴关键环节。河南注重文化产业发展优势，着力打造富有特色的乡村文化企业，培育和壮大乡村文化产业，提升乡村文化产品供给质量。一是促进乡村文旅产业融合发展。依托丰富的农耕文化、礼仪文化、民俗文化资源，打造民间文化之乡、省级特色文化基地等。优化乡村休闲观光产业空间布局，以传统村落为着力点，创新乡村文旅产业发展模式，打造集田园风光、休闲民宿、农耕体验、文化旅游为一体的农文旅融合综合体，把文化资源转化为经济优势。二是打造“一村一品”特色文化产业。充分利用乡村建筑、地方饮食、民族服饰、民间文艺表演等文化资源，规划和建设乡村采摘、康养、旅游、农耕体验等产业基地，打造以体验经济为主体的文化产业品牌，构建集旅游观光、生态体验、住宿餐饮、购物消费为一体的产业链，做强做大特色文化产业。

第四节　巩固拓展脱贫攻坚成果同乡村振兴有效衔接，推进农业农村现代化发展

习近平总书记指出，脱贫攻坚“胜非其难也，持之者其难也”。河南省遵循习近平新时代中国特色主义思想，切实将巩固拓展脱贫攻坚成果同乡村振兴有效衔接，让成果更稳固、成效更持续。坚持创新体制机制、接续发展乡村产业，补齐基础设施和公共服务短板，做到新时期河南农村工作的无缝对接，推进农业农村现代化发展。

一　从机制建设入手，做好政策体系衔接

河南省在乡村建设实践中统筹考虑乡村振兴、脱贫攻坚和农村综合改革的发展情况，实现体制机制和政策体系的有效衔接。

（一）留出政策接口和缓冲期

脱贫攻坚与乡村振兴在实施上有一定的时间差，体制机制也有所不同，河南省以中共中央国务院发布的《关于实现巩固拓展脱贫攻坚成果同乡村振兴有效衔接的意见》为指导，印发《关于全面推进乡村振兴加快农业农村现代化的实施意见》，制定乡村振兴与脱贫攻坚有机衔接细则及实施方案，在乡村建设实践中保持扶贫政策的延续性和稳定性，采取逐步过渡的方式将脱贫攻坚较为完善的体制机制与运作体系转化为常态化的扶贫机制，通过将原先普遍性、长期性的政策强化升级和将需要根据现实情况适时调整的政策进行调整，不断优化乡村振兴制度框架、政策体系，做好政策衔接。在 2018 年出台的《河南省打赢脱贫攻坚战三年行动计划》中成效最为显著的基础设施建设、教育扶贫、产业扶贫、环境整治行动，也作为可持续建设方向，纳入乡村振兴规划中。

（二）不断扩大政策适用主体范围

社会主义的本质是解放和发展生产力，消灭剥削，消除两极分化，最终实现共同富裕。脱贫攻坚和乡村振兴的相继提出正是为了让所有农村居民共享发展成果。河南省认真贯彻落实《中共中央国务院关于实施乡村振兴战略的意见》，将乡村振兴视为长期性、涉及全方位发展的重要战略，推进高质量解决乡村发展问题。在施策过程中不断扩大适用主体范围，把相对贫困治理纳入乡村振兴战略。深刻明白乡村生活富裕的主体是全体人民，乡村振兴战略的发力点是激励全体村民参与到乡村建设中，因而相应的政策应用范围也应该扩展到全体乡村群众。

（三）丰富现有政策内容

为实现脱贫攻坚成果持续巩固，脱贫攻坚政策体系和工作机制同乡村振兴有效衔接、平稳过渡，加快推进农业农村现代化，河南省不断丰富乡村建设现有政策内容。一是优化组织领导形式，实现脱贫攻坚领导小组及其办公室向乡村振兴领导小组及其办公室的过渡。二是完善工作机制，推动乡村振兴战略高效、高质实施。完善“五级书记”齐抓共管机制，落实主体责任；扩展第一书记工作机制，推进第一书记向集体经济薄弱村、乡村振兴重点村全覆盖；借鉴行业扶贫、专项扶贫、社会扶贫“三位一体”的经验，构建多元参与、通力合作的乡村振兴大协作大推进格局；推动脱贫攻坚一整套有效机制办法与乡村振兴有效衔接，完善决策议事机制、统筹协调机制、项目推进机制、事项跟踪办理机制、绩效考核评估机制等。

二 从产业升级入手，做好乡村产业发展衔接

产业兴旺需要通过不断提升产业发展的质量来实现。河南省为实现脱贫攻坚和乡村振兴有效衔接，从产业升级入手，构建现代农业经济体系，推动乡村产业可持续发展。

（一）实现乡村产业发展的可持续性

乡村振兴可以借鉴脱贫攻坚的有效经验实现平稳推进。产业扶贫是带动脱贫人数最多的脱贫项目，成为我国特色扶贫的主要经验，因而做好乡村产业发展的有效衔接至关重要。一是实现产业多元化发展。河南省按照习近平总书记关于县域治理“三起来”的重要指示，将农业放在整个生产体系中去配置资源，合理谋划，在农业生产的基础上，促进种养链、产业链高度整合，依托电子商务、大数据云平台、智慧物流等信息化手段延长价值链，提高产品附加值。同时，推进农业与旅游、教育、文化、康养等产业深度融合，促进乡村产业多元化发展。以农业为起点的产业链改变了原有农村卖原料、城市搞加工的生产格局，为乡村振兴产业奠定了基础。二是不断优化产业链空间布局。依托县域主导产业和特色优势产业，引导产业链各链条优化布局，形成“县有龙头企业、乡有产业园区、村有扶贫基地、户有增收门路”的产业布局，并以推动乡村产业发展的连续性和可持续性为出发点，制定相应产业的长期发展规划。[①]

（二）构建现代农业经济体系

建设现代农业经济体系，促进乡村产业兴旺，是河南省推进乡村振兴战略的重点任务。乡村振兴背景下的乡村产业发展，要以遵循市场规律和产业发展规律为前提，提高农业综合生产能力，要以现代产业体系、生产

① 侯红昌：《河南接续推进乡村振兴的路径选择》，《农村经济与科技》2021 年第 23 期。

体系、经营体系为支撑，提高农业创新力。一是挖掘乡村新兴产业。现代化农业农村发展需要新产业新技术的支撑。农村电商、休闲农业、乡村旅游、健康养老等新产业、新业态能够推动乡村一二三产业融合发展，是乡村振兴中产业兴旺的着力点，也是推动从“产业扶贫”到“产业振兴”有效衔接的最佳路径。二是实施规模化生产策略。传统一家一户的农业生产方式和企业单打独斗的经营方式已不适应现代化农业农村发展形势，河南省各地区根据自身资源禀赋条件和区位优势，坚持把“三园”（产业园、科技园、创业园）、“三区”（粮食生产功能区、重要农产品生产保护区、特色农产品优势区）、“一体”（田园综合体）、“一镇”（特色小镇）作为现代农业发展的大载体，促进小农户和现代农业发展、现代农村产业发展有机衔接。

三 从乡村建设入手，推进基础设施和公共服务衔接

大力推动乡村建设，构建美丽宜居、产业兴旺的现代化农村，要以完备的基础设施和完善的公共服务为基点。河南省注重基础设施和公共服务建设中的政府引领，多措并举推进高质量乡村公共服务供给，补齐乡村数字化基础设施短板，促进城乡基本公共服务均等化，构建城乡一体化的公共服务体系。

（一）发挥政府引导作用

农业农村基础设施和公共服务是乡村振兴总体任务的强力支撑。河南省坚持农业农村优先，将乡村基础设施和公共服务相衔接，并贯穿农业农村现代化发展的全过程，坚决贯彻落实《乡村振兴战略规划（2018—2022年）》《国家基本公共服务标准（2021年版）》，有效发挥政府在规划引导、政策支持、市场监管等方面的积极作用。一是合理规划引导。政府持续加大投入力度，引导各地区加快建设新型基础设施，推进城乡基础设施互联互动，实现农村基础设施建设提档升级。二是传达建设理念。积极引导各地树立按需供给意识，在基础设施上实现从“有”向“优”、由“少”到“多”的转变，在公共服务建设上实现从城乡二元逐渐向均等化、一体化迈进。

（二）高质量增加乡村公共服务供给

高质量增加乡村公共服务供给是提升广大农民获得感和幸福感的重要举措。河南省坚持在发展中保障和改善民生，围绕乡村民生问题不断发力，给予公共教育、医疗卫生和社会保障等领域充足的人才、资金、技术要素支撑，促进公共教育、就业服务、医疗、文化、养老、社会保障等城乡一体化，通过改进环境、交通、水电暖、网络等基础设施，提升乡村群众生活质量，促进城乡基本公共服务均等化。完善乡村医疗卫生服务体系，推动社会保障向农村全覆盖，规范乡村人力资源市场，构建多元主体乡村治理体系，统筹推进农业农村各项事业发展。此外，坚持以人为本的乡村公共服务供给理念，关注推进农业农村现代化建设中各地区在社会保障和公共教育、农村劳动力就业和公共服务设施等方面的差异，结合自身资源禀赋，优化乡村公共服务供给。

（三）补齐乡村数字化基础设施短板

数字基础设施是推动数字乡村建设的必要基础，也是弥合城乡“数字鸿沟”、实现乡村振兴的必要保障。河南省加快推进农业信息化和数字乡村建设，通过打造集约高效、绿色智能、安全适用的乡村信息基础设施，不断满足农民数字化需求。在补齐乡村数字化基础设施短板方面有以下几项举措。一是实施宽带网络进村入户工程，补齐河南乡村网络设施短板，全面打通信息传播的“最后一公里”，有效缓解城乡数字鸿沟。二是加强乡村信息基础设施的共建共享。信息化基础设施依托其他各类基础设施才能实现大规模集约化发展，河南省按照“存量共享，增量共建”的原则建设信息型基础设施，有效避免了重复建设中的资源浪费。三是积极引导大型互联网企业、传感器制造商、物联网服务运营商、信息服务商等进入河南农村信息化基础设施建设中，特别是在农村数字惠普金融建设中，构建政府、企业、银行“三位一体”的多方合作机制，为乡村数字化基础设施建设提供有力支撑。

四　从优化人才生态入手，推进乡村人才衔接

乡村振兴的核心是人才。打响脱贫攻坚战以来，河南各地出台多种举

措，培养吸纳了不少优秀人才，实现脱贫攻坚与乡村振兴的有效衔接，要夯实脱贫攻坚打下的坚实人才基础，优化人才生态，让乡村人才“引得来，留得住”。

（一）建立机制平台育人才

河南省建立人才结构与产业结构优化升级相适应的多元人才培养机制。一是搭建创业服务平台。大力开展农村创新创业带头人培育行动，培育了一批带动农村经济发展和农民就业增收的乡村企业家。农民工创业园和电商创业园等创业就业孵化基地的建立，孕育和吸引了一批具有理想抱负的当地青年在乡创业。二是优化创业帮扶机制。通过降低创业准入门槛、减免税收、放宽项目审批程序、优化营商创业环境等给予乡村人才创业支持，多措并举降低创业的风险和成本。三是以市场的力量汇聚人才。完善乡村金融体系和技术服务网络，培育了具有乡土特色的新型农业经营主体，同时注重市场汇聚资源的能力，吸引城市的资本、技术、人才融入乡村，鼓励社会资本投资适合产业化、规模化、集约化经营的农业领域。

（二）健全激励机制引人才

要把人才引进乡村，就必须健全人才激励机制。河南省不断完善人才激励机制，为乡村建设引进人才，留住人才。一是提高城市人才入乡激励机制的普惠性。放宽激励机制的限制条件，为有想法、有能力的外出务工者、大中专毕业生、退役军人、企业经营者等提供展示才能的平台和返乡入乡的机会，鼓励和支持他们在乡创办企业、创新产品种类、开拓外部市场、培育新业态，促进农业农村现代化发展。二是为基层人才提供良好的发展环境。优化营商环境，为有意愿回乡就业创业、计划融入乡村市场的企业提供良好的市场氛围；坚持“生态论”，改善乡村人居环境，提升工作和生活幸福感；畅通基层人才晋升渠道，注重从基层选拔优秀人才，激发基层人才干事创业的积极性。

（三）推动人才本土化与均衡化同步发展

外来人才为乡村建设和发展注入了新鲜血液，而本土人才是乡村振兴和农业农村现代化发展的源头活水。河南省推动人才本土化与均衡化同步发展，注重挖掘乡村自身的力量，大力培养本土人才。一是多措并举培育乡村振兴重点领域人才，包括乡村治理人才、公共服务人才、产业生产经营人才等。二是鼓励当地政府分层分类建立“乡土人才库”，把具有治理经验、产业经营经验、技术经验的乡村优秀人才、优秀党员选出来，发挥其示范带动作用，培养一批乡村本土中懂技术、会管理、善经营的“土专家”“田秀才”。三是发挥教育在乡村人才培育中的重要作用。围绕“一人一证，技能河南”政策，依托乡村振兴技能培训项目，加快高素质职业农民队伍建设，建立劳动者就业培训品牌基地，实施电商人才培训计划，挖掘培养乡村手工业者等。

第四章　践行“两山”理念，推进黄河流域生态保护和高质量发展：总纲领总遵循总指引在河南的生态环境建设实践

黄河河南段地跨我国第二和第三阶梯、黄河中游和下游，是华北平原重要的生态屏障。2020 年，河南省森林覆盖率达到 25.07%，居黄河流域第三位，高于黄河流域平均水平 1.64 个百分点，高于全国平均水平 2.03 个百分点，是保障黄河供水安全的重要支撑。当前，黄河流域存在着生态环境脆弱、生态系统退化、水资源保障形势严峻等突出问题，是加强生态保护治理的优先领域。深入践行习近平生态文明思想，牢固树立绿水青山就是金山银山理念，按照“共同抓好大保护，协同推进大治理”的要求，打造黄河流域生态保护示范区，扎实推进生态强省建设，在黄河流域率先实现生态系统健康稳定，争当全国生态文明建设排头兵。

第一节　加强流域水土保持

水土资源是人类赖以生存和发展的基础性资源。近年来，河南省水土保持工作取得了显著成效，全省水力侵蚀水土流失面积从 2016 年初的 2.21 万平方公里减少到 2020 年初的 1.99 万平方公里，减少了 2200 平方公里，水土流失面积和强度实现了“双下降”。国家水土保持生态文明市（县）、国家水土保持生态文明工程、国家水土保持生态文明清洁小流域建设工程、国家水土保持科技示范园区等一批“国字号”水土保持试点示范提供了流域水土保持的“河南样板”。进入新时代，加强流域水土保持，以强化水源涵养功能为根本，以实施分区分类治理为载体，以加强水土流失综合监管为手段，把水土流失治理与农村经济发展紧密结合，统筹群众生产、生态和生活，全面增强水土保持能力，不断提升治理质量和效益。

一　河南加强流域水土保持的基本现状

（一）地形条件复杂

河南境内地形条件复杂，南部山区山高坡陡、沟壑纵横，易受水流侵蚀；土石山区岩体完整性差、构造松散、断裂发育，易于解体；郑州以西、黄河南侧与洛河之间的黄土丘陵区土壤质地松散、沟谷遍布，地形破碎严重，为土壤侵蚀提供了客观条件；黄土平原区土壤质地疏松，有机质少，胶结力差，抗蚀能力低，地表难以承受各种外应力的作用，易形成严重的水土流失。此外，河南省降水多集中在夏秋两节，6~9 月降水占全年降水的 60%~70%，且多以暴雨形式出现。在暴雨形成径流的作用下，大量土壤被带走，形成严重的水土流失。

（二）人为破坏严重

水土流失现象的发生往往是自然因素和人为因素共同作用的结果。复杂的地形条件是造成河南省水土流失的内因，而人类不合理的水资源和土地资源的开发利用则是诱发和加剧水土流失的外因，人为因素又往往成为水土流失的主要因素。一方面随着人口的激增，对粮食、畜牧等的需求量急剧增加，加大了对自然资源的索取，乱砍滥伐、开荒垦坡等破坏植被活动依然存在；另一方面采矿、建材等行业的迅速发展，对地表植被造成破坏，随意倾倒的废土、废渣，挤占良田，遇到下雨，顺流而下，又会造成河道淤塞，泥沙下泻，造成严重的水土流失。此外，矿山资源开发、山区和丘陵地区修建道路等基础设施对植被也会造成一定的破坏，并产生一定程度的水土流失。

（三）缺乏有效投入

近年来，随着对生态环境认识的加深和重视，国家加大了对水土保持生态建设的资金投入，但就河南省目前情况来看，投入资金远远不能满足水土治理需要，河南省的水土生态治理速度远不能满足人们生产生活实践的需要，严重制约了河南经济、社会和生态环境的协调发展。据测算，每年完成水利部下达河南省水土流失治理任务，需投入水土保持建设资金约

12 亿元，现每年投入水平（含全社会投入）约 4 亿元，防治投入远不能满足生态建设需求。同时，随着城镇化快速发展，大批农村劳动力进城务工，农业人口不断转移，农村劳动力成本增加，农民投工投劳参与水土保持的程度将有所降低，仅仅依靠国家补助和农民投劳的水土保持生态工程建管模式将会发生改变。

二 河南加强流域水土保持存在的问题分析

（一）水土流失治理任务依然艰巨

从黄河河南段来看，目前尚有 1.37 万平方公里水土流失区域，占河南省水土流失面积的 68.8%（1.99 万平方公里），占全省地域面积的 8.2%，严重的水土流失导致水土资源被破坏、生态环境恶化、自然灾害加剧，威胁着全省生态安全、防洪安全、饮水安全和粮食安全，是河南省经济社会高质量发展的突出制约因素。剩余流域水土流失严重地区主要分布在伏牛山、太行山区和桐柏山、大别山区等“三山一滩”贫困地区，自然条件差，治理难度高。如三门峡全市面积 10496 平方公里，水土流失面积 5475 平方公里，占比超过 50%。洛阳尚有水土流失面积 3944 平方公里、未修复矿区 331.325 公顷，其中栾川、汝阳、嵩县、宜阳等县部分耕地土壤重金属超标，严重影响了耕地土壤的质量，制约耕地生产力进一步提高。

（二）矿山水土流失问题依然突出

豫北太行山区、豫西黄河中游山地丘陵区矿产资源丰富，长期以来“重开发、轻保护”“只挖掘、不修复”“乱布局、乱开发”等现象十分严重，造成了山体破坏、地面塌陷、耕地占压等诸多遗留问题，导致地质灾害频发。同时造成严重的大气、水土污染，尤其是豫西黄河中游地区地处黄土高原，土质疏松，山体植被的破坏，使其保持水土、涵养水源能力下降，导致水土流失、面源污染进一步加重。截至 2018 年底，该区矿山开发损毁土地 23.94 万亩，占全省矿山损毁土地总面积的 32%，其中，亟待治理的历史遗留废弃矿山损毁土地 11.6 万亩。随着经济快速发展，特别是城镇建设、农业果业开发、交通设施建设等活动的进行，如果不加快矿山生态修复，极有可能造成人为新增水土流失。

（三）水土保持综合监管有待进一步增强

水土保持工程建设管理等制度有待完善，水土保持监测体系及科技支撑体系尚不健全，信息化水平急需提高，水土保持宣传教育和科普工作有待提升，综合监管能力亟待提高。一是“三同时制度”执行力度不够。《中华人民共和国水土保持法》第二十七条规定，“依法应当编制水土保持方案的生产建设项目中的水土保持设施，应当与主体工程同时设计、同时施工、同时投产使用；生产建设项目竣工验收，应当验收水土保持设施；水土保持设施未经验收或者验收不合格的，生产建设项目不得投产使用”。“三同时制度”未有效落实，大部分的水土保持设施设计仅停留在可行性研究阶段，而缺乏初步设计和施工图设计等后续设计工作，水土保持方案确定新增的水土保持措施往往落实不到位。二是基层监督管理亟待加强。《中华人民共和国水土保持法》《河南省水土保持条例》赋予了水行政主管部门重要的水土保持监督管理职责。生态文明建设的持续推进对水行政主管部门的依法行政能力和社会管理水平提出了更高要求，水土保持监管工作将更加繁重，基层监管力量亟待加强，目前，各地市之间水土保持监管工作开展情况不平衡，部分地区存在自身能力建设不足、监督管理力量有限等问题。三是信息化技术的应用和支撑力度不足。目前，全省水土保持监测网络和信息系统工程、水土流失监控体系尚不完备；信息化技术在水土保持领域的应用和支撑力度不足，制约了预防监督管理、水土保持生态建设等工作的有序开展。

三　河南加强流域水土保持的基本取向

（一）强化水源涵养功能

水源涵养是加强水土保持的根本出发点和落脚点，强化水土流失区域的水源涵养功能，恢复受损森林植被，提高森林覆盖率是推进黄河流域水土保持的重点方向。因此，要从保障水源安全、凸显生态和社会效益、示范性等因素考虑，以列入河流型地表水集中式饮用水水源地和水库型地表水集中式饮用水水源地的水土流失重点预防区内的饮用水水源保护区为主，合理安排水源地重点预防项目，注重保护原有水土保持林和水源涵养林，根据实际需求对其采取封山育林、疏林补密、抚育更新等措施，建设具有水土保持和水源涵养功能的森林植被，在水陆交界处建设植被缓冲带和生物湿地。积极实施黄河流域、伊河、洛河、沁河生态大保护大治理建设工程，以国家储备林基地建设为载体，严格封禁治理，保护和恢复林草植被，大力营造水源涵养林和水土保持林。积极推广永城日月湖、信阳郝堂村、灵宝寺河山、林州红旗渠生态清洁小流域建设模式和建设经验，实施在近库及村镇周边建设生态文明清洁小流域，改善水库周边生态系统，提高水质保障、水源保护和生态维护功能，筑牢“中原水塔”。加强黄河中上游河源综合治理和封禁保护，实施林草植被建设等重大生态保护行动，全面禁止河源区矿产资源、水能资源开发，持续推进防护林体系建设，因地制宜推进生态搬迁，建设黄河干、支流河源自然保护示范区，减少人类活动对生态系统的影响。

（二）实施分区分类治理

由于黄河流域上下游、左右岸、干支流生态环境、地理条件、经济社会发展等的不同，加强黄河流域水土保持工作，要实施分区分类治理，科学统筹“中游治山、下游治滩、受水区织网”的战略方针，着力构建与全省经济社会发展相适应的黄河流域水土流失综合防治体系。一是构建流域中游山地安全屏障。河南省黄河流域上游分布着太行山、伏牛山等重要山脉，在这些重要山脉分布区域积极开展天然林保护、封山育林和飞播造林等工作，大力营造水源涵养林和水土保持林，加快实施小流域综合治理，加强露天矿山生态修复，迅速恢复受损森林生态系统，着力构筑山地生态安全屏障。二是推进下游滩区综合治理。河南省黄河下游分布着洛阳夹河滩区、桃花峪至濮阳台前滩区、新乡平原滩区等重点区域，是水沙入海的要道和华北平原上的重要生态廊道，同时也为沿黄经济社会发展提供重要的珍贵过境水资源。加强水土保持工作，要结合不同滩区生成特征，按照宜林则林、宜耕则耕、宜湿则湿、宜果则果、宜草则草的原则，统筹规划、系统推进滩区生态建设，恢复黄河沿岸自然植被，重塑滩区生态面貌。科学布局控导护滩项目，加固改建现有控导工程，完善避水楼房、撤退道路和桥梁等滩区安全设施，健全滩区防洪避险机制和洪水风险补偿机制，增强滩区居民防洪抗灾能力。三是着力织就引黄受水区生态绿网。加强豫北黄海平原、豫东黄淮冲积平原的综合治理，结合粮食主产区的高标准粮田建设，建设乔木混交、乔灌搭配的农田林网，保障粮食安全。加快平原防风固沙林建设，加强沙化土地治理和退化林生态修复，积极推广具有改良土壤能力的优良乔木树种，全面提升沙化土地生态系统自我更新功能。

（三）加强水土流失综合监管

水土流失治理重在监管，重在构建一整套以现代信息技术运用为手段，以强化人为水土流失监管为核心，以完善政策机制为重点，以严格督查问责为抓手的监管体系。要按照有关技术规范，运用遥感、调查和地面观测等手段，建立水土保持监测网络，采集水土流失因子及其对生态环境产生的影响等信息，掌握水土流失现状、变化及其防治情况，综合评价水土保持效果，发布水土保持公报，为政府决策、社会经济发展和社会公众服务等提供技术支撑。优化监测站点规划与布局，构建“天—空—地一体化”智能数据采集节点，加强对水土流失特定区域预防工作的监管。对取土挖砂采石、陡坡地开垦种植农作物、铲草皮和挖树兜等各类禁止行为进行监控；对水土流失严重、生态脆弱地区以及水土流失重点防治区生产建设项目或活动等限制性行为进行监控；对生产建设项目水土保持方案编报审批、监督检查与设施验收工作情况进行监管。加快构建布局合理、功能完备、体系完整的水土保持监测网络和信息系统，加强水土保持数据库建设，形成高效快捷的信息采集、分析管理、发布和服务体系。加强水土保持监管能力建设，实施最严格的生态建设活动水土保持监管。构建水土保持综合监管制度体系，重点构建水土保持目标责任制和考核奖惩制度、水土保持重点工程建设管理制度、水土保持执法监管制度、人为水土流失调查制度。

第二节　强化污染系统治理

环境问题是全社会关注的焦点，也是全面建成小康社会能否得到人民认可的一个关键。近年来，河南省委、省政府认真贯彻习近平生态文明思想和党中央、国务院关于打好污染防治攻坚战的决策部署，带领全省上下认真贯彻绿色发展理念，坚决向污染宣战，践行“两山理论”的“栾川模式”，“新县模式”，农村能源革命的“兰考模式”，土壤污染防治的“洛阳模式”得到全面复制推广，污染系统治理明显加强，环境状况得到持续改善。强化污染系统治理，要按照高质量发展要求，抢抓黄河流域生态保护和高质量发展战略机遇，聚焦人民群众最关心的大气、水、土壤等环境污染问题，深入打好污染防治攻坚战，不断增强人民群众在生态环境改善中的安全感、获得感、幸福感。

一 河南强化污染系统治理取得的成效

（一）大气环境质量稳中向好

河南省位于全国大气污染防治重点区域，京津冀及周边地区“2+26”个城市中，河南省占 7 个，汾渭平原 11 个城市中，河南省占 2 个。河南省生态环保厅监测数据显示，2020 年，河南大气环境质量显著提升，达到近年来最好水平，主要指标改善幅度在京津冀及全国排名靠前。全省 PM2.5 浓度为每立方米 52 微克，同比下降 11.9%，改善幅度在京津冀及周边省份中排名第 2，为“十三五”期间降幅最大的一年；PM10 浓度为每立方米 83 微克，同比下降 13.5%；全省空气优良天数 245 天，比例为 66.7%，比 2015 年提高 16.5 个百分点，同比增加 52 天，增加幅度居全国第 1 位（图 4-1）。二氧化氮、二氧化硫、一氧化碳三项因子常年达到空气质量二级标准，除臭氧外，其余五项因子 2020 年 6~9 月连续 4 个月达标。

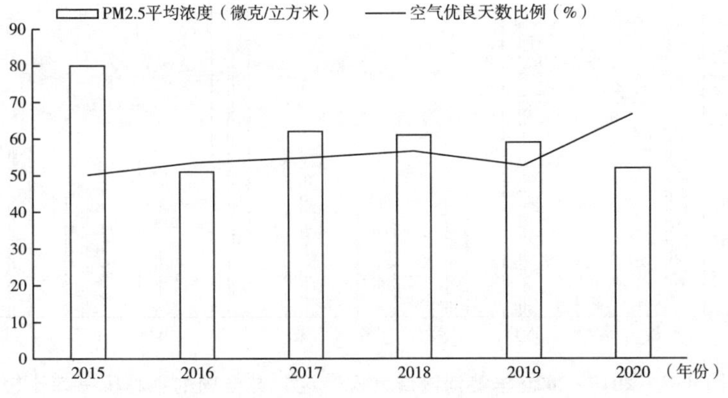

图 4-1 2015~2020 年河南省 PM2.5 平均浓度和空气优良天数比例

数据来源：2015~2020 年河南省国民经济和社会发展统计公报。

（二）水环境治理全面改善

河南省地跨黄河、海河、淮河、长江四大流域，还是南水北调中线工程渠首所在地、水源地主要汇水区和主要沿线省份。2020 年，国家 94 个水污染防治考核断面中，全省Ⅰ～Ⅲ类水质断面 73 个，占 77.7%（达到国家要求高于 56.4%的目标），同比增加 9.6 个百分点，无劣Ⅴ类水质断面（达到国家要求低于 11.7%的目标）。国家考核的省辖市集中式饮用水水源地达到或优于Ⅲ类的比例为 100%。南水北调中线工程水源地丹江口水库陶岔取水口水质持续稳定在Ⅱ类及以上标准，有效保障“一渠清水永续北送”。2015～2019 年黄河流域省辖市饮用水水源取水水质达标率均达到了 100%。

（三）森林资源持续增长

经过近几年的污染防治攻坚，全省森林覆盖率大幅度提高，2020 年全省森林覆盖率达到 25.07%，比 2015 年提高 1.45 个百分点，居黄河流域第三位，仅次于陕西和四川，高于全国平均水平 2.03 个百分点（图 4-2）。并且，近年来河南省强化生态示范建设，生态环境的质量和效应不断提高。2020 年新增 1 个“绿水青山就是金山银山”实践创新基地、3 个国家生态

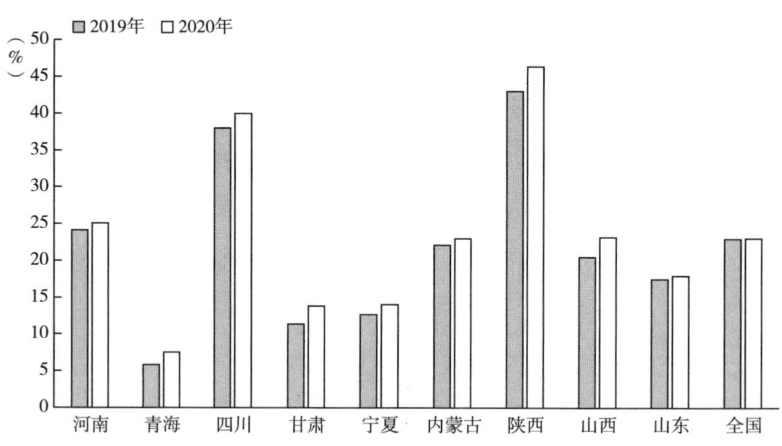

图 4-2　2019～2020 年黄河流域九省（区）与全国的森林覆盖率比较

数据来源：2019～2020 年沿黄九省（区）国民经济和社会发展统计公报、中华人民共和国 2020 年国民经济和社会发展统计公报。

文明建设示范县，全省累计创建“两山”实践创新基地3个、国家生态文明建设示范区8个、省级生态县22个。其中，对于黄河流域而言，洛阳市栾川县相继被命名为省级生态县、国家级生态县、国家生态文明建设示范县和“绿水青山就是金山银山”实践创新基地；兰考县、新密县被命名为国家生态文明建设示范县；洛阳市孟津县、洛宁县、新安县被命名为省级生态县；洛阳市宜阳县，新乡市延津县、封丘县和原阳县，三门峡市渑池县等正在开展省级生态县创建工作。

二 河南强化污染系统治理的关键举措

（一）聚焦顶层设计，明确污染系统治理路线图

河南省委省政府出台了《关于全面加强生态环境保护坚决打好污染防治攻坚战的实施意见》《河南省污染防治攻坚战三年行动计划（2018~2020年）》，明确了污染防治攻坚战的路线图、时间表、任务书，成立了省委书记、省长任“双组长”的污染防治攻坚战领导小组，通过省委常委会、省政府常务会议、污染防治攻坚战推进会、公开约谈、现场调研指导等方式，全力推进污染防治综合治理、系统治理。河南省人大常委会通过了《关于全面加强生态环境保护依法推动打好污染防治攻坚战让中原更加出彩的决议》，修订了《河南省大气污染防治条例》《河南省水污染防治条例》，为各地坚决打好打赢污染防治攻坚战明确了方向和依据。

（二）聚焦高质量发展，实施经济结构提质行动

产业结构优化升级是一个国家或地区实现高质量发展的重要支撑，也是推动产业基础高级化和产业链现代化的前提和基础。为跳出“资源陷阱”，河南省委省政府痛下决心，大规模整合资源，提高产业集中度，推动产业升级，延伸产业链，全面提高资源节约与综合利用水平。为推动工业转型升级，河南省委省政府先后出台了《河南省工业转型升级“十二五”规划》《河南省装备制造业转型升级行动计划（2017—2020年）》等一系列政策措施。河南服务业仍然存在增速低、比重小、结构不优、竞争力不强等突出问题，服务业发展相对滞后成为产业结构不合理的突出表现、制约经济社会发展的短板。为弥补服务业短板，河南省先后出台了

《河南省人民政府关于推动生产性服务业加快发展的实施意见》《河南省人民政府关于建设高成长性服务业大省的若干意见》《河南省加快发展生活性服务业促进消费结构升级实施方案》《河南省"十三五"现代服务业发展规划》等。在加快经济结构调整方面，河南省紧紧抓住黄河流域生态保护和高质量发展重大战略机遇期，围绕产业、能源、运输、用地"四大结构"，持续推进产业结构调整优化，大力实施绿色改造、智能改造和技术改造；持续推进能源结构调整优化，深入开展能源生产和消费革命；持续推进运输结构调整优化，加大多式联运信息平台建设力度；持续推进用地结构调整优化，加快编制省市县国土空间规划，推进土地集约节约利用。以壮士断腕的决心、滚石上山的劲头，扎实抓好"四大结构"调整，初步形成了绿色低碳循环发展的现代化经济体系。当前河南省三次产业结构调整为 8.5∶43.5∶48.0，与改革开放初期相比，第一产业占比下降了 31.3 个百分点，第二产业占比上升了 0.9 个百分点，第三产业占比上升了 30.4 个百分点。2019 年，全省万元地区生产总值能耗下降 7.98%，能源消费总量下降 1.58%。

（三）聚焦水土气重点领域，打好打赢三大污染攻坚战

围绕水污染防治，全面推进列入国家整治清单的 144 处省辖市建成区黑臭水体治理工作，积极开展全域清河行动，加强河湖污染综合整治及水生态保护、修复，制定实施"一河一策"的水质提升方案，清除垃圾河、臭水河，整治排污口，清理污染源，全省消除劣Ⅴ类水体；以农村生活污水治理为重点，持续推进农村环境综合整治。围绕土壤污染防治，深入开展农用地土壤污染状况详查，掌握了农用地污染底数，实施"一张图"管理。狠抓源头管控，加强涉镉等重金属企业排查整治和环境监管，对栾川县、洛宁县等矿产资源开发活动集中区域实施重点重金属污染物特别排放限值，排查并建立 953 家土壤污染重点监管单位名录，确保不发生污染问题。围绕大气污染防治，强化"三散"污染治理。对扬尘实行精细化管控，对"散乱污"企业实行动态清零，持续开展平原地区"散煤清零"行动。深化工业企业治理。在全国率先完成火电行业超低排放改造，全面实施钢铁、焦化、水泥、碳素、电解铝、平板玻璃企业和工业窑炉超低排放改造或提标治理。积极做好重污染天气应急管控，以优先控制重污染行业主要涉气排

污工序为主，对不同领域、不同行业进行差异化管控，将绩效分级行业由生态环境部要求的39个扩展到52个，加强重污染天气会商研判，精准发布预警信息，严格实施差异化管控和科技监管。

三 河南强化污染系统治理的重点领域

（一）开展重点河流水生态修复

加强黄河干流及主要支流伊河、洛河、伊洛河、青龙涧河等水质较好的水体保护，严格水环境功能区管理，严格控制流域内排污总量，严格控制入河排污口，限制审批新增取水口。充分考虑生态用水需求，开发和利用水资源应维持河流合理流量和水位，定期开展河流生态安全评估和河流健康评估，确保河流水质稳定保持良好，水生态逐步恢复。加大重点水体治理力度，以落实"河长制"为抓手，对金堤河、汜水河、涧河、天然渠、文岩渠、蟒河、西柳青河、阳平河等河流进一步提升河流水质，控制流域内污染物排放量，建立污染排放与水质响应关系，削减入河污染量。集中力量打好饮用水源整治攻坚战，深入开展窄口水库、陆浑水库、三门峡水库等重要城市集中式地表水饮用水水源地的规范化建设，进一步加强水环境质量的监测监控、环境问题综合整治、预警和应急能力建设。进一步对供水人口在10000人或日供水在100吨以上的其他所有饮用水水源地进行摸底排查，并进行问题整治，同时做好饮用水水源地保护区设标立界等规范化建设工作，评估集中式地下水型饮用水水源补给区环境状况，开展黄河流域地下水环境状况基础调查，摸清地下水水质现状。

（二）实施区域大气污染联防联控

积极推进区域大气污染联合防治，防治区域复合型大气污染。加强区域协作，加强与京津冀及周边地区重污染天气联合会商和联防联控，推进与京津冀大气污染协同治理。优化能源结构，严格控制煤炭消费总量，加大煤炭清洁利用力度。将重污染天气应急响应纳入各地政府突发事件应急管理体系。实行与京津冀相同的应急响应标准，科学确定不同级别的应急减排措施。建立完善环保、气象部门空气质量联合会商机制，健全重污染天气预警预报机制。实施城市空气质量清单式管理。落实省大气污染防治规划，省辖黄河流域涉及的地市制定实施城市大气环境质量限期达标方案，明确达标时间表、路线图和重点项目，完善大气污染物排放总量控制制度，加强二氧化硫、氮氧化物、烟粉尘、挥发性有机物等主要污染物综合防治。开展工业燃煤设施拆改工作；实施化工、工业涂装、包装印刷、油品储运销、机动车等重点行业挥发性有机物综合整治工程；强化机动车尾气治理，优先发展公共交通，加快推广使用新能源汽车。

（三）推动产业绿色转型发展

积极促进和引导工业转型升级，优化资源消耗型产业布局，严格控制流域煤炭行业的发展和规模，促进煤炭消耗量不断减少。提高能源化工行业清洁化生产水平，引导煤炭、能源、化工等重点行业企业实施清洁生产技术改造，推动工业园区循环化改造。对高能耗、重污染、低产出、技术落后的工艺技术生产设备开展强制性淘汰。推进钢铁、印染、造纸、石油石化、化工等高耗水企业工艺技术改造、废水深度治理及再生水回用。鼓励引导发展优势特色生态产业，依托和发挥黄河流域特色生态资源禀赋优势、发展生态农业。大力发展林沙草产业，形成一批特色优势生态产品。推进生态与旅游、教育、文化、康养等产业融合，合理发展生态旅游、生态科考、生态康养等。针对流域内农业灌溉用水量过大现状，增加节水农业技术的专项研究，加快现代灌区灌溉与农艺技术的规模化、工程化、定量化、标准化、集成化及其应用，通过科技创新驱动现代灌区发展，建设节水灌区示范区，推动流域农业用水量降低。

（四）重视农业面源污染源头治理

坚持综合治理、标本兼治，调整农业投入结构，实施化肥农药负增长行动，推广有机肥替代化肥、测土配方施肥，强化病虫害统防统治和绿色防控，严格落实农业投入品减量使用制度，废旧地膜和农药包装物回收处理制度，秸秆和畜禽粪污资源化利用制度。调整农业种植结构与布局，在稳定粮食产量和产能的基础上，因地制宜调整优化种植结构，集成发展水肥一体化、水肥药一体化技术，积极推广农机农艺相结合的深松整地、覆盖保墒等措施，提升天然降水利用效率。加强固体废物污染防治。按照“减量化、资源化、无害化”原则，推进一般固体废物、废旧产品资源化利用和协同利用，开展大宗工业固体废物资源化利用。完善危险废物经营许可等管理制度，建立信息化监管平台，提升危险废物处理处置能力，实施全过程监管。加强生活污染控制，推进垃圾减量化、收集分类化和处理资源化，推进城乡生活垃圾收运基础设施建设，加快推进生活垃圾分类。进一步完善配套政策和标准法规，落实限制一次性用品使用制度。强化畜禽养殖污染防治，依法限制饲料中重金属含量，依法规范抗生素等药品使用，指导养殖户科学使用兽药、饲料，防止有害成分通过畜禽养殖废弃物还田对土壤及水体造成污染。实施“厕所革命”，分类推进农村无害化卫生厕所改造，完善粪污处理和管护机制。

第三节　加快建设生态廊道

生态廊道建设是沿黄地区生态保护的重要抓手。近年来，省委省政府高度重视生态廊道功能提升工作，将生态廊道建设作为黄河流域生态保护和高质量发展的切入点和主抓手，率先高标准建成120公里黄河生态廊道示范段，率先开展黄河滩区耕地高效利用试点，率先发展黄河流域沟域经济，使黄河愈加漂亮，更加多姿多彩。深入贯彻落实党的十九届五中全会和省委十届十二次全会精神，加快建设生态强省，让绿满中原成为出彩河南的靓丽底色，要以“两山”理念为价值遵循，努力打造连续完整、功能多样的生态长廊，加快构建“流域绿廊、森林绿屏、平原绿网”大河大山大平原生态格局，把生态优势转化为发展胜势。

一　河南建设生态廊道对流域生态安全的重要意义

（一）践行习近平生态文明思想的具体体现

党的十八大以来，习近平总书记高度重视生态文明建设，提出了“绿水青山就是金山银山”的重要发展理念，创立了习近平生态文明思想。生态廊道是生态文明建设的重要内容，承担着生态环境建设和林产品有效供给的双重任务。加快建设生态廊道，提高生态承载力，既是改善当前脆弱的生态环境，积极应对全球气候变暖，努力实现2030碳达峰、2060碳中和目标，保障国土空间生态安全的战略举措，又是改善人居环境，提高人民群众的生活水平和质量，为子孙后代提供资源环境的永续利用，实现全面协调可持续发展，建设生态文明的客观要求。

（二）保障国家粮食安全的现实需要

随着促进中部地区崛起、构建新发展格局、黄河流域生态保护和高质量发展战略的深入实施，对土地和环境资源的需求日益增大。作为全国粮食生产核心区，确保国家粮食安全、把中国人的饭碗牢牢端在自己手中，真正做到生态环境不破坏、粮食产量不下降、农业地位不削弱。这是河南建设国家粮食生产核心区的庄严承诺，也是河南对国家和民族应当承担的重大责任。加快建设生态廊道，构建完善的防护林体系，一方面能有效降低田间风速，减少蒸发，增加湿度，调节温度，为农作物生长发育创造良好的生态环境；另一方面大大增强农业生产抵御诸如高温、干旱、冻害等自然灾害的能力，促进农作物增产稳产平均约 10%。不仅能促进农业稳产高产，而且其提供的大量林果产品降低了粮食消耗，为维护全省经济社会稳定和保障国家粮食安全提供重要支撑。

（三）解决生态环境瓶颈制约的必然选择

河南在经济快速发展的同时，也面临着一系列的生态问题。河南是一个缺林少绿的省份，森林资源总体不占优势。根据第八次全国森林资源清查结果，河南省森林面积在全国列第 22 位，人均森林面积为全国平均水平的 1/5；山地森林林相单一，林分质量不高，低质低效林多，防护效能较差；城市的热岛效应明显，林网、通道绿化未形成完整的网络；城镇防护林体系建设质量不高；城市和农村的人居环境与经济发展不相适应等。在日益加剧的生态环境现实压力的倒逼下，如何更好地发挥生态廊道的生态功能是一个亟待解决的现实问题。因此，在科学推进新型城镇化发展过程中，迫切需要生态廊道发挥改善城市生态环境、缓解热岛效应等功能；在实现工业转型升级过程中，迫切需要生态廊道发挥合理高效的生态隔离、生态缓冲和生态修复等功能；在发展生态旅游中，迫切需要生态廊道发挥旅游、休憩、度假和观光等功能；在发展现代农业中，迫切需要生态廊道发挥生态调节和生态防护等功能。

二　河南推进生态廊道建设的主要做法

省委省政府高度重视生态廊道建设，2014 年《关于建设美丽河南的意见》和《河南省全面建成小康社会加快现代化建设战略纲要》提出“打造美丽河南”的战略布局，2016 年 1 月省委九届十一次全会确定了构建“四区三带”区域生态格局。2020 年 12 月省委十届十二次全会确定了以黄河干流为主线，太行山、伏牛山、桐柏—大别山等山地为屏障，淮河、南水北调中线、隋唐大运河及明清黄河故道为主要串联廊道，统筹推进自然保护区、自然公园等自然保护地建设，构建“一带三屏三廊多点”的生态保护格局。在具体实践方面，一是加强黄河流域生态保护，启动 370 公里沿黄复合型生态廊道建设，高标准建成 120 公里示范段。2021 年在黄河干支流实施黄河生态廊道建设，完成 3.66 万亩生态廊道建设任务。在城市郊区及重要河流入口、重要干渠出口、重要生态部位和省级以上道路交叉口等重要节点处，实行公园化、景观化、特色化，实现“四季常绿、三季有花”的效果。二是推动沿黄生态廊道建设提档升级。根据黄河沿线地形地貌、水库岸线、城镇滩区等的不同特色，制定生态廊道建设标准，打造凸显生态特色、人河城和谐统一的生态廊道示范段，把抓好沿黄生态廊道规划建设作为推动国土绿化提速的重中之重，集中开工三门峡、洛阳、郑州、新乡、开封等地市沿黄生态廊道示范工程，率先启动三门峡百里黄河生态廊道、小浪底南北岸生态廊道、郑州至开封段百里沿黄生态廊道、新乡黄河段生态廊道、黄河濮阳段生态廊道五大片区建设，统筹构建堤内绿网、堤外绿廊、城市绿芯的区域生态格局。三是省委省政府始终坚持山水林田湖草沙生命共同体理念，统筹推进森林、湿地、流域、农田、城市五大生态系统建设，充分发挥了五大生态系统生态产品供给服务和涵养水源、保持水土、固碳释氧、调节气候、生物多样性及珍稀动植物保护、景观文化感知等生态功能。四是以建设中原森林城市群、森林乡村为抓手，以建成“五个一”（建成 1 个以国家森林城市为主体的中原森林城市群，100 个省级森林城市，100 个森林特色小镇，1000 个国家级森林乡村，10000 个省、市、县级森林乡村）为载体，加快构建城市绿芯，通过建设森林公园实现“保林”、通过全面封山实现“育林”、通过多措并举实现“造林”、通过落实责任实现“管林”，全力打造天蓝地绿水净、宜居宜业宜游的森林河南。特别是郑州、焦作、漯河和长垣等 4 市县入选生态修复城市修补全国试点以来，河南省开始通过城市双修有计划、有步骤地修复被破坏的山体、河流、湿地、植被，恢复城市生态系统的自我调节功能，实现城市有序有机更新。

三　河南提速生态廊道建设的重点行动

（一）以沿黄生态保护为引领，实施生态廊道网络体系建设行动

2019 年 9 月 18 日，习近平总书记在郑州主持召开黄河流域生态保护和高质量发展座谈会，明确指出黄河流域是我国重要的生态屏障和重要的经济地带，是打赢脱贫攻坚战的重要区域，在我国经济社会发展和生态安全方面具有十分重要的地位。黄河流域河南段承担着全省 14 个市（区）供水任务，养育了全省 73%的人口，同时也是全流域人口活动和经济发展的重要密集区域，更是黄河文化孕育传承的核心地带，在生态强省以及黄河流域生态保护和高质量发展全局中具有极为重要的战略地位。但是，我们也应该看到黄河流域生态脆弱，生态基础设施欠账较多，面临着先天性问题与后天性问题叠加、发展的问题与保护的问题叠加、表象性问题与根子性问题叠加等方面的突出矛盾。推动黄河流域生态保护和高质量发展，建设沿黄生态保护示范区，着力实施生态廊道提质工程，以沿黄复合型生态廊道建设为牵引，同步推进堤外水源涵养林、水土保持林、防风固沙林、固堤林和堤内防浪林、保育林、湿地涵养带建设，大力开展退耕还林还草、退养还滩还湿，建设河、堤、坝、路、林、草有机融合，集防洪护岸、水源涵养、生物栖息等功能为一体的绿色生态大走廊。以金堤河、蟒河、弘农涧河等重要支流生态廊道为重点，统筹推进生态保护、自然景观和城市风貌建设，营造四季常绿、三季有花、立体错落的廊道生态景观，形成林水相依、水清岸绿的支流绿廊。加快推进沿黄慢行乐道建设，强化廊道交汇点示范引领作用，着力打造“自然风光+黄河文化+健康养生+慢生活”休闲生态系统，让沿黄区域成为慢生活、微度假理想目的地，让黄河真正成为造福人民的幸福河、文脉河、生态河，真正实现生态保护修复走在黄河流域前列，全力将总书记为我们擘画的美好蓝图转化为推动流域高质量发展的扎实实践。

（二）以筑牢生态屏障为支撑，实施森林河南建设行动

森林生态系统作为陆地生态系统的主体，是人类发展不可或缺的自然资源，具有调节气候、涵养水源、保持水土、改良土壤、减少污染、游憩保健以及保护生物多样性等极其重要的生态服务功能，对维持生态系统稳定性、保障经济社会生态安全起着不可替代的屏障作用。与此同时，森林生态系统还是陆地生态系统最大的碳汇，陆地生态系统 90% 的碳存储于森林之中，这对于推动河南省如期实现碳达峰、碳中和刚性目标发挥着重要作用。河南省是一个缺林少绿的省份，森林资源总体不占优势，森林覆盖率从当前的 25.42% 增加至 2030 年的 31% 以上，任务十分艰巨。加快建设森林河南，迫切需要加强太行山地生态屏障、伏牛山地生态屏障、桐柏—大别山地生态屏障的造林绿化和森林质量提升，拓展生态空间，提高生态承载力，守住自然生态安全边界。加强太行山地生态屏障建设，重点抓好安阳、鹤壁、新乡、焦作、济源 5 市生态脆弱区、环京津冀生态屏障区、重要水源地植被恢复区、通道沿线荒山绿化区“四大区域”国土绿化和生态修复，打造拱卫京津冀生态协同圈和黄河生态带“一圈一带”生态修复先导区。加强伏牛山地生态屏障建设，积极开展石漠化治理，实施新一轮退耕还林，加强自然保护区、森林公园、湿地公园建设，打造国家森林康养示范区和伏牛山天然药库。加强桐柏—大别山地生态屏障建设，加快退化林修复和退化湿地恢复，加强水土保持和水源涵养，大力发展林下经济、生态旅游、康养产业等，积极探索具有地域特色的革命老区振兴发展之路。加强自然保护地体系建设，依托伏牛山国家级自然保护区，积极创建伏牛山国家公园，探索建设金钱豹、猕猴国家公园，朱鹮、白冠长尾雉国家公园，确保重要自然生态系统、自然遗迹、自然景观和生物多样性得到系统性保护，提升全省生态产品供给能力。

（三）以保障粮食安全为担当，实施国土绿化提速行动

党的十八大以来，习近平总书记四次亲临河南视察并发表重要讲话、多次对河南工作作出重要指示批示，强调要扛稳粮食安全这个重任。黄淮平原是全国粮食生产核心区，并且大部分县既是农产品主产区也是产粮大县，对确保国家粮食安全、把中国人的饭碗牢牢端在自己手中的作用尤为

重要。实施国土绿化提速行动，建设平原农田防护林体系，能够起到防风固沙、涵养水源、调节气候等作用，有效改善农作物生长环境，增强农业生产抵御干旱、风沙、干热风、冰雹和霜冻等自然灾害能力，促进粮食高产稳产，是国家大粮仓和人民美好生活的重要守护神。加强平原防风固沙林和农田防护林建设，结合高标准粮田建设，打造沿黄生态保育带、沿淮生态保育带、南水北调中线水源地及干渠沿线生态保育带和隋唐大运河及明清黄河故道生态保育带四条“生态保育带”，促进提高平原地区粮食生产能力。以乡道、村道和河流沟渠林带作为骨干，发展优良乡土树种，增加乔灌结合比例，提高农田粮食生产能力，加大农业水利设施建设力度，提升粮食生产功能区、重要农产品生产保护区和特色农产品优势区建设水平。统筹推进山水林田湖草沙综合治理、系统治理、源头治理，加快构建黄河流域“水—能源—粮食”纽带安全体系，建立以提高水资源利用效率为纽带的能源安全、生态安全和粮食安全框架，科学提出黄河流域能源利用、粮食生产与水资源调配协同优化的布局方案和发展模式，对于更好实现以水定城、以水定地、以水定人、以水定产的目标，提高黄河流域水资源节约集约利用水平，保障国家能源安全、粮食安全和生态安全。

第四节　完善自然保护地体系

自然保护地是我国自然生态系统最重要、最精华、最基本的部分，在维护国家生态安全中居于首要地位。加快构建以国家公园为主体的自然保护地体系是贯彻习近平生态文明思想的重要内容，也是推进黄河流域生态保护和高质量发展的关键举措。坚持山水林田湖草沙生命共同体的理念，整合优化河南省现有各类自然保护地，完善自然保护地体系，探索自然保护和资源利用新模式，不断满足人民群众对优美生态环境、优良生态产品、优质生态服务的需要，建设人与自然和谐共生的现代化。

一　自然保护地体系的基本内涵与主要类型

（一）基本内涵

自然保护地建设是国际公认的保护生物多样性、提供优质生态产品与服务、维系生态系统健康的最重要和最有效途径。自然保护地作为我国自然生态空间最精华和最重要的组成部分，是建设生态文明的核心载体，是美丽中国的重要象征，在维护国家生态安全中具有首要地位。自 1956 年我国建立第一个自然保护地以来，保护体系逐步完善。2019 年 6 月，中共中央办公厅、国务院办公厅印发了《关于建立以国家公园为主体的自然保护地体系的指导意见》，提出建成中国特色的以国家公园为主体的自然保护地体系，推动各类自然保护地科学设置，建立自然生态系统保护的新体制新机制新模式。

（二）主要类型

目前，我国已经形成了由国家公园、自然保护区、风景名胜区、森林公园、地质公园、湿地公园等组成的数量众多、类型丰富、功能多样的自然保护地体系。我国自然保护地体系主要包含国家公园、自然保护区、风景名胜区、森林公园、湿地公园、地质公园、水利风景区等七类。

国家公园：以保护具有国家代表性的自然生态系统为主要目的，实现自然资源科学保护和合理利用的特定陆域或海域，是我国自然生态系统中最重要、自然景观最独特、自然遗产最精华、生物多样性最富集的部分，保护范围大，生态过程完整，具有全球价值、国家象征，国民认同度高。目前我国开展了东北虎豹、祁连山、大熊猫、三江源、海南热带雨林、武夷山、神农架、普达措、钱江源、南山 10 个国家公园体制试点，总面积超过 22 万平方公里，涉及吉林、黑龙江、浙江、福建、湖北、湖南、海南、四川、云南、陕西、甘肃、青海 12 个省份。

自然保护区：是指保护典型的自然生态系统、珍稀濒危野生动植物种的天然集中分布区、有特殊意义的自然遗迹的区域。具有较大面积，确保主要保护对象安全，维持和恢复珍稀濒危野生动植物种群数量及其赖以生存的栖息环境。

风景名胜区：是指具有观赏、文化或者科学价值，自然景观、人文景观比较集中，环境优美，可供人们游览或者进行科学、文化活动的区域。自然景观和人文景观能够反映重要自然变化过程和重大历史文化发展过程，基本处于自然状态或者保持历史原貌，具有国家代表性的，可以申请设立国家级风景名胜区，报国务院批准公布。

森林公园：是指森林景观特别优美，人文景观比较集中，观赏、科学、文化价值高，地理位置特殊，具有一定的区域代表性，旅游服务设施齐全，有较高的知名度，可供人们游览、休息或进行科学、文化、教育活动的场所，由国家林业和草原局作出准予设立的行政许可决定。

湿地公园：是指以具有显著或特殊生态、文化、美学和生物多样性价值的湿地景观为主体，具有一定规模和范围，以保护湿地生态系统完整性、维护湿地生态过程和生态服务功能并在此基础上充分发挥湿地的多种功能效益、开展湿地合理利用为宗旨，可供公众游览、休闲或进行科学、文化和教育活动的特定湿地区域。

地质公园：于 20 世纪 90 年代中期提出，旨在保护和增强地质历史上具有重要地质意义的地区的价值。这些地区拥有地质景观和地质建造，是地球演化历史的重要见证，并对我们未来的可持续发展起着决定性作用。建立地质公园的主要目的是保护地质遗迹及其环境、促进科普教育和科学研究的开展、合理开发地质遗迹资源和促进所在地区社会经济的可持续发展。

水利风景区：以水域（水体）或水利工程为依托，按照水利风景资源即水域（水体）及相关联的岸地、岛屿、林草、建筑等能对人产生吸引力的自然景观和人文景观的观赏、文化、科学价值和水资源生态环境保护质量及景区利用、管理条件分级，经水利部水利风景区评审委员会评定，由水利部公布的可以开展观光、娱乐、休闲、度假或科学、文化、教育活动的区域。国家水利风景区有水库型、湿地型、自然河湖型、城市河湖型、灌区型、水土保持型等类型。

表 4-1　自然保护地体系的类型划分、功能定位与机构设置

自然保护地类型	管理部门	功能定位	管理机构设置
国家公园	国家林业和草原局、国家公园管理局	保护具有国家代表性的自然生态系统，实现自然资源科学保护和合理利用的特定陆地或海洋区域	国家林业和草原局、国家公园管理局统一行使国家公园自然保护地管理职责； 部分国家公园的全民所有自然资源资产所有权由中央政府直接行使，其他的委托省级政府代理行使。条件成熟时，逐步过渡到国家公园内全民所有自然资源资产所有权由中央政府直接行使

续表

自然保护地类型	管理部门	功能定位	管理机构设置
自然保护区	国家林业和草原局	保护生态系统、野生动物、自然遗迹；开展科学活动	自然资源部国家林业和草原局负责全国自然保护区的综合管理； 县级以上地方人民政府负责自然保护区管理部门的设置和职责，由省、自治区、直辖市人民政府根据当地具体情况确定
风景名胜区	国家林业和草原局	保护自然、人文景观；开展科学、文化、教育活动；旅游	自然资源部国家林业和草原局负责全国风景名胜区的监督管理工作； 省、自治区、直辖市人民政府风景名胜区建设主管部门，负责本行政区域内风景名胜区的监督管理工作； 省、自治区、直辖市人民政府其他有关部门按照规定的职责分工，负责风景名胜区的其他有关监督管理工作
森林公园	国家林业和草原局	保护森林生态系统、野生动物；开展科学、文化、教育活动；旅游；资源利用	自然资源部国家林业和草原局主管全国森林公园的工作；县级以上地方人民政府林业主管部门主管本行政区域内的森林公园工作；省级以上森林公园实行国家级、省级、县级建设单位三级政府管理，主要依托地方政府进行具体管理。森林公园经营管理机构负责森林公园的规划、建设、经营和管理
湿地公园	国家林业和草原局	保护湿地生态系统、湿地生物；开展科学、文化、教育活动；旅游；资源利用	自然资源部国家林业和草原局部门负责国家湿地公园的审批； 省级以上林业主管部门负责国家湿地公园建设管理的指导和监督工作

续表

自然保护地类型	管理部门	功能定位	管理机构设置
地质公园	国家林业和草原局	保护地质遗迹、自然人文景观；开展科学、文化、教育活动；旅游；资源利用	自然资源部国家林业和草原局对地质公园进行业务指导和监督管理工作； 地质公园所在地的政府或政府主管机构负责对地质公园的日常管理工作
水利风景区	水利部	保护水域及关联岸地、岛屿、林草地等；开展科学、文化、教育活动；旅游；资源利用	国家级水利风景区，由景区所在市、县人民政府提出水利风景资源调查评价报告、规划纲要和区域范围，省、自治区、直辖市水行政主管部门或流域管理机构依照《水利风景区评价标准》审核，经水利部水利风景区评审委员会评定，由水利部公布。省级水利风景区，由景区所在地市、县人民政府依照《水利风景区评价标准》，提出水利风景资源调查评价报告、规划纲要和区域范围，报省、自治区、直辖市水行政主管部门评定公布，并报水利部备案

数据来源：作者整理得到。

二　河南自然保护地体系建设的现状分析

（一）初步划定了生态保护红线

为落实国家关于开展生态保护红线评估调整工作的部署和要求，河南省于 2018 年启动了全省生态保护红线的划定工作。根据生态系统服务功能重要性和生态环境敏感性，全省生态保护红线分水源涵养功能生态保护红线、水土保持功能生态保护红线和生物多样性维护功能生态保护红线三类。

全省生态保护红线面积 16835.70 平方公里，占全省地域面积的 10.08%，主要分布于北部的太行山区，西部的小秦岭、崤山、熊耳山、伏牛山和外方山区，南部的桐柏山和大别山区，零星分布于南水北调中线干渠沿线、黄河干流沿线、淮河干流沿线、豫北平原和黄淮平原。对于黄河流域而言，对黄河沿线 24 个各类保护地，按照定量与定性相结合的原则，初步划定黄河生物多样性、水源涵养生态保护红线，总面积近 500 平方公里，占全省地域面积的 0.28%，占全省目前划定红线面积的 3.3%。

（二）进一步加强自然保护区管理

以自然保护区生态保护为引领，点线面结合，整体推进黄河生态环境治理。紧盯自然保护区突出问题，连续开展"绿盾"专项行动，抓好焦点问题整改、生态恢复和勘界立标等工作。截至 2019 年 10 月底，沿黄自然保护区"绿盾 2017"焦点问题台账 59 个，整改完成率 96%；"绿盾 2018"焦点问题台账 17 个，整改完成率 86%；"绿盾 2019"焦点问题台账 21 个，整改完成率 77%。大力推进黄河生态建设修复，加强河道湿地保护区内河道采砂、湿地保护、片林种植等监管工作。目前河南省沿黄 9 市建成国家级自然保护区 5 个、湿地公园 6 个，省级自然保护区 7 个、湿地公园 3 个。2018 年，沿黄地市完成造林 92.77 万亩，森林抚育 172.69 万亩，分别占全省的 37.26%和 43.17%。水土流失面积逐年减少，2018 年比 2011 年水土流失面积减少约 14.6%。

（三）积极推进自然保护地整合优化工作

当前，河南省已建立省级以上各类自然保护地 290 处，现有国家级和省级自然保护区 30 个（国家级自然保护区 13 个）、省级以上森林公园 129 个（国家级森林公园 34 个）、省级以上湿地公园 41 个（国家级湿地公园 31 个），面积达 248 万公顷。国家级森林公园数量居黄河流域第三位，国家级自然保护区数量仅高于青海、宁夏和山东（图 4-3）。针对全省自然保护地普遍存在交叉重叠、范围不合理等问题，按照国家级和省级自然保护区与风景名胜区、地质公园、森林公园、湿地公园等各类保护地交叉重叠时，原则上保留国家级和省级自然保护区。其他各类自然保护地按照同级别保护强度优先、不同级别低级别服从高级别的选择进行整合的要求，本着“一个保护地只有一套机构，只保留一块牌子”的原则，积极推进自然保护地整合优化工作，为构建更加科学合理的自然保护地体系提供了重要支撑。

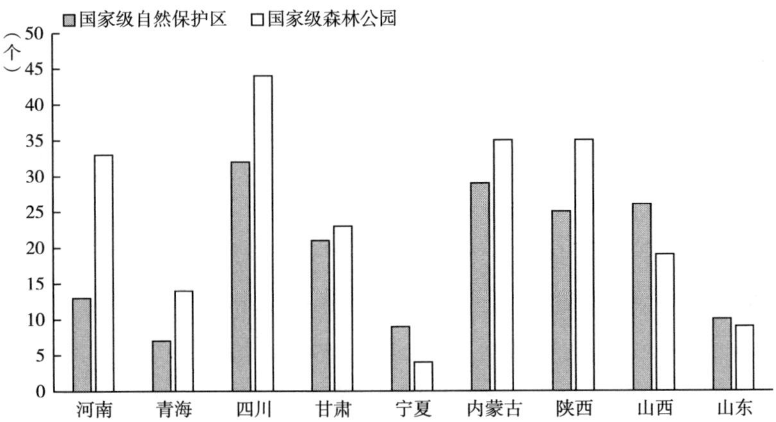

图 4-3　黄河流域九省（区）国家级自然保护区和国家级森林公园数量

数据来源：2019~2020 年沿黄九省（区）国民经济和社会发展统计公报、作者整理。

表 4-2　河南分布国家级自然保护地类型名单

国家级自然保护地类型	名单
自然保护区	河南黄河湿地国家级自然保护区、河南连康山国家级自然保护区、河南小秦岭国家级自然保护区、河南伏牛山国家级自然保护区、河南太行山猕猴国家级自然保护区、河南董寨鸟类国家级自然保护区、河南鸡公山国家级自然保护区、河南宝天曼国家级自然保护区、河南南阳恐龙蛋化石群国家级自然保护区、河南高乐山国家级自然保护区、河南丹江湿地国家级自然保护区、河南大别山国家级自然保护区、河南新乡黄河湿地鸟类国家级自然保护区
风景名胜区	河南云台山风景名胜区、信阳鸡公山风景区、太行大峡谷旅游景区、尧山风景名胜区、王屋山风景名胜区、郑州黄河风景名胜区、桐柏山淮源风景名胜区、神农山风景名胜区、青天河风景名胜区、林虑山风景名胜区、嵩山风景名胜区、洛阳龙门风景名胜区

续表

国家级自然保护地类型	名单
森林公园	河南寺山国家森林公园、河南洛阳白云山景区、河南云梦山国家森林公园、河南大苏山国家森林公园、河南天目山国家森林公园、河南大鸿寨国家森林公园、河南棠溪源国家森林公园、河南燕子山国家森林公园、河南黄柏山国家森林公园、河南始祖山国家森林公园、河南天池山国家森林公园、河南嵖岈山国家森林公园、河南金兰山国家森林公园、河南玉皇山国家森林公园、河南郁山国家森林公园、南黄河故道国家森林公园、河南铜山湖国家森林公园、河南神灵寨国家森林公园、河南淮河源国家森林公园、河南甘山国家森林公园、河南南湾国家森林公园、河南龙峪湾国家森林公园、河南白云山国家森林公园、河南云台山国家森林公园、河南花果山国家森林公园、河南亚武山国家森林公园、河南开封国家森林公园、河南薄山国家森林公园、河南石漫滩国家森林公园、河南汝州国家森林公园、河南嵩山国家森林公园
湿地公园	陆浑湖水利风景区、淮阳龙湖水利风景区、香山湖风景区、容湖生态旅游区、郑州黄河国家湿地公园、河南汝州汝河国家湿地公园、河南南乐马颊河国家湿地公园、河南鹿邑惠济河国家湿地公园、河南伊川伊河国家湿地公园、河南光山龙山湖国家湿地公园、河南襄城北汝河国家湿地公园、河南虞城周商永运河国家湿地公园、河南睢县中原水城国家湿地公园、河南泌阳铜山湖国家湿地公园、河南邓州湍河国家湿地公园、河南淅川丹阳湖国家湿地公园、河南长葛双洎河国家湿地公园、河南林州淇溪河国家湿地公园、河南安阳漳河峡谷国家湿地公园、河南民权黄河故道国家湿地公园、河南息县淮河国家湿地公园、河南台前金水国家湿地公园、河南项城汾泉河国家湿地公园、河南唐河国家湿地公园、河南南阳白河国家湿地公园、河南平桥两河口国家湿地公园、河南汤阴汤河国家湿地公园、河南濮阳金堤河国家湿地公园、河南鹤壁淇河国家湿地公园、河南漯河市沙河国家湿地公园、河南平顶山白龟湖国家湿地公园
地质公园	河南焦作云台山国家地质公园（云台山世界地质公园）、河南内乡宝天幔地质公园（伏牛山世界地质公园）、河南王屋山国家地质公园（王屋山黛眉山世界地质公园）、河南西峡伏牛山国家地质公园（伏牛山世界地质公园）、河南嵖岈山国家地质公园、河南关山国家地质公园、河南郑州黄河国家地质公园、河南洛宁神灵寨国家地质公园、河南黛眉山国家地质公园（王屋山黛眉山世界地质公园）、河南信阳金刚台国家地质公园、河南嵩山国家地质公园（世界地质公园）、河南小秦岭国家地质公园、河南红旗渠·林虑山国家地质公园、河南汝阳恐龙国家地质公园、河南尧山国家地质公园

续表

国家级自然保护地类型	名单
水利风景区	黄河小浪底水利枢纽水利风景区、陆浑水库水利风景区、黄河三门峡大坝水利风景区、河南黄河花园口水利风景区、济南百里黄河水利风景区、开封黄河柳园口水利风景区、濮阳黄河水利风景区、范县黄河水利风景区、河南台前县将军渡黄河风景区、河南孟州黄河开仪水利风景区、河南故县洛宁西子湖水利风景区、洛阳孟津黄河水利风景区、长垣黄河水利风景区、舞钢市石漫滩水库水利风景区、信阳市南湾湖水利风景区、驻马店市薄山湖水利风景区、修武县云台山水利风景区、平顶山市昭平湖水利风景区、焦作市群英湖水利风景区、焦作市博爱青天河水利风景区、灵宝市窄口水库水利风景区、林州市红旗渠水利风景区、驻马店市铜山湖水利风景区、信阳市香山湖水利风景区、商城县鲇鱼山水库水利风景区、西峡县石门湖水利风景区、光山县龙山水库水利风景区、许昌市白沙水库水利风景区、方城县望花湖水利风景区、安阳市彰武南海水库水利风景区、卫辉市沧河水利风景区、驻马店市宿鸭湖水利风景区、信阳市光山县泼河水利风景区、洛阳市陆浑湖水利风景区、漯河市沙澧河水利风景区、南阳市龙王沟水利风景区、信阳市北湖水利风景区、商丘市黄河故道湿地水利风景区、南阳市鸭河口水库水利风景区、郑州市黄河生态水利风景区、柘城县容湖水利风景区、商丘市商丘古城水利风景区、驻马店市板桥水库水利风景区、禹州市颍河水利风景区、武陟嘉应观黄河水利风景区、永城沱河日月湖水利风景区、淮阳龙湖水利风景区、民权黄河故道水利风景区、睢县北湖生态水利风景区、许昌曹魏故都水利风景区、虞城响河水利风景区、荥阳古柏渡南水北调穿黄水利风景区、林州太行平湖水利风景区、南乐西湖生态水利风景区、济源沁龙峡水利风景区、许昌鹤鸣湖水利风景区、郑州龙湖水利风景区

数据来源：作者整理得到。

三　完善自然保护地体系的重点任务

（一）构建科学合理的自然保护地体系

借鉴世界自然保护联盟 IUCN 的分类标准，针对中国国情和河南省情，对河南省所有类型的自然保护地按照统一的标准重新进行分类，建立科学统一、符合国际规范、全民所有的国家公园、自然保护区、风景名胜区、森林公园、湿地公园、地质公园、水利风景区组成的河南省自然保护地分类体系。依托国家级自然保护区，研究建立太行山金钱豹、猕猴国家公园，大别山朱鹮、白冠长尾雉国家公园，伏牛山亚热带—暖温带过渡带生态系统类型国家公园，确立国家公园在维护国家生态安全关键区域中的首要地位，确保国家公园在保护最珍贵、最重要生物多样性集中分布区中的主导地位，确定国家公园保护价值和生态功能在全国自然保护地体系中的主体地位。

（二）创新自然保护地管理体制机制

理顺现有各类自然保护地管理职能，提出自然保护地设立、晋（降）级、调整和退出规则，制定自然保护地政策、制度和标准规范，实行全过程统一管理。打破原有行业和部门划建导致的条块分割和利益切割，按照保护优先的原则，根据自然资源属性、土地权属和事权划分，对全省现有全部自然保护地重新分类，解决和消除不同自然保护地之间交叉重叠的问题，形成“统一管理、一地一牌一机构”的管理新格局。实行自然保护地差别化管控，根据各类自然保护地功能定位，既严格保护又便于基层操作，合理分区，实行差别化管控。国家公园和自然保护区实行分区管控，原则上核心保护区内禁止人为活动，一般控制区内限制人为活动。自然公园原则上按一般控制区管理，限制人为活动。结合历史遗留问题处理，分类分区制定管理规范。

（三）创新自然保护地建设发展机制

加强自然保护地建设，以自然恢复为主，辅以必要的人工措施，分区分类开展受损自然生态系统修复。建设生态廊道，开展重要栖息地恢复和废弃地修复。加强野外保护站点、巡护路网、监测监控、应急救灾、森林草原防火、有害生物防治和疫源疫病防控等保护管理设施建设，利用高科技手段和现代化设备促进自然保育、巡护和监测的信息化、智能化。探索全民共享机制，在保护的前提下，在自然保护地控制区内划定适当区域开展生态教育、自然体验、生态旅游等活动，构建高品质、多样化的生态产品体系。大力扶持和规范当地居民从事环境友好型经营活动，践行公民生态环境行为规范，支持和传承传统文化及人地和谐的生态产业模式。建立志愿者服务体系，健全自然保护地社会捐赠制度，激励企业、社会组织和个人参与自然保护地生态保护、建设与发展。

第五节　提升城市生态功能

推进城市生态文明建设，提升城市生态系统功能，是实现城市高质量发展的必然要求，也是河南协调推进百城建设提质工程和文明城市建设的重要组成部分。当前，河南省在提升城市生态功能方面已有一些成功的实践与探索，但在城镇化发展水平、城镇体系结构、能源与环境的现实压力、体制机制创新等方面仍然存在许多问题。进入新时代，加快提升城市生态功能，着力打造集森林城市、湿地城市、低碳城市、生态乡村于一体的现代化新型城市，不断增强城市的承载力、吸引力、创造力和竞争力。

一　城市生态功能的集中体现

（一）增强城市可持续发展能力

河南按照地貌可以分为山丘和平原两大类，山丘地区多生态脆弱，生态功能重要，平原地区则往往承载着大量经济活动和人口，生态环境压力巨大。因此，与经济社会发展的需要相比较，全省城市生态资源总体上十分有限，面临巨大的容量问题和可持续问题。深入推进城市生态文明建设，对于通过强化生态安全、发展绿色经济增强城市承载力和城市可持续发展能力，具有十分重大的意义。一方面，深入推进城市生态文明建设，加强生态系统保护与修复，强化环境污染治理，既能夯实城市的生态安全基础，又能通过生态环境治理为城市发展留存和拓展更大的生态容量和生态空间，从而增强城市可持续发展能力。另一方面，深入推进城市生态文明建设，大力倡导简约节约消费观、完善高效集约的循环生产体系，加快构建贯彻绿色发展新理念的生态经济体系，有利于从根本上减少经济社会发展对资源环境的依赖和影响，从而增强城市的可持续发展能力。

（二）提升城市文明程度

生态文明是现代社会文明系统的重要组成部分，加快推进城市生态文明建设，完善目标责任和生态环境制度体系，大力发展生态文化，有助于在全社会形成与自然和谐共生的价值观、文明观，夯实城市文明建设的生态基础，提升城市文明程度。一方面，加快完善目标责任和生态环境制度体系，能够将生态文明建设转化为保护生态环境的具体目标体系、形成自觉保护生态环境的责任意识，能够以最严格的制度来约束城市资源利用行为、最大限度地呵护生态环境，尽快使城市活动参与者形成保护生态、改善环境的自觉意识，进而提升城市的文明程度。另一方面，大力发展生态文化，推动开展各类生态示范创建活动，大力宣传生态文明先进个人和先进群体，广泛普及生态文化知识，有助于在全社会形成循环节约的生态意识，使简约节约生活成为城市居民的自觉行为，让生态权利成为广大群众看得见、摸得着、感受得到并且愿意自觉维护的基本权利，尽快形成人人参与、自觉保护的文明意识。

（三）增强人民群众的获得感、幸福感

习近平总书记指出，良好生态环境是最普惠的民生福祉。随着物质文化生活水平不断提高，人民群众对美好生活的需求已经不限于“吃饱穿暖”，也对良好的生态环境有了更多的诉求，更加关注空气、水、土壤等安全问题，希望有更加美好的幸福家园。城市连通城乡，加快推进城市生态文明建设，提高城市生态环境质量，提供更多优质生态产品，建设宜居宜业美好家园，有助于增强人民群众的获得感、幸福感。一是加快推进城市生态文明建设，加强大气、水、土壤污染治理，打赢环境污染攻坚战，让群众能够喝上干净的水、呼吸到新鲜的空气、触摸到最自然的土壤，是对人民群众追求美好生活最基本需求的满足。二是加快推进城市生态文明建设，统筹推进山水林田湖草沙系统治理，修复城市生态系统、改善人居环境，建造水城相融、生态宜居的美好家园，是对人民群众追求美好生活最真切的满足。三是加快推进城市生态文明建设，将生态文明建设与新时代中国特色社会主义文化建设相融合、与地域特色文化相结合，有助于塑造特质鲜明、优势明显的城市文化和城市风貌，推动形成推进城市发展共同的价值观和文化观，有利于提高城市居民发展绿色经济、享受美好生活的信心、自豪感。

二 河南城市生态功能存在的问题

（一）全面提升城市生态功能的经济基础仍然相对薄弱

由于全省经济社会发展不均衡，区域差异明显、资源环境压力较大的根本性矛盾仍然存在，河南生态文明建设与发达地区相比仍然存在一定差距，全面推进城市生态文明建设还面临着经济基础相对薄弱、各类短板相对突出、社会参与相对不足、体制机制尚需完善等一系列亟待解决的突出问题。一方面，与发达地区相比，大部分县域经济发展水平仍然相对不高，一部分县域工业结构中重工业、资源型产业比重仍然相对较大，经济发展绿色转型仍然面临较大压力。另一方面，大部分县域支撑生态环境建设的财政能力仍然不强，开展城市生态文明建设资金压力普遍较大。

（二）全面提升城市生态功能的各类短板仍然相对突出

从自然条件来看，水土资源、生态环境脆弱性、资源环境压力区域差异明显，仍然有1000多万亩沙化、荒漠化、石漠化土地亟待治理。从基础条件来看，环境基础设施还不能够满足经济社会快速发展需要，绿色基础设施发展仍然不够完善。从黄河流域来看，2019年河南省人均GDP达到4.95万元，仅高于青海、甘肃、山西；城镇化率53.21%，仅高于甘肃，在黄河流域中发展短板十分明显（图4-4）。此外，教育、科研、技术等短板也日益明显，生态文明建设的规划、研发、监测、宣传等面临高层次平台、支撑体系和各类人才不足的问题。

（三）全面提升城市生态功能还面临社会参与相对不足的问题

生态环境建设具有明显的公共产品属性，具有核心技术和品牌的企业又相对较少，社会参与效益相对较低、积极性不高。公众参与渠道不完善，对生态环境保护的认知相对不足，除了关涉切身利益的突出生态环境问题（例如大气、水污染），公众参与生态文明建设规划、监督等的渠道和意识还存在一定不足。

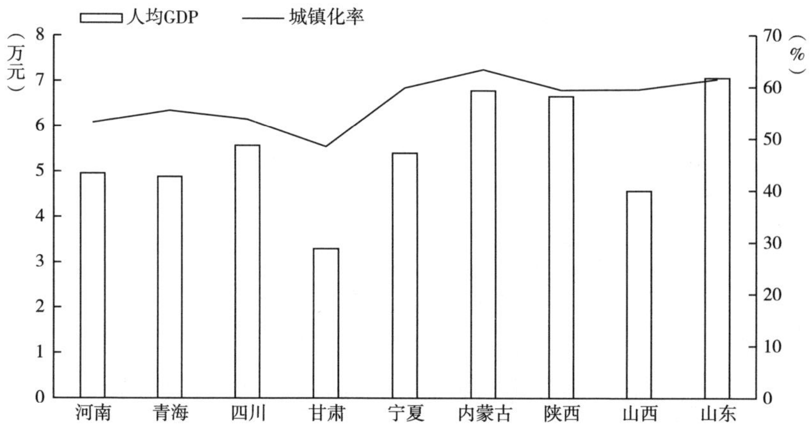

图 4-4 2019 年黄河流域九省（区）人均 GDP 和城镇化率比较

数据来源：2019~2020 年沿黄九省（区）国民经济和社会发展统计年鉴。

（三）全面提升城市生态功能的体制机制还有待进一步完善

从投融资机制来看，财政对生态环境建设的投融资机制还有待进一步完善，社会参与的活力还有待进一步激发。从主体关系来看，对生态保护实施补偿的领域还有待进一步拓展、补偿标准还有待进一步提高，对损害生态环境行为的赔偿和惩罚机制还有待进一步完善。此外，广大党员干部和人民群众的生态环境保护意识还有待进一步提高。

三　河南提升城市生态功能的路径选择

（一）完善城市功能

完善城市整体功能，提高城市综合承载力，构建城乡对接与协调发展的城镇网络体系。按照新型城镇化的内在要求，把生态文明理念全面融入城镇化进程，着力推进绿色发展、循环发展、低碳发展，节约集约利用土地、水、能源等资源，强化环境保护和生态修复，减少对自然的干扰和损害，推动形成绿色低碳的生产生活方式和城市建设运营模式。加强城市基础设施建设，完善城市公共设施，提高城市管理水平，着力健全文化、教育、医疗、劳动就业和社会保障等公共服务设施；提高公共服务质量，构建绿色生产方式、生活方式和消费模式；加强城市生态系统建设，形成集约、环保、低碳、绿色的城市发展模式。

（二）建设森林城市

建设森林都市圈、森林城市群，持续推进城市周边大型森林公园、郊野公园、集中连片林地和城市绿道网络建设，打造大尺度绿色生态空间和绿色隔离带。推进森林进城，充分发挥森林在改善城市人居环境和城市现代风貌方面的独特作用，增加城市绿色元素，推动形成城市森林、绿地、水系、河湖完整生态网络。推进森林围城，保护和发展城市周边的森林和湿地资源，构建环城生态屏障。依托城市周边自然山水格局，发展森林公园、郊野公园、植物园、树木园和湿地公园。依托城市周边公路、铁路、河流、水渠等，建设环城林带。依托城市周边的荒山荒地、矿区废弃地、不宜耕种地等闲置土地，建设环城片林。着力推进森林城市示范建设，积极开展国家森林城市、省级森林城镇示范，带动森林县城、森林乡镇、森林村庄建设，充分发挥其示范引领作用。

（三）建设湿地城市

国际湿地城市是由国际湿地公约组织评估认证，在城市湿地生态保护与修复方面规格高、分量重、含金量足的一张“国际名片”。建设国际湿地城市，是深入贯彻落实习近平总书记“山水林田湖草沙”生命共同体生态理念，建设现代新型城市，改善居民生活环境，提高城市综合竞争力的必然要求。强化湿地保护管理，实施湿地生态恢复和修复工程，开展退耕还湿、退养还滩、扩水增湿、生态补水，维护湿地系统的完整性和稳定性。高标准建设国家、省级湿地公园，推进中心城区城市湿地建设，形成“国家级湿地自然保护区—国家级湿地公园—省级湿地保护区—省级湿地公园——般湿地—小微湿地”的湿地保护体系，构建功能完善的黄河流域湿地公园群。

（四）建设低碳城市

低碳城市是以低能耗、低污染、低排放为基础的城市发展模式和城市运行模式，其实质是通过技术创新、制度创新、产业转型、新能源开发、资源节约等多种手段，尽可能地减少煤炭、石油等高碳能源消耗，减少生产和使用高碳产品，达到减少温室气体排放、经济社会发展与生态环境保护双赢的一种城市形态，是积极应对气候变化，力争实现 2030 碳达峰、2060 碳中和目标的城市发展之路。建立低碳城市产业体系，改造升级高耗能、高排放、高污染等传统主导产业，优先发展新材料、新能源汽车、机械制造、电子电器等高技术产业，重点发展食品加工、轻纺等产业，构建以低碳排放为特征的新兴产业体系。积极发展一批具有一定规模的废旧汽车拆解回收、废旧金属加工回收、废旧塑料加工回收等重点静脉产业，构建和完善再生资源回收加工利用网络体系。实施城市“屋顶绿化”，推进绿色建筑示范工程，大力推广光电屋面板、光电外墙板、光电遮阳板、光电窗间墙、光电天窗以及光电玻璃幕墙等的应用，提倡建筑材料的循环使用。

（五）建设生态乡村

围绕实施乡村振兴战略，推进“四旁”植树、村庄绿化、庭院美化等乡村增绿行动，建设路河沿线风景林、村中空地休憩林、村庄周围护村林，拓展乡村公共生态游憩空间，建设一批森林乡村。实施改善农村人居环境攻坚重大专项，以农村人居环境“百村示范、千村整治”工程为抓手，集中开展垃圾污水治理、厕所革命、村容村貌整治，提升生态宜居水平。

第五章　赓续红色血脉，传承红色基因：总纲领总遵循总指引在河南的思想建设实践

中国共产党成立一百多年来，不管是在新民主主义革命、社会主义革命和建设，还是在改革开放和社会主义现代化建设及新时代的伟大实践历程中，始终坚守社会主义的方向，在不断带领人民进行的伟大实践中，最终确立了中国特色社会主义制度。在这个伟大的历史进程中，中国共产党以自己独有的实践方式，创造了独特的历史革命传统，形成了独特的革命精神谱系。这个伟大的实践过程中，每一件革命文物、每一个历史事件、每一位革命英雄、每一种革命精神，都代表着我们党在带领人民奋斗的光辉历程中取得的重大成就，充分展现了我们党的追求、情怀和担当，汇聚成我们党的红色血脉，构建了我们时代发展的鲜亮底色，也是我们最宝贵的精神财富。习近平总书记在讲话中深刻指出，“红色血脉是中国共产党政治本色的集中体现，是新时代中国共产党人的精神力量源泉”①。因此，怎样保护好、使用好、传承好这些精神财富，在实践中积极赓续红色血脉，在继承革命传统、传承红色基因的基础上，继续创造新时代的红色基因，丰富红色精神谱系，是我们党在新时代必须面对的重要课题。立足于新时代的中国特色社会主义实践，“赓续红色血脉，传承红色基因”，就是要看到时代的新特点、社会的新变化、人民的新要求，在原有实践的基础之上，对传统内涵加以补充、拓展、完善和创新，采取更加现代的接续形式，不断增加影响力、号召力的实践过程。② 以习近平总书记关于“赓续红色血

---

① 习近平：《用好红色资源 赓续红色血脉 努力创造无愧于历史和人民的新业绩》，新华网，2021-09-30，http：//www.news.cn/2021-09/30/c_1127921911.htm。

② 罗亮：《赓续红色血脉的实践困境与路径创新》，《西南大学学报（社会科学版）》2022年第2期，第200~210页。

脉，传承红色基因”的重要讲话、重要论述为总纲领总遵循总指引，以河南省红色文化资源为基础，在红色文化挖掘、保护、发展与传承上积极探索和实践，为实现新时代中原更加出彩贡献强大的思想力量。

第一节　赓续红色血脉，传承红色基因的时代价值

“历史是最好的教科书”。中国共产党在开展一系列的社会实践中，形成的伟大成就，形成的伟大精神，造就的伟大奇迹，汇聚成为我们党的红色血脉，为中国共产党的发展不断输送血液，为新时代社会的发展不断创造动力。因此，在新时代的社会实践中，自觉做好赓续我们党的红色血脉，传承我们党创造的红色基因具有重要的时代价值与时代意义。习近平在中共中央政治局第三十一次集体学习时的讲话中强调，“我们必须始终赓续红色血脉，用党的奋斗历程和伟大成就鼓舞斗志、指引方向，用党的光荣传统和优良作风坚定信念、凝聚力量，用党的历史经验和实践创造启迪智慧、砥砺品格，继往开来，开拓前进”①。这为我们赓续红色血脉，传承红色基因提供了方向指引，以时代内涵丰富我们对于红色血脉、红色基因的认识，在思想引领、道德涵养、人才培育、社会发展上发挥它的重要价值。

一　强大的思想引领与精神动力

实现中华民族伟大复兴的中国梦，需要人民群众永远跟党走，永远拥护中国特色社会主义制度，这是中国最大的政治理想。要实现这一理想，需要持续的精神引领与精神动力，需要用先进的思想意识形态不断地武装全党和人民群众。中国共产党领导人民和人民军队在革命、建设以及发展中的实践经验表明，红色血脉就是我们实现时代发展与进步，持续走向中华民族伟大复兴梦的强大思想引领与精神动力。习近平总书记深刻指出：“红色血脉是中国共产党政治本色的集中体现，是新时代中国共产党人的精神力量源泉。”

红色血脉是中国共产党在各个历史时期取得的伟大成就和构筑的革命

---

① 习近平：《用好红色资源 赓续红色血脉 努力创造无愧于历史和人民的新业绩》，新华网，2021-09-30，http：//www.news.cn/2021-09/30/c_1127921911.htm。

精神的综合[①]，既包含中国共产党百年奋斗史中的每一个历史事件、每一位革命英雄、每一件革命文物，也包含了中国共产党在发展过程中形成的红船精神、井冈山精神、长征精神、雷锋精神、焦裕禄精神等精神谱系，系统展示了中国共产党的信仰信念、价值追求和革命意志，展现了中国共产党人对爱党爱国、以人民为中心、勇于牺牲、敢于担当、乐于奉献等价值理念的坚持与坚守。[②] 这些思想精髓和精神标识中蕴藏的理想信念和价值追求，为当下中国共产党人坚决维护党的核心的历史地位，坚决维护党中央的权威，坚定跟随中国共产党走中国特色社会主义道路提供了强大的思想引领与方向指引。

赓续红色血脉的实践过程，是一个逐渐了解和学习中国共产党人百年奋斗史的过程，通过与百年党史对话，不断积累精神内涵，进而增强对中国特色社会主义制度的自信，产生对走中国特色社会主义道路的核心认同。在日常生产生活实践中，自觉抵制错误的思想意识的侵入，用赓续红色血脉的实践坚定自我的理想信念，自觉听党话跟党走。就如习近平总书记指出的那样，“我们要从红色基因中汲取强大的信仰力量，增强‘四个意识’，坚定‘四个自信’，做到‘两个维护’，自觉做共产主义远大理想和中国特色社会主义共同理想的坚定信仰者和忠实实践者，真正成为百折不挠、终生不悔的马克思主义战士”[③]。

二　培育时代新人

民族、国家与社会的发展，最终要落到培养时代新人的实践上来。为社会主义现代化发展培养好建设者和接班人，为中华民族的伟大复兴提供德智体美劳全面发展的时代新人，是我们的时代必须面对的重要任务。时代新人是中华民族的圆梦者、社会主义现代化强国的建设者、人类文明新形态的创造者。需要在继承以往辉煌成就的基础上，在坚定理想信念的实践中，不断开创社会主义事业的新发展。红色基因为培养社会主义接班人、

---

① 罗亮：《赓续红色血脉的实践困境与路径创新》，《西南大学学报（社会科学版）》2022 年第 2 期，第 200~210 页。

② 闫德亮：《传承红色基因的河南探索》，社会科学文献出版社，2021。

③ 习近平：《用好红色资源，传承好红色基因，把红色江山世世代代传下去》，《人民日报》2021 年 5 月 16 日。

社会主义建设者提供了重要的思想引领，发挥红色文化的育人功能，用红色精神谱系引领时代新人的发展，引导其树立正确的价值观、世界观、人生观，自觉践行社会主义核心价值观，培养好一代又一代的时代新人。习近平总书记在发挥红色基因培育时代新人上，发表了一系列相关论述。他强调只有把红色基因融入下一代人的血脉，社会主义事业的奋斗者、建设者才有接续，红色基因也才能得到传承。

习近平总书记在中国人民大学考察时强调，高校要“落实立德树人根本任务，传承红色基因，扎根中国大地办大学”，广大青年要“争做堪当民族复兴重任的时代新人”。培养时代新人，必须传承好红色基因，发挥红色基因的导向功能、形塑功能和涵养功能，这样才能真正解决“为谁培养人、培养什么人、怎样培养人”的根本问题。习近平总书记对新时代青年的希望，实际上指出了作为“时代新人”应有的优良品质：有理想信念，树立共产主义远大理想和中国特色社会主义共同理想，有爱国主义情怀，能把热爱党、热爱国家、热爱人民结合起来，有责任意识，立志为中华民族伟大复兴贡献力量，有昂扬的奋斗精神，有扎实学识本领，掌握先进科学知识，能肩负社会主义建设重任，有高尚的品德修养，能自觉践行社会主义核心价值观。时代新人的上述品质也是红色基因的内在要求，是作为社会主义后继者的基本要求，是对于党优秀革命精神的继承和发扬，因此，在时代新人的培养中，应该与传承红色基因相结合，自觉内化红色基因的内在要求，有效融入时代新人的培养过程，最终实现红色血脉的赓续。

三　释放经济价值

红色文化资源是红色血脉的重要载体形式，是推动各项事业发展的重要资源，是实现经济功能的重要途径。通过深度挖掘、深入开发红色文化资源可以释放出巨大的经济价值，通过红色旅游、红色文创、红色影视等形式，将其创造性转化为经济价值，在促进脱贫攻坚与乡村振兴有效衔接，乡村红色文化产业、红色旅游发展上发挥重要作用，通过打造红色文化旅游地、红色文旅产品以及出版红色文献、制作红色动漫故事，促进红色文化资源结合时代特色进行创造性开发，为当地社会带来巨大的经济效益，也给当地创造显著的社会效益。同时，开发和利用的过程中，也在以新的形式、新的内容以及新的传播手段更新红色文化资源，从而更好地实现对红色基因、红色文化的传承与保护，更好地在融合时代发展特点的基础上创新红色文化，赓续新时代的红色血脉。

四　涵养社会风尚

社会风尚是一个国家政治、经济发展状况的综合体现，是一个社会文明程度的标志，也是广大社会成员精神面貌的表现。[①] 社会风尚的形成对社会各个方面，都有非常巨大的影响力。作为转型期的现代中国，要想实现社会事业的长足进步，需要在营造良好社会风尚上做出努力，推动全社会的精神文明建设，构建平安、健康、和谐、向上的总体社会风貌，为中国现代化创造良好的社会基础，为实现中华民族伟大复兴提供强大的精神力量。红色血脉汇集了中国共产党人的爱国主义思想、集体主义观念、乐观主义心态、勤俭节约意识、团结友爱精神、公而忘私的价值追求[②]等内容，可以在培育和践行社会主义核心价值观上发挥重要作用。通过红色血脉里的价值内核，增强对相关事件现象的说服力、解释力、引领力，以更加贴合我国特色精神文化引领社会风尚，进行全社会的思想道德建设、爱国主义教育，更好推进我国社会主义思想道德建设。

第二节　充分挖掘和保护红色资源

习近平总书记在讲话中多次强调要“加强红色资源保护和利用”[③]，指出“红色资源是我们党艰辛而辉煌奋斗历程的见证，是最宝贵的精神财富，一定要用心用情用力保护好、管理好、运用好”[④]。习近平总书记的重要讲话重要指示为河南省在实践中充分挖掘和保护红色文化资源提供了总纲领总遵循总指引。结合河南省实际，近年来河南省通过做好红色文物资源普

① 裴瀚云、张雪莹、夏誉轩、郭玉宇：《抗疫精神对社会风尚的影响作用研究》，《南京医科大学学报（社会科学版）》2022年第4期，第375~380页。

② 夏俊华、李晓静、刘锐：《红色文化当代价值的五维探析》，《漯河职业技术学院学报》2022年第4期，第42~46页。

③ 习近平：《一个国家、一个民族不能没有灵魂》，《思想政治工作研究》2019年第5期，第12~14页。

④ 习近平：《用好红色资源 赓续红色血脉 努力创造无愧于历史和人民的新业绩》，新华网，2021年9月30日，http：//www.news.cn/2021-09/30/c_1127921911.htm。

查、抢救与管理、红色文化研究与阐释等工作，推动河南省红色文化资源的保护工作不断开创新局面。红色资源作为红色基因的重要载体，把红色资源保护好、管理好，才能更好地传承红色基因。

一　红色文物资源的普查与管理

习近平总书记指出，“要加大文物保护力度，弘扬中华优秀传统文化、革命文化、社会主义先进文化”[①]。为落实好总书记关于文物保护工作的重要指示，充分挖掘河南的红色文物资源，弘扬红色文化，赓续红色血脉，河南省积极开展红色资源普查，对河南省的革命文物、革命遗址、纪念地、纪念馆等红色资源进行了全面的普查，建立了河南省红色文化基因库，整体保护和管理红色文物资源。特别是，在革命遗址普查与管理工作上，2019年省委党史研究室印发《关于开展全省革命遗址普查工作的通知》和《河南省革命遗址普查工作实施方案》，对河南省革命遗址的普查工作做出总体部署和具体安排，并迅速在全省展开革命遗址普查工作，整理形成河南省革命遗址纸质档案，为每个革命遗址建立了信息档案；在此基础上，进一步推进了河南省的革命文物保护工作，2021年5月河南省委宣传部、河南省文物局联合印发《关于加强新时代革命文物保护管理利用工作的通知》，专项推进革命文物保护管理工作；2021年、2022年相继开展了两批次革命文物认定工作，并相继公布了《河南省第一批革命文物名录》[②]《河南省第二批革命文物名录》[③]，通过深入挖掘全省革命文物资源，并将其纳入全省规范化的管理体系中，利用数字化监管平台做好监控管理工作；为不断提升管理的专业化、规范化，在全省开展革命文物保护管理工程培训班，充实革命文物保护人才队伍，提升革命文物保护利用工作管理水平。

通过红色资源普查，河南省全面了解了红色资源的分布情况，为下一步保护方案的制定提供了有效支撑。同时，各地市结合本地实际情况，在

---

① 《习近平在陕西考察时强调 扎实做好“六稳”工作落实“六保”任务 奋力谱写陕西新时代追赶超越新篇章》，《思想政治工作研究》2020年第5期，第4~7页。

② 河南省文物局革命文物处：《文物局认定公布河南省第一批革命文物名录》，河南省文物局网站，2021年1月15日，http：//wwj. henan. gov. cn/2021/01-15/2080076. html。

③ 河南省文物局：《河南省文物局公布第二批革命文物名录》，河南省文物局网站，2022年1月12日，https：//wwj. henan. gov. cn/2022/01-12/2381361. html。

红色资源普查与管理工作上做了充分的探索，丰富了河南省红色文化资源管理有效实践。例如：开封市全市开展了革命文物资源普查，对普查到的革命文物进行挂牌保护，加大每年的革命文物申报力度以及公布频次，以此提升全市革命文物管理的规范化建设[①]；焦作市在全市开展了红色资源普查、红色文化发掘和红色资源访问工作，制定红色资源旅游访问点和红色资源旅游访问点导览图。[②] 这些经验探索，为之后的转化利用奠定了坚实的基础。

二 红色文化资源的抢救与挖掘

河南省作为红色资源大省，呈现出点多面广、时间跨度大、历史纵深感强的特点，在全国红色文化资源体系中具有非常独特的历史地位和重要的文化价值，对于河南社会现代化建设与发展具有非常重要的时代价值。因此，河南省在全省加快推进红色文化资源的抢救与挖掘工作。为更好地保护珍贵的红色历史记忆，河南省充分重视对于红色历史记忆的抢救，在全省范围内积极开展了口述历史行动。2014 年，省委网信办启动“搜索红色记忆”网络主题宣传活动，组织开展了实地采访记录口述历史；2015 年多部门联合开展了“抗战老兵口述抗战”网络主题宣传活动；2017 年开展了“发掘中原红色文化——豫东南革命口述史料调查”研究项目；2018 年省委党史研究室印发《河南省中共抗日战争口述史料征集、整理与研究工程方案》，为全省开展口述史工作提供了规范指导，各地市在此基础上积极开展口述史征集、整理与研究工程，通过制定实施方案、培训专业口述史人才队伍、广泛动员宣传，收集了丰富的口述史料，抢救了一批鲜活的红色历史记忆，为河南省红色文化增添了珍贵的史料与教材；为了更好地改善全省革命文物保护状况，抢救大量散落民间、未纳入保护范围的革命文物，深入推进红色文化资源抢救性挖掘工作，推进革命类专题博物馆建设，

① 河南省文物局：《开封市启动“河南省地名文化遗产千年古镇、千年古村落”认定工作》，河南省文物局网站，2022 年 5 月 25 日，https：//wwj. henan. gov. cn/2022/05 - 25/2455477. html。

② 焦作市人民政府：《挖掘红色资源，讲好焦作故事，焦作市公布首批红色资源旅游访问点及导览图》，焦作市人民政府网站，2020 年 1 月 8 日，https：//www. henan. gov. cn/2020/01-08/1244294. html。

同时在全省专题推进红色史料采集、红色文物征集、修缮革命旧址、设置革命旧址标识牌等工程，及时抢救红色文化资源，推进红色文化资源系统性保护。在党的百年历史发展过程中，给河南留下了丰富的红色历史记忆，这些历史记忆记录了中原儿女奋斗的英雄事迹，河南省充分重视这些精神遗产，深入挖掘红色故事，并将这些红色故事转化为影视作品、红色读物、歌舞剧、情景剧等作品，创新形式抢救和保护将要消失的红色文化资源，为实现赓续红色血脉，传承红色基因打下坚实基础。

三　红色资源保护的顶层设计

为加强对红色文化资源的保护，河南省在政策与法律保障的顶层设计上进行了有益探索，同时也为做好红色文化资源的保护提供了制度保障。河南省出台了一系列指导性文件来保护红色文化资源，特别是在红色文物资源保护方面，《关于新时代支持革命老区振兴发展的实施意见》《河南省加强文物保护利用改革实施方案》《河南省革命文物保护利用工程实施意见》《关于加强新时代革命文物保护管理利用工作的通知》《关于进一步加强新时代革命文物保护管理利用工作的通知》等，一系列文件的出台为全省红色文化资源的保护提供了规范性参考与制度保障。在全省政策文件出台的背景下，各个地市也相继加强了红色资源保护的顶层设计。2017 年焦作市人民政府下发《关于进一步加强文物保护工作的通知》，对做好今后文物保护工作进行安排部署；2021 年 12 月三门峡市出台《三门峡市红色文化资源保护利用条例（草案代拟稿）》，对三门峡市红色文化资源的调查认定、保护管理、开发利用、传承弘扬等内容进行规范；2021 年 10 月《信阳市红色资源保护条例》开始施行，成为全省首部地方性红色资源保护法规，信阳市红色资源保护和利用工作走上有法可依、依法保护的轨道，同时信阳市还印发了《信阳市革命文物保护利用三年行动计划（2022—2024）》，确定今后三年信阳市革命文物保护利用工作的任务书和路线图；洛阳市出台了《洛阳市加强文物保护利用改革实施方案》，等等，这些政策设计为河南各地红色资源保护工作构建了坚实的保障机制。

四　红色文化资源的研究与阐释

河南省在红色文化资源的研究与阐释上做了大量的工作，并取得了丰富的研究成果。党政机关、科研机构、高等院校以及“三学院三基地”等主体，开展了大量相关研究，研究主题涵盖了红色文化的内涵特征、历史考证、思政教育、红色文化传播、红色旅游、遗产保护等领域，形成了较为成熟的研究体系。全省各级党政机关结合各地红色文化资源的实际情况与现实需求，在资源收集与整理上开展了大量的实证研究工作，产出了一大批研究成果。在省级党政机关中，省委党史研究室编撰了《河南省红色文化旅游发展研究》《河南省主要革命遗址图集》、省委外办编撰了《中华源 河南故事“人工天河”红旗渠》《中华源 河南故事 焦裕禄》、省老区建设促进会编撰了《前进中的河南革命老区》、省档案局编撰了《走进河南档案丛书 革命生活燎原》。在地方各级党政机关中，中共信阳市委党史研究室编撰了《大别山抗战记忆》、中共济源市委编写了《愚公移山精神学生读本》、中共新乡市委党校编著了《新乡先进群体现象研究》；科研院所与高等院校利用专业和人才优势，积极开展红色文化系统研究，编写了《历久弥新的红旗渠精神》《彪炳史册的大别山精神》《传承红色基因的河南探索》《焦裕禄的初心与使命》《河南红色旅游》《大别山红色文化研究》《红旗渠精神与大学生思想政治教育》等系列红色文化研究著作。同时，还赴各地开展红色文化资源实地调研活动，例如，河南财经政法大学开展的“走党史 促研学”——地方特色红色资源管理利用专项调查活动；“三学院三基地”则结合自己的教育职能培训体系开展研究阐释，编写或参与出版了《怀念焦裕禄》《历久弥新的红旗渠精神》《大别山革命简史》《愚公移山 中华民族宝贵的精神财富》《新乡先进群体精神研究》《南水北调精神初探》等著作，为党员干部开展党史学习教育提供专业的学习资料。

第三节 大力传承和发展红色基因

近年来，党和国家对红色文化传承保护愈加重视，多次强调要赓续红色血脉，传承好红色文化。习近平总书记指出：“光荣传统不能丢，丢了就丢了魂；红色基因不能变，变了就变了质。”[①] 红色是我们最鲜亮的底色，应该继续保持下去。也就是说我们要在实践中“用好红色资源，传承好红

① 《十八大以来重要文献选编（下）》，中央文献出版社，2018。

色基因，把红色江山世世代代传下去"[①]。红色基因作为红色血脉的核心要素，不仅继承了中华历史文化基本内核，而且立足于新时代不断丰富和发展的中国特色社会主义先进文化。我们要在理解和学习红色基因基本内核的基础上，在新时代积极学习红色文化，传承红色基因，增强我们的文化自信，自觉做赓续红色血脉的时代新人。河南省牢记习近平总书记关于传承红色文化的嘱托，立足于河南省丰富的文化资源体系，积极赓续红色精神谱系、加强红色基地建设、讲好红色故事、加强红色教育，推动河南红色文化基因在新时代焕发新活力。

一　坚定红色信念，赓续红色精神谱系

中原大地自古就是一片英雄的土地，这里诞生了二七精神、焦裕禄精神、红旗渠精神、大别山精神、愚公移山精神、新乡先进群体精神、南水北调精神、伟大抗疫精神、脱贫攻坚精神等，融汇交织形成了河南的红色基因精神谱系，成为河南省人民群众干事创业、奋勇争先的不竭动力。从"二七精神"到"伟大抗疫精神"、"脱贫攻坚精神"，红色精神在河南不断创新，在河南人民艰难困苦的斗争中、在奋力争先的中原儿女们不断开创事业新发展的实践中，孕育形成了具有河南地方特色的红色精神谱系[②]，新时代、新征程、新使命，红色精神在河南的传承创新，就是河南人民积极担当民族精神、时代精神的历史使命，以更大的责任感在艰难困苦的斗争环境下，孕育形成一系列具有河南地方特色的红色精神谱系。新时代、新征程、新使命，河南省在赓续红色精神谱系的过程中，始终坚持党的领导，以艰苦奋斗、团结协作、无私奉献、以人为本、开拓创新等要素为核心，在新的历史条件下始终坚定理想信念，以红色精神为指导，坚持守正创新，推动红色精神的河南谱系不断丰富发展。

二　建好红色载体，加强红色基地建设

河南省对全省红色资源进行充分挖掘整合，建设了以焦裕禄干部学院、

① 习近平：《用好红色资源 赓续红色血脉 努力创造无愧于历史和人民的新业绩》，新华网，2021 年 9 月 30 日，http：//www. news. cn/2021-09/30/c_1127921911. htm。

② 杨丽：《建党百年来红色精神在河南的嬗递历程及内蕴基因研究》，《商丘师范学院学报》2022 年第 4 期，第 42~46 页。

红旗渠干部学院、大别山干部学院以及愚公移山精神教育基地、新乡先进群体教育基地和南水北调精神教育基地为主体架构的红色教育阵地体系，形成“三学院三基地”的党性教育大培训格局，搭建起集“研究、保护、开发、传承”于一体的党性实践教育系统和红色资源利用平台，有效盘活了全省思想政治教育及爱国主义教育工作。七大教育在课程设计上坚持特色性、时代性、参与性，着力打造具有典型地域特色、人文特色、时代特色的课程体系，如“我的父亲焦裕禄”“红旗渠精神与中国共产党人的人格塑造”“愚公移山——从神话故事到民族精神”等精品课程深受好评；七大红色教育阵地的教学方式融“看、听、思、悟、论”于一体，唱响“理论讲授、现场体验、互动交流、深度点评”四部曲，做到理论武装与党性锤炼、历史经验与实践发展、感性体验与理性升华“三结合”，如大别山干部学院采用专题阐述、现场解析、访谈追忆、音像再现等多种教学结合形式，注重讲好习近平总书记要求的“党的故事、革命的故事、根据地的故事、英雄和烈士的故事”，受到了广大学员的欢迎和喜爱。

截至2020年，7家红色教育基地累计开设班次1.5万余期，培训党员干部近90万人次，其中省外学员30万人次。焦裕禄干部学院被中组部确定为全国14家地方党性教育特色基地之一，将新乡先进群体教育基地确定为全国第二批7家党员教育示范基地之一；中央党校（国家行政学院）、国防大学、中联部先后多次组织高端培训班次和重要涉外班次前来开展体验式教学，红色教育基地在国内外的影响力不断扩大。2020年7月，中共河南省委组织部又下发了《关于命名第一批河南红色教育基地的通知》，将郑州二七纪念馆等20家单位列入第一批河南省红色教育基地。这些红色教育基地涵盖了党发展的各个时期，其中，党的创立时期2个、土地革命时期2个、抗日战争时期7个、解放战争时期7个。这些红色教育基地在为全省党员接受红色教育提供主要场所、为党内日常生活提供重要阵地、为开展党性教育提供实景课堂上发挥了重要作用，成为推进传承红色基因，赓续红色血脉的强大精神动力和有效实施载体。

三　讲好红色故事，深化红色传承实践

赓续红色血脉，传承红色基因，需要深挖本土红色资源，不断探索弘扬红色基因的方式方法，将时代特色与人民群众需求相结合，不断推出更

具特色的实践形式。红色故事是中国共产党领导广大人民在伟大的革命进程中，发生的可歌可泣的英雄事迹，是红色文化的瑰宝之一，习近平总书记也多次提到红色故事，强调我们要用好这些红色故事，用好我们丰富的红色资源，将其自觉转化为干事创业的力量。习近平总书记2019年在河南考察时指出，“要讲好党的故事、革命的故事、根据地的故事、英雄和烈士的故事，加强革命传统教育、爱国主义教育、青少年思想道德教育，把红色基因传承好，确保红色江山永不变色”①。2021年在中央政治局进行第三十一次集体学习时，习近平总书记进一步强调要“讲好党的故事、革命的故事、英雄的故事，彰显时代特色，使之成为教育人、激励人、塑造人的大学校”②。

河南省深入贯彻总书记的重要指示精神，深入挖掘河南红色文化资源，用好河南的红色故事，积极探索传承红色基因的方式，通过加强讲好红色故事的形式、载体、阵地、队伍建设，不断丰富传承红色基因的河南实践。河南在全省结合党的群众路线教育活动、“三严三实”专题教育活动、“传承红色基因，争做时代新人”、“不忘初心、牢记使命”主题教育、“五讲”活动等主题教育活动，结合“党的创新理论万场宣讲进基层”“百姓宣讲团”“百姓宣讲直通车”“走基层”等基层宣讲活动，做好红色故事、党的创新理论政策的宣传普及工作，让党员干部、青少年等群体从红色故事中汲取进步的力量，更加坚定理想信念；《河南日报》的“群众路线纵横谈”与焦裕禄精神系列宣传专题、河南广播电视台的“群众路线大家谈”、河南电视台的“群众路线大讲坛”、信阳市围绕“弘扬大别山精神实现‘两个更好’”的主题网络行动、河南博物院“人民呼唤焦裕禄”大型主题展览、豫剧《焦裕禄》、话剧《红旗渠》、纪录片《永远的焦裕禄》等，积极运用报纸、电视、网络、展览以及文艺作品等载体形式，丰富红色故事宣传媒介；通过举办“河南省‘红色耀中原’故事会”、“红色记忆·大别山英雄故事”河南省英烈讲解员大赛、“新时代百姓宣讲员”等比赛，为讲好红色故事培养人才队伍，提升讲好党的故事、革命的故事、根据地的故事、英

---

① 《习近平在河南考察时强调 坚定信心埋头苦干奋勇争先 谱写新时代中原更加出彩的绚丽篇章》，《农村·农业·农民（B版）》2019年第9期，第5~7页。

② 习近平：《用好红色资源 赓续红色血脉 努力创造无愧于历史和人民的新业绩》，新华网，2021年9月30日，http://www.news.cn/2021-09/30/c_1127921911.htm。

雄和烈士的故事的能力。用讲好红色故事，让红色精神在河南代代相传，不断凝聚起中原儿女不断前行的磅礴力量。

四 加强立德树人，强化红色育人功能

培养什么样的人、如何培养人、为谁培养人是事关党和国家前途命运的重大问题，也是我国社会主义事业发展必须解决好的根本问题。[①] 红色文化资源是我们开展理想信念教育的宝贵素材，它集中体现了中国共产党人实事求是、勇往直前、坚持奋斗的革命精神和理想信念，在培育社会主义建设者和接班人上具有重要的导引价值，帮助青少年始终坚持社会主义方向，坚定理想信念。红色基因的重要价值，要求我们必须传承好、运用好，从培养青少年出发，让青少年成为传承红色基因的主体。深入践行习近平总书记提出的，“我们要沿着革命前辈的足迹继续前行，把红色江山世世代代传下去。革命传统教育要从娃娃抓起，既注重知识灌输，又加强情感培育，使红色基因渗进血液、浸入心扉，引导广大青少年树立正确的世界观、人生观、价值观”[②]。

为深入贯彻习近平总书记的殷殷嘱托，河南积极推动红色文化进学校、进课堂、进教材，不断加强爱国主义教育基地开发与建设，积极在重大时间节点开展主题活动，开展青少年红色教育实践活动，不断推动青少年成为传承红色基因的主体，实现红色血脉的赓续。在积极推动红色文化进学校、进课堂、进教材方面，河南省开展了一系列的红色基因传承活动，出台全省各类各级青少年学生研学方案、编写红色文化科普读物，例如编辑出版了《传承中原——河南省 100 个红色和优秀传统文化课堂》和《亲历者口述战争》等特色红色书籍和视频光盘，并将其纳入开展国防教育、爱国主义教育的重要教材中；联动学校、社会团体与爱国主义教育基地，共同开展爱国主义教育活动，在联合共建基地、打造红色游学线路以及新技术红色资源信息教育平台等方面积极探索，为青少年提供更有趣味性、丰富性的红色文化学习形式。目前，经过建设，河南省县级以上革命遗址爱

---

① 李力、金昕：《新时代高校立德树人的内涵、难点及实现路径》，《东北师大学报（哲学社会科学版）》2019 年第 2 期，第 149~154 页。

② 习近平：《用好红色资源 赓续红色血脉 努力创造无愧于历史和人民的新业绩》，新华网，2021 年 9 月 30 日，http：//www. news. cn/2021-09/30/c_1127921911. htm。

国主义教育基地有 387 处，其中，国家级基地有 8 处，省级基地有 22 处，市级基地有 80 处，县级基地有 277 处①；充分结合新中国成立 70 周年、中国共产党建党 100 周年、中国人民抗日战争胜利纪念日等重大时间节点，运用青少年喜闻乐见的方式，开展系列专题红色教育活动；同时还积极开展了青少年红色教育实践活动，通过实践活动持续用红色精神的感染力不断加深青少年对于红色文化的亲近感和归属感，推动传承红色基因成为青少年的自觉行动。

第四节　创新转化和运用红色资源

资源经过一定形式的转化可以带来巨大的社会价值，这些社会价值可以是经济利益、教育价值、政治价值，也可以是生态价值。因此，在新时代赓续红色血脉，传承红色基因，既要以红色文化凝心铸魂，更要结合社会主义现代化发展的现实需要以及人民群众的多元需求，创新转化和运用红色文化资源，融入新技术、新知识，深度挖掘与融合开发，推动红色文化资源创造出独特的经济价值与社会价值，推动红色资源成为推动社会发展的重要动力。近年来，河南省立足于红色文化资源现状，通过积极推进数字化赋能、多元主体参与红色资源，促进红色文化资源创新性转化，通过积极打造红色核心品牌以及红色旅游促进红色文化资源创新开发，不断发挥红色资源助力社会发展的独特优势，积极推动红色文化与民俗文化、生态文化、历史文化融合发展，增进民生福祉，为实现河南社会更大的发展赋能。

一　推进数字赋能转型，推进红色资源转化

立足数字化发展的时代背景，以数字技术赋能，推动新形势下的红色文化资源转化利用。目前，河南省共有 2407 处革命遗址，707 处已列为县级以上文物保护单位。其中，国家级文物保护单位 39 处，省级文物保护单

---

① 赵士红、王春亮：《河南红色资源开发利用问题研究》，《中共郑州市委党校学报》2016 年第 5 期，第 82~86 页。

位 104 处，市级文物保护单位 87 处，县级文物保护单位 477 处。[①] 全省共有涉革命类文物保护单位 2500 多处（4000 多个点），已认定公布了两批革命文物名录，共包含不可移动革命文物 366 处，可移动珍贵文物 7756 件（套），现有各级各类各部门管理的革命博物馆纪念馆 151 家。[②] 全省红色文化资源的普查、统计与认定，为革命文物、革命遗址的数字化展示、传播、监管创造了基础。河南积极推动数字技术在革命文物采集、保存、修复以及管理工作中的应用，整合红色资源，建立红色资源基础数据库，推动纪录片、红色文献、声音、图片等红色资源数字化保护，实现红色资源跨地域共享；积极利用全息媒体、5G 技术、VR/AR、3D 技术等手段推动根据地、革命遗址、纪念馆等地“活起来”，增强河南红色文化的科技感与吸引力，增添红色文化的魅力，让更多人打卡河南红色文化旅游地，增加流量，促进资源转化。

2021 年 6 月上线的“河南省红色文物地图”，就是数字技术在红色文化中的典型应用。在百度搜索“河南省红色文物地图”，即可浏览“一封家书”“缴获的蔡司照相机”“历久弥新的二七塔”等河南红色文物的主题页面。网站通过图片展示、文字介绍、视频讲解，全方位、立体化地展示了红色文物的前世今生以及背后的时代故事、感人事迹，多元化地呈现了“焦裕禄精神”“红旗渠精神”“大别山精神”等。2022 年 2 月，河南省文化和旅游工作会议上，明确将“数字赋能”作为塑造“行走河南 · 读懂中国”品牌体系八项具体内容之一，明确提出“每年拿出 4000 万元，对数字化建设进行奖补，奖补的重点为文博场所的数字化升级改造，用数字活化文化、用数字展示文化、用数字诠释文化，推动建成一批沉浸式数字体验场馆；加强与科技公司的合作，建设文旅资源数据库、文旅文创数字中心、文旅文创数字实验室等”。用数字化推动河南文化资源转化，提出了明确部署，也将为红色文化资源的数字化展示与转化提供支持。

---

① 赵士红、王春亮：《河南红色资源开发利用问题研究》，《中共郑州市委党校学报》2016 年第 5 期，第 82~86 页。

② 河南省文物局：《河南省文物局公布第二批革命文物名录》，河南省文物局网站，2022 年 1 月 12 日，https：//wwj. henan. gov. cn/2022/01-12/2381361. html。

二　探索多元主体参与，助力红色资源开发

2021 年 12 月，河南省人民政府出台《河南省“十四五”文化旅游融合发展规划》，从河南省文化发展环境、总体要求、构建资源保护利用新体系、构筑文化旅游发展新空间、促进文化旅游内容再生产等十个方面提出文化旅游融合发展规划。红色文化资源是河南文化的重要组成部分，对红色文化资源的开发与利用也要积极跟上时代发展潮流，以发展规划为指导积极开展实践。近年来，河南省在红色资源开发上积极整合高校、企业、社会组织、文艺工作者等主体的力量，积极探索，促进河南省红色资源与新时代文化资源开发与利用大趋势接轨，提供更加符合时代需要的文化产品。

在与高校的合作上，积极运用高校专业、人才上的优势，在资源开发总体规划、智力与人才支持以及审核评估上发挥作用。例如，信阳市在进行红色旅游资源开发时，积极与郑州大学旅游规划设计中心合作，推动环湖旅游景区总体规划的编制与设计。在与企业的合作上，积极吸纳社会资金、先进技术等，纳入社会化运作机制，推进红色文化资源的开发。例如河南积极与华为、网易、腾讯等互联网企业合作，加快布局河南文旅产业，加速产业打造。利用头条、抖音、快手、小红书等新媒体助力河南文旅智慧营销。在数字化技术的改造上，将河南移动建设 5G 基站与文化资源相结合，在红旗渠、大别山干部学院、何家冲红色教育基地、吉鸿昌将军纪念馆、“小延安”确山竹沟镇、中原解放纪念馆等多处红色资源地搭建 5G 基站，将 5G 网络与智慧党建、智慧旅游、智慧园区相融合，打造数字化、智慧化红色资源地。在充分开发与运用红色文化资源时，很重要的一项就是文化作品的创作，积极调动文艺工作者的积极性，以地方红色文化为基础积极创作，促进红色资源宣传。例如，桐柏县积极组织文艺工作者投入红色文化研究创作，先后出版了《巍巍桐柏》《桐柏英豪传》《桐柏英雄淮源春》等 10 余部红色文学作品，丰富了当地红色文化内涵。组织拍摄了《桐柏英雄》《爱在战火纷飞时》《奔袭桐柏》等影视剧，以及专题片《桐柏山淮河源》，打造了一批红色文化经典作品。

三　做强红色旅游品牌，激发红色旅游活力

红色旅游作为利用红色资源、弘扬红色传统、传承红色基因的重要方

式，受到党和国家的高度重视。习近平总书记也多次就传承红色基因的好方法好方式作出指示，为发展红色旅游、传承红色基因注入强大动力。近年来，河南省将红色人文景观和绿色自然景观结合起来，把革命传统教育与促进旅游产业发展结合起来，大力发展红色旅游业，红色旅游逐渐成为传承弘扬红色基因的有效手段，成为拉动地区经济增长的重要引擎。据统计，2021 年清明假期期间，河南共接待游客 1566.33 万人次，与 2019 年同期相比增长 9%，旅游总收入为 75.77 亿元人民币，恢复到 2019 年同期的 85%。[①] 同年，为了庆祝建党百年，河南省梳理了包括焦裕禄精神游、红旗渠精神游、大别山精神游、黄河红色传承游、黄河治理成就游、南水北调工程游、红二十五军长征游、抗日战地游、中原解放战争游、乡村振兴游在内的十条红色旅游精品线路，打造展示河南省百年党建光荣历程的重要窗口，红色旅游实现了又好又快发展。为提升红色旅游区的知名度与影响力，河南各地积极推进红色文化品牌建设，信阳市成功打造了“苏区首府”“将军故里”“千里跃进”“江淮抗战”四大红色旅游品牌、6 个全国红色旅游经典景区、4 条红色旅游精品线路[②]，为推动全省红色旅游事业发展做出了有益的探索，红色旅游活力被进一步激活。

四　发展乡村红色旅游，助力乡村振兴

乡村社会蕴藏着丰富的红色文化资源，乡村社会发展过程中应该盘活乡村红色资源，充分发挥它在思想引领、培育接班人、经济效益以及社会风尚等方面的积极作用，为乡村社会振兴注入能量。2019 年，习近平总书记在河南调研时指出：“依托丰富的红色文化资源和绿色生态资源发展乡村旅游，搞活了农村经济，是振兴乡村的好做法。”因此，依托于家门口的红色资源，通过充分挖掘乡村遗存的红色文化资源，大力开发乡村旅游，将家门口的红色资源优势转化为发展优势，使其在实现乡村产业兴旺、生态宜居、治理有效、乡风文明、生活富裕中发挥作用，成为促进乡村振兴的

---

① 《河南加强老区红色资源保护 河南红色旅游发展前景现状及投资分析》，中研网，2021 年 9 月 23 日，https：//www.chinairn.com/news/20210923/102301379.shtml。

② 信阳市人民政府：《我市举行第四个“大别山红色旅游日”启动暨“全国红色旅游经典景区”授牌仪式》，信阳市人民政府官网，2011 年 8 月 8 日，https：//www.xinyang.gov.cn/2011/08-08/2047740.html。

新动力。2020年世界旅游联盟旅游减贫案例名单中，河南省有4例入选，分别是："河南信阳市新县田铺乡大塆村：耳目一新的'文创小店+乡舍农家+特色商品'旅游扶贫模式""河南济源市：农旅融合创新帮扶，精准施策兴村富民""河南豫西百草园：景区带村创新'三金扶贫'模式""河南栾川重渡沟：水+竹、农家特色旅游扶贫"。除了这些乡村红色旅游助力脱贫攻坚的案例之外，河南省还在运用红色文化资源赋能乡村社会治理上做了相应的探索实践。例如，作为全国著名革命老区的信阳，实现了"红色资源+"模式融合发展，将红色资源与茶资源相结合，创建了茶文化精品路线，在农耕文化中融入红色文化、革命文化，带动了乡村经济的发展。同时，信阳市依据本市红色资源分布特点并与乡村地理位置相结合，培育出了平桥区郝堂村、田铺大湾创客小镇等一批著名乡村旅游地，先后建成了西河湾、杨高山、丁李湾等乡村旅游示范点。这些都为挖掘、整合与利用乡村红色资源，探索乡村旅游助力乡村振兴的路径做了有益的示范。

第五节　构建和完善红色话语体系

红色文化是我们党的宝贵精神财富，蕴藏着厚重的民族文化与民族意识，在中国革命、建设、改革和新时代的发展过程中，不断被赋予深刻的时代意义与时代价值。为了更好地传承红色基因，弘扬红色文化精神，赓续红色血脉，在红色血液中不断开拓新事业，实现新发展，河南省通过在全社会推动社会主义核心价值观建设、加强理论研究构建研究体系、建设全媒体传播体系、充实传播人才队伍的方式，更好地传播红色文化，培育红色文化发展的基础社会环境，为河南赓续红色血脉提供基础支持。

一　做好精神引领，推动社会主义核心价值观建设

习近平总书记指出："广大文艺工作者要把握时代脉搏，承担时代使命，聆听时代声音，勇于回答时代课题。"[①] 以家国情怀引领中华民族认同，以红色基因引领爱国情怀，始终坚持主流价值观的引领与构建，将优秀红

① 习近平：《在中国文联十大、中国作协九大开幕式上的讲话》，人民出版社，2016，第7页。

色资源转化为人们共同自觉的情感认同。为红色文化资源注入历史哲思和人文情怀，能让红色故事更生动、更丰满、更立体，用好本土红色资源，讲好河南故事，能让人们从中汲取奋进新力量。运用河南省红色文化资源，积极开展爱国主义教育，在全社会培育积极践行社会主义核心价值观的良好风尚。充分利用“国际劳动妇女节”“五一国际劳动节”“六一国际儿童节”等国际性节日，利用“五四青年节”“建党节”“建军节”等政治性节日，利用党史国史上重要人物纪念日、重大事件，积极开展“我是一名合格党员宣誓”“唱支山歌给党听”“万名党员签名”等爱国主义教育活动，加强对人民群众的爱国主义教育和理想信念教育，积极引领社会风尚培育。同时红色景区免费向未成年人开放，举行“千名铁姑娘打钎创世界纪录”研学活动、“校长采风团走进研学圣地”活动、“阅历课程之中原文化探寻”主题实践活动，充分发挥爱国主义教育基地的作用，让学生在实践中理解爱国主义精神、敬业精神，通过旅游、体验、学习等相结合的方式，在寓教于乐中加强对青少年的社会主义核心价值观教育，引导全社会传承红色基因，让红色文化教育真正“活”起来。

二　强化理论支撑，努力构建研究体系

党的十八大以来，习近平总书记在地方考察时遍访红色故地，反复叮嘱要用好红色资源、传承好红色基因。关于红色文化资源的研究引起了更为广泛的关注，研究进一步深入。近年来，对红色文化的研究不断深化。依托独特的红色资源优势，河南建设的“三学院三基地”在党性教育中发挥了主阵地作用。红旗渠干部学院是河南省党性教育“三学院三基地”的重要组成部分，是一所集精神传承、党性教育、宗旨践行于一体的党性教育基地，坚持党校姓党，按照“教学出题目、科研做文章、成果进课堂”工作思路，聚力科研机制建设、创新课程研发、科研队伍成长、学术能力提升等重点工作，持续提升“用学术讲政治”能力，不断提高科研核心竞争力，构建“全力支持、全员参与、全面提升”科研创新工作格局，以高质量科研推动学院高质量发展。红旗渠干部学院积极参与河南省社科联2021年度调研课题成果评审，组织申报的4项课题全部结项，其中《红旗渠精神的时代价值与创造性弘扬研究》荣获一等奖，《从红旗渠的修建看“中国共产党为什么能”》《乡村振兴战略背景下红旗渠精神传承的新思路》

荣获二等奖，让红旗渠的红色精神和文化内涵在新时代继续绽放出新的光芒。

三　完善传播体系，加快拓展传播平台

习近平总书记对传承红色文化高度重视，强调要“增强表现力、传播力、影响力，生动传播红色文化”。河南省牢记总书记嘱托，积极革新媒体技术、大力推进媒体融合发展，全方位拓展红色文化传播路径。积极推进“四全媒体”建设、丰富红色文化传播内容、竭力提升传播效能、全力打通传播路径，为传播红色文化提供了河南的创新实践。在全媒体建设上，河南省积极推进全程媒体、全息媒体、全员媒体和全效媒体的发展路径，在网络上全程、全方位、多视角向观众提供红色文化宣传，方便群众获取信息；通过与新媒体合作，以群众更加喜闻乐见的方式传播红色故事，推介河南的红色文化；推动全员参与，讲好河南的红色文化；突出打造河南媒体品牌，以精准、专业的信息推送，提供红色文化的权威解读，构建起河南省的红色文化传播体系；在传播内容上，充分发挥“红色文化+”的动能模式，结合传统文化、地域文化、民俗文化等内容，实现特色构建；同时通过数字技术，促进传播效能提升，在精准推送、价值多元以及独特性上做出特色；通过县级融媒中心打造，创建立体化的传播网络，将红色文化送到基层。为全方位、多角度展现红色文化构建了完善的传播体系，真正实现了让红色文化资源“动”起来。

四　充实人才队伍，提升传播运用效能

积极的话语构建与信息传播，离不开人才队伍的充实。讲解员是红色文化资源沟通观众的桥梁和纽带，扮演着重要角色，其服务质量直接影响红色文化传播效果。为讲好红色故事，河南省开展了红色讲解员培训工作。为进一步深入学习贯彻习近平总书记关于红色旅游发展的重要精神，推动河南省红色文化资源高质量发展，不断加强河南省红色旅游人才队伍建设，河南省文化和旅游厅、河南省文物局在开封市举办 2021 年全省红色旅游讲解员培训班，培训采用专家授课、经验交流、现场教学等多种方式。培训的开展既有利于丰富红色旅游人才的理论知识储备，也有利于提高其实践能力，为今后扎实做好红色旅游工作提供了可借鉴的思路。为充分发挥河

南省内全国爱国主义教育示范基地、全国红色旅游经典景区的教育功能，进一步加强讲解员、导游员队伍建设，中共河南省委宣传部、河南省文化和旅游厅联合在郑州举办了“河南省红色故事讲解员大赛暨第三届红色故事会”。讲解员比赛的开展旨在提升综合素质，加强规范化、专业化队伍构建，更好地为红色文化资源传播提供人才支持。

第六章　全面从严治党，持续推动党建高质量发展：总纲领总遵循总指引在河南的党的建设实践

习近平总书记指出："打铁必须自身硬。办好中国的事情，关键在党，关键在坚持党要管党、全面从严治党。我们党只有在领导改革开放和社会主义现代化建设伟大社会革命的同时，坚定不移推进党的伟大自我革命，敢于清除一切侵蚀党的健康肌体的病毒，使党不断自我净化、自我完善、自我革新、自我提高，不断增强党的政治领导力、思想引领力、群众组织力、社会号召力，才能确保党始终保持同人民群众的血肉联系。"[①] 坚持党的领导，坚持党要管党、全面从严治党，是进行具有许多新的历史特点的伟大斗争、推进中国特色社会主义伟大事业、实现民族复兴伟大梦想的根本保证。党的十八大以来，以习近平同志为核心的党中央科学把握时代发展特征和党的建设规律要求，把全面从严治党纳入"四个全面"战略布局，以前所未有的勇气和定力推进全面从严治党。河南省委全面贯彻落实中央关于全面从严治党的战略部署，坚决扛牢管党治党政治责任，深入推进全面从严治党在河南落地生根，推动全省管党治党取得明显成效，为中原更加出彩的伟大事业提供了坚强政治保障。

第一节　把党的政治建设摆在首位，把稳政治方向之舵

旗帜鲜明讲政治是我们党作为马克思主义政党的根本要求。习近平总

① 习近平：《在庆祝改革开放 40 周年大会上的讲话》，《求是》2018 年第 24 期。

书记反复强调“党的政治建设是党的根本性建设，决定党的建设方向和效果”①；“全面从严治党首先要从政治上看”②。党的十九大立足中国特色社会主义发展的需要，明确提出党的政治建设这一重大命题，将党的政治建设纳入党的建设整体布局并摆在首位，对党的政治建设作出了具体部署。河南认真贯彻落实十九大战略部署，深入学习领会习近平总书记重要讲话精神，把政治建设摆在突出位置，不折不扣贯彻落实党中央的决策部署，以政治建设统领新时代党的建设，持续推动河南全面从严治党走向深入。

一　坚决做到“两个维护”

“两个维护”，即坚决维护习近平总书记党中央的核心、全党的核心地位，坚决维护党中央权威和集中统一领导，是党最为重要的政治纪律与政治规矩，是确保全党步调一致向前进的需要。带头做到“两个维护”，是中央和国家机关党的建设的首要任务。河南始终坚持党的政治领导，坚决拥护“两个确立”，坚决做到“两个维护”，在思想认同与行动执行上筑牢践行政治忠诚。

（一）维护习近平总书记党中央的核心、全党的核心地位

坚强成熟有力的领导核心是党和国家事业长远发展的关键所在。在时代的呼唤、历史的选择以及人民的支持下，党的十八届六中全会正式将习近平同志确立为党中央的核心、全党的核心。习近平同志也成为新时代的掌舵者、新征程的领路人，担负起治国理政的重任。河南把坚决维护习近平总书记的核心地位作为首要的政治纪律来抓。一方面，持续深入学习宣传贯彻习近平新时代中国特色社会主义思想。把习近平新时代中国特色社会主义思想列入理论学习的主要内容，建立并严格落实“第一议题”制度，总结推行“五种学习方式”，使广大党员干部充分认识习近平新时代中国特色社会主义思想的重要地位，真正学懂弄通习近平新时代中国特色社会主义思想的精髓要义，形成自觉拥护核心的思想自觉。另一方面，跟进学习

① 习近平：《决胜全面建成小康社会 夺取新时代中国特色社会主义伟大胜利——在中国共产党第十九次全国代表大会上的报告》，共产党员网，2017 年 10 月 18 日，https://www.12371.cn/2017/10/27/ARTI1509103656574313.shtml。

② 习近平：《增强推进党的政治建设的自觉性和坚定性》，《求是》2019 年第 14 期。

并贯彻落实习近平总书记重要讲话和指示批示精神。党的十八大以来，习近平总书记先后四次来到河南考察调研，多次对河南发展作出重要批示指示，寄予河南发展殷切期望。河南省委省政府第一时间抓总书记重要讲话和指示批示精神的学习宣传、研究部署，组织专业研讨会进行深钻细研，组织科研机构开展专题调研。同时在行动上紧跟总书记的步伐，安排专班专人推进，完善与执行督查问责等体制机制，坚持不懈做好习近平总书记重要讲话和指示批示精神的贯彻落实。

（二）维护党中央权威和集中统一领导

事在四方，要在中央。保证全党服从中央，坚持党中央权威和集中统一领导是党的政治建设的首要任务。河南对此常抓不懈，做到坚定维护党中央权威和集中统一领导不动摇，自觉在以习近平同志为核心的党中央的正确领导下发展事业、开展工作。在思想层面，河南依托思想理论教育组织开展重温入党誓词等忠诚教育活动，教育广大党员干部深刻认识维护党中央权威和集中统一领导的必要性与重要性，始终保持对维护党中央权威和集中统一领导的忠诚与自觉。在行动层面，河南坚决拥护党中央决定，坚决贯彻落实中央八项规定、黄河流域生态保护和高质量发展、推进南水北调后续工程高质量发展等党中央决策部署，做到坚决响应与执行党中央的提倡与决定，坚决不做党中央不让做的事情，以实际行动拥护党中央权威和集中统一领导，助推党中央各项决策部署在中原大地落地生根。在制度层面，出台《关于坚决维护党中央集中统一领导的规定》《关于深入贯彻落实中央八项规定及实施细则精神的实施办法》等规章制度，建立健全党中央集中统一领导的制度机制，使党员干部在履职尽责的过程中牢记向党中央看齐，严格遵守组织原则，时刻不忘按照规矩程序行事。

二　营造良好政治生态

政治生态是某一地区或领域政治生活现状与政治发展环境的集中反映，是党风、政风与社会风气的综合体现。形成风清气正的政治生态，对于锻造优良党风政风、推动全面从严治党向纵深发展具有重要意义。习近平总书记指出，“营造良好政治生态是一项长期任务，必须作为党的政治建设的基础性、经常性工作”[①]。河南深入贯彻落实总书记讲话精神，把坚持不懈抓好党内政治生态建设作为经常性、基础性工作，努力实现政治生态风清气正。

（一）严肃党内政治生活

党要管党必须从党内政治生活管起，从严治党必须从党内政治生活严起。河南严格执行中央《关于新形势下党内政治生活的若干准则》等相关政策文件，把严肃党内政治生活作为重要任务来抓。省纪律检查委员会与省委组织部联合印发《坚持兰考标准提高民主生活会质量的十项要求》，依据标准分层分类制定民主生活会的细则，要求党组织书记作为第一责任人认真履责、带头学习与查摆问题。完善党员领导干部参与指导下级民主生活会与双重组织生活会、上级党组织指导下级党组织民主生活会等制度，实行批评意见清单与整改事项清单制度，推动民主生活会规范化、制度化。严格贯彻落实民主生活会“兰考标准”的十项要求，召开高质量的民主生活会。坚持“三会一课”制度并提升其质量，落实主题党日活动、谈心谈话等制度，增强党内政治生活的原则性。同时河南坚持用严肃开展批评与自我批评这一锐利武器规范党内政治生活。党员干部将日常思想动态、生活工作情况与党章规定进行对照，认真查摆问题。在此基础上严肃认真、实事求是地开展批评与自我批评，严于自我解剖，勇于揭短亮丑，敢于触及痛处，推动形成浓厚批评氛围，增强党内政治生活的战斗性。

（二）严明党的政治纪律和政治规矩

党要管党、从严治党，靠的就是严明纪律。政治纪律和政治规矩是党净化政治生态的重要保证。河南深入领会严明党的政治纪律和政治规矩的重要意义，采取多项举措把党中央的要求落到实处。主要有：组织开展党章党规党纪教育培训活动，教育引导广大党员干部自觉遵守党的政治纪律和政治规矩，做到维护党中央权威、维护党的团结、遵循组织程序、服从

① 《习近平主持中共中央政治局第六次集体学习并讲话》，中国政府网，2018 年 6 月 30 日，http：//www. gov. cn/xinwen/2018-06/30/content_5302445. htm。

组织规定、管好领导干部亲属和身边工作人员这“五个必须”，提升遵守政治纪律与政治规矩的思想自觉性；通过巡视巡察来加强对各级党组织和广大党员干部的政治监督，督促其按照政治纪律和政治规矩开展工作；印发《全省严守政治纪律严明政治规矩专项治理工作方案》，在党政机关、企事业单位开展政治纪律与政治规矩的专项治理活动，围绕省委制定的《关于严肃县级以上机关党员领导干部党内政治生活的若干规定》这一政策文件查摆问题并要求整改；严格按照《中国共产党纪律处分条例》对违反政治纪律和政治规矩的个别人进行严肃查处、坚决处理，通过政治纪律的严明来带动党其他的纪律严起来。

（三）培育积极健康的党内政治文化

营造风清气正的政治生态，必须牢牢把握党内政治文化建设这一核心与灵魂，以积极健康的党内政治文化涵养党内政治生态。为此，河南紧跟党中央的规定与要求，坚持用党的创新理论武装全体党员干部头脑，用社会主义核心价值观教育人民，大力倡导“忠诚老实、光明坦荡、公道正派、实事求是、艰苦奋斗、清正廉洁”等党员干部应该遵守的价值观，为党组织及全体党员提供价值指引。统筹用好焦裕禄精神、大别山精神、红旗渠精神等本省红色资源优势，依托“百姓宣讲直通车”等活动载体，利用各级党校、“三学院三基地”党性特色教育平台与河南网络干部学院等资源力量，深入开展党性教育活动，提升党员干部党性修养。挖掘河南优秀传统文化资源，通过媒体等渠道弘扬中华优秀传统文化，让党员干部在接受熏陶的同时学习、感悟中华优秀传统文化中凝结的观念与精神，提高党员干部政治觉悟。在正面引导的同时，河南还旗帜鲜明地抵制与反对庸俗腐朽的政治文化。坚决反对关系学、厚黑学、“两面人”、“官老爷”、潜规则等歪风邪气，祛除沉疴毒瘤，培育良好的政治生态土壤。

三　提升党员领导干部的政治觉悟和政治能力

政治觉悟是党员领导干部对社会政治生活的认识，是在政治生活实践中领悟政治问题、明辨政治是非的能力和水平。政治能力是把握方向、大势和全局的能力，在党员领导干部的所有能力中最重要、最关键。提升党员领导干部的政治觉悟和政治能力是新时代加强党的政治建设的应有之义。

河南牢记总书记提出的“不断提高政治觉悟和政治能力”这一重大命题，着重从深化政治理论学习，加强政治能力训练和政治实践历练，营造浓厚政治环境氛围入手来提升党员领导干部的政治觉悟和政治能力。

（一）深化政治理论学习

一直以来，河南始终坚持向党中央看齐，把深化政治理论学习放在重要位置，将其作为党员领导干部提升政治站位、增强政治意识、把准政治方向的重要途径。河南各级党组织在省委省政府的统一领导下，常态化、制度化推进政治理论学习工作。组织党员领导干部学习马列主义、毛泽东思想、邓小平理论、“三个代表”重要思想与科学发展观的深刻内涵，把习近平新时代中国特色社会主义思想的学习作为首要政治任务，及时跟进学习习近平总书记的重要讲话、重要指示批示精神和重要文章，特别是认真学习习近平总书记视察河南的重要讲话和重要指示批示精神；认真组织学习党的路线方针政策，仔细阅读党的重要文件，积极、及时、主动学习党的会议精神；及时了解国际国内的时事政治；自觉学习党报党刊的重要理论文章……在学习的方式上不断创新，采取以会代训领学、开展基层宣讲、组织研讨会、党校党课培训、自学等方式，依托“三学院三基地”、网络学习平台等载体，让广大党员干部真正领会党的创新理论的精髓要义。在深入开展政治理论学习的基础上，激励党员领导干部把对党忠诚、为党分忧、为党尽职、为民造福作为根本的政治担当，并以实际行动诠释共产党人的政治本色。

（二）加强政治能力训练和政治实践历练

提升政治觉悟和政治能力不仅需要参加政治理论学习，还需要在火热的实践中砥砺磨练、汲取营养。为此，河南十分注重对于党员领导干部的能力训练和实践锻炼，让党员领导干部在实践中经风雨、长才干、见世面，在实践中提高政治觉悟和能力。一是实施“墩苗育苗”计划。印发《全省优秀年轻干部双向交流任职“墩苗育苗”计划实施方案》，推动省直、市直单位和县（市、区）直单位的年轻干部双向交流。2021 年共选派 966 名年轻干部参与“墩苗育苗”计划，让他们在不同的岗位上积累经验、强筋健骨。二是让党员领导干部从自身工作中增长才干。全省各级党组织和相关部门有计划地给党员领导干部压担子，并且让有经验的干部负责带教，让其在压力与挑战中锻炼自身政治能力、增长自身才干。三是从处理重大突发紧急情况中经受历练。譬如，自新冠肺炎疫情发生之后，广大党员干部积极响应党中央的号召，自觉投身于疫情防控阻击战，在医疗护理、人员排查、志愿服务、后勤保障等方面发挥重要作用，广大党员干部也因此锤炼对党忠诚的政治品格，提升自身政治觉悟和政治能力。

（三）营造学的氛围、严的氛围、干的氛围

为了深入学习贯彻习近平总书记在中央和国家机关党的建设工作会议上的重要讲话精神，把党建设得更加坚强有力，推动全面从严治党向纵深发展，省委制定出台了《关于进一步营造学的氛围严的氛围干的氛围加强党的政治建设的意见》，对全省各级党组织和党员干部特别是领导干部提出了带头营造学的氛围严的氛围干的氛围的要求，努力在学的氛围中筑牢政治根基，在严的氛围中优化政治生态，在干的氛围中增强政治能力。河南各级党组织以这一文件为指引，认真做好学、严、干浓厚氛围的营造工作。具体来说，河南各级党组织通过组织学习习近平新时代中国特色社会主义思想与习近平重要讲话精神、创新党的理论学习的方式方法、建立党员向党组织报告学习情况制度等方式营造“学”的氛围；通过严明政治纪律和政治规矩、严肃党内政治生活、强化对权力的监督等方式营造“严”的氛围；通过教育引导、提升自身实干本领、优化完善制度机制等方式营造“干”的氛围，让广大党员干部在学的氛围、严的氛围、干的氛围中把握政治方向、增强政治觉悟、提升政治本领，自觉在新时代河南的高质量发展中贡献力量。

第二节　用党的创新理论武装头脑，补足精神之钙

习近平总书记在党的十九大报告中指出：“思想建设是党的基础性建设”，“要把坚定理想信念作为党的思想建设的首要任务”。[①] 理想信念不会

① 习近平：《决胜全面建成小康社会 夺取新时代中国特色社会主义伟大胜利——在中国共产党第十九次全国代表大会上的报告》，共产党员网，2017 年 10 月 18 日，https：//www.12371.cn/2017/10/27/ARTI1509103656574313.shtml。

凭空产生，也不会轻而易举就能坚守，坚定理想信念必须用科学理论武装头脑、培植精神家园。习近平新时代中国特色社会主义思想作为系统完整、逻辑严密的科学理论体系与党的创新理论的最新成果，是筑牢理想信念根基必须长期坚持的指导思想。河南把习近平新时代中国特色社会主义思想的学习宣传贯彻作为干部学习培训的重中之重与理论武装的中心内容，扎实推动理论学习教育活动开展。

一 坚持抓住领导干部这个“关键少数”

加强党的建设，强化思想理论武装，必须抓住领导班子和领导干部这一“关键少数”。河南充分运用这一基本经验，通过抓好党委（党组）理论学习中心组学习、推行“第一议题”学习制度等方式，充分发挥领导干部的“龙头带动”效应，带动各级党组织领导班子成员认真学习思想政治理论、增强党性修养，全面提升领导班子思想建设水平。

（一）推动党委（党组）理论学习中心组学习制度化、规范化

作为各级党委（党组）领导班子与领导干部在职理论学习的重要组织形式，党委（党组）理论学习中心组学习能够加强党的政治建设与思想建设，提高党的执政能力与领导水平，可谓意义重大。在《中国共产党党委（党组）理论学习中心组学习规则》这一基本遵循的指引下，河南制定《河南省党委（党组）理论学习中心组学习实施办法》《省直和中央驻豫单位党组（党委）理论学习中心组学习实施细则》等制度，推动领导班子学习规范化、制度化。省委党委（党组）理论学习中心组严格落实学习实施办法，科学制定学习计划，精心组织学习研讨，认真学习理论知识。省直和中央驻豫单位牢牢把握四项原则，始终做到五个坚持，认真组织开展学习研讨、个人自学、专题调研等学习形式，严格日常学习管理，探索建立督查、考核等制度。在其顺利开展下，党委（党组）理论学习中心组的引领带动效应得到切实发挥，理论武装工作得到深入开展。

（二）普遍推行“第一议题”学习制度

为扎实推动习近平新时代中国特色社会主义思想的学习贯彻往深里走、往心里走、往实里走，河南省委办公厅印发《党委（党组）“第一议题”制

度》，要求各级党组织汲取一些地方和单位的实践经验普遍推行党委（党组）会议“第一议题”学习制度，将习近平新时代中国特色社会主义思想与习近平总书记重要讲话重要指示精神等内容作为最重要的学习内容放在党委（党组）会议各项议程的第一项，通过学习传达上级精神、组织研讨交流、诵读原文原著、邀请专家讲解等形式，依托“学习强国”等平台常态化、制度化、实效化开展“第一议题”学习。这一学习制度的建立与实施，确保了党员领导干部能在第一时间学习领会、研究讨论与贯彻落实总书记的思想与讲话精神，提升了理论武装的时效性，强化了党员领导干部的思想淬炼，把用党的创新理论武装头脑推向新的高度与深度。同时，纪检监察部门坚持以查促改，对党支部贯彻执行“第一议题”制度的情况进行监督检查，并提出明确要求，扎实推动“第一议题”制度执行到位、落地落实。例如驻省农业农村厅纪检监察组对综合监督单位所属的23个基层党支部的贯彻执行情况进行了抽查、驻濮阳市委统战部纪检监察组对市侨联机关党组的学习情况进行了监督检查等。

（三）推行领导干部“五种学习方式”

领导干部是理论武装的重点。为深化领导干部理论武装、发挥骨干示范带动作用，河南提倡领导干部要在党委（党组）理论学习中心组学习的带动下自觉运用如下五种学习方式加强理论学习。一是平时抓紧自学，自觉、及时地学习习近平总书记重要讲话与重要指示批示精神，认真研读习近平总书记的著作。二是以会代训领学，在部署工作、召开会议之前，要先学深学，并且把学习体会与工作部署紧密结合起来。三是进党校、高校讲课，加强与学员、学生的交流，扛稳守好阵地的政治责任。四是沉到基层宣讲，把党中央的声音传递给基层群众，提高群众对党的理论以及大政方针的认识，把群众团结在党的周围。五是在交流中互学，多组织学习交流活动，在互动交流中互相启发、共同提升。

二　扎实开展党内集中学习教育

开展党内集中学习教育是我们党推进自我革命、加强自身建设的一大法宝。习近平总书记指出：“党的十八大以来，我们先后开展一系列集中学习教育，一个重要目的就是教育引导全党牢记中国共产党是什么、要干什么这个根本问题，始终保持党同人民的血肉联系。”[①] 为贯彻落实总书记讲话精神，教育引导党员干部牢记共产党人的初心和使命，增进与人民群众的联系，河南按照党中央的部署积极组织开展党内集中学习教育，并取得良好成效。

（一）党的群众路线教育实践活动

2013 年，以为民务实清廉为主要学习内容的党的群众路线教育实践活动开展。按照中央统一安排，河南自 7 月起分两批组织 19.9 万个党组织、486.7 万名党员参与活动。[②] 在第二批活动中，习近平总书记把兰考作为联系点，两次亲临兰考进行调研并发表重要讲话。河南以习近平总书记的重要讲话为根本遵循，科学筹划、真抓实做，抓得紧、抓得实、抓出了成效。在省委的领导下，以“一学三促四抓”为载体，扛牢责任，抓好关键环节；省委教育实践活动领导小组及办公室做好组织与推进工作；各级督导组遵循标准，严格督导；建立健全规章制度，制定与完善了公务用车配备使用、评比达标表彰活动管理等近 30 项制度，印发《河南省规范党政机关主要领导干部权力行使暂行办法》等文件；各级党组织与广大党员干部积极参与，人民群众热烈响应，取得了显著成效。

（二）“三严三实”专题教育

2015 年，河南贯彻中央部署，在县处级以上领导干部中扎实开展围绕“严以修身、严以用权、严以律己，谋事要实、创业要实、做人要实”的“三严三实”专题教育活动。省委坚持以上率下，省委常委带头讲党课、开展研讨交流，省委组织部发挥牵头抓总作用，会同相关职能部门做好推进与督促工作；各地各部门各单位在习近平指导兰考联系点重要讲话精神的引领下，深化学习研讨、严格党内生活、坚持整改落实、坚持讲严求实、加强宣传引导营造氛围……全省市厅级领导干部、县处级领导干部在专题研讨的过程中注重聚焦党员干部作风方面“十不十欠”问题，分别查摆出

① 《习近平在中央党校（国家行政学院）中青年干部培训班开班式上发表重要讲话》，中国政府网，2022 年 3 月 1 日，http://www.gov.cn/xinwen/2022-03/01/content_5676282.htm。

② 《郭庚茂：深入持久推进作风建设　全面落实从严治党要求》，《河南日报》2014 年 10 月 14 日。

问题 8618 个、11.76 万个。开展专项整治活动，组织近 500 次专项检查，查办 1819 件案件，处理 1936 人，对 1491 人给予党政纪处分。通过“三查三保”的开展，截至 2015 年底，全省省辖市、直管县（市）共排查问题隐患 69.6 万个，已解决 67.8 万个。①

（三）“两学一做”学习教育

自中央“学党章党规、学系列讲话，做合格党员”学习教育活动在全体党员中开展以来，河南遵照“基础在学、关键在做、重点在改、落脚在促”这一要求扎实推动学习教育，取得显著成效。一是加强组织领导，对“两学一做”学习教育进行周密安排部署、分类指导与全程督导。二是真学实做。在“学”上，省委书记带头去基层讲党课，组织 300 余场巡回宣讲，开通河南“两学一做”微信公众号，开展“两学一做”微型党课比赛……在“做”上，开展“坚持忠诚干净担当，做焦裕禄式的好干部”与“践行先锋标准，岗位建功立业”主题实践活动，建立重大工程推进、深化改革、精准脱贫、改善民生、作风问题整改情况“五本台账”……三是扎实推进问题整改。共计查处违反中央八项规定的问题 3775 起、处理 5258 人。整改基层党建短板，整顿 1119 个贫困村软弱涣散党组织。四是充分发挥党员先锋模范作用，推出“时代楷模”燕振昌、许帅等一大批典型来教育激励广大党员。②

（四）“不忘初心、牢记使命”主题教育

习近平总书记指出：“无论我们走得多远，都不能忘记来时的路。”③ 2019 年 5 月底，以县处级以上领导干部为重点的“不忘初心、牢记使命”主题教育在全党开展。河南研究部署、积极推进此项教育工作。一是建立“书记抓、抓书记”机制，建立各级领导联系点、组织部长直接联系基层党

---

① 尹江勇：《组织工作回眸：在思想作风党性上补钙加油》，河南省人民政府网站，2016 年 1 月 29 日，https://www.henan.gov.cn/2016/01-29/358328.html。

② 刘一宁：《真“学”实“做”深入推进——河南省“两学一做”学习教育综述》，《河南日报》2017 年 4 月 27 日。

③ 《习近平总书记在“不忘初心、牢记使命”主题教育工作会议上的重要讲话》，《求是》2019 年第 13 期。

支部“两类联系点”，发挥示范带动作用。二是加强理论学习。依托红色教育、典型教育、爱国主义教育、巡回宣讲、学习研讨等形式增强主题教育的吸引力、感染力与实效性。持续实施“万名支部书记大培训”行动、结对共建“手拉手”活动，强化理论武装。三是坚持查改结合、注重实效。在调查研究的基础上积极解决“接送难”等群众急难愁盼问题，以实际行动扛牢使命担当。①

（五）党史学习教育

2021年，按照习近平总书记和党中央的决策部署，党史学习教育在全党开展。河南对照总书记的讲话要求，第一时间召开动员部署大会，第一时间成立党史学习教育领导小组，第一时间制定实施方案，常态化长效化推进党史学习教育工作。省委书记、省委理论学习中心组充分发挥引领作用，带头跟进学习习近平总书记关于党史学习教育的重要讲话，建立巡回指导工作制度加强巡回指导。在做实“规定动作”的同时，全省各地各部门创新亮化“自选动作”：打造20家红色教育基地与283个红色教育现场教学点，传承弘扬焦裕禄精神等红色精神，发挥红色资源教育优势；推出《花开山乡》《黄河人家》《银杏树下》《伊水栾山》等一批讴歌百年党史的优秀文艺作品；依托新媒体平台，推出《温暖的回响》系列报道、“一起扛”等特别节目、“走上新的赶考路”专题专栏；在全省高校中开展党史思政课、慕课等青少年主题活动……此外，河南注重实干为民。通过深入开展“我为群众办实事”实践活动、确定12项重点民生实事项目并圆满完成、组织“察民情访民意”调研、常态化开展“万人助万企”活动等行动，落实党史学习教育成果。②

三　创新党的理论武装的方式方法

鉴于党的创新理论教育所涉及的党员干部数量多、范围广、类型多

---

① 刘一宁、冯军福：《擦亮初心底色 扛牢使命担当——河南省“不忘初心、牢记使命”主题教育工作综述》，《河南日报》2020年1月15日。

② 《百年党史映初心 奋楫扬帆启新程——河南省党史学习教育综述》，河南党员教育服务网，2022年1月15日，http：//www.hndyjyfw.gov.cn/newsDetail2.html？id=6b5beed1-d6af-4734-8a90-27cb55f043b4&idx=idx&from=noticehttps：//www.12371.cn/2022/01/16/ARTI1642328834435246.shtml。

样，在用党的创新理论武装头脑的方式方法上，河南针对广大党员干部队伍思想建设的需要积极探索创新，提升理论武装的引导力、感染力与影响力。

（一）推动理论武装网络化

党的十八大以来，河南充分发挥互联网的作用，打造与使用党的理论武装的网络平台，推进党的理论武装载体平台网络化。一是依托“学习强国”平台推动理论学习教育。引导广大党员干部用好“学习强国”平台，通过这一平台学习习近平新时代中国特色社会主义思想与习近平重要讲话、指示批示精神。各级党组织通过“学习强国”平台开展多样的促学活动，形成浓厚的创新理论学习氛围。二是打造河南干部网络学院等线上学习平台，帮助学员学习理论课程，并且配套制定相应规定，建立激励约束机制，强化理论武装的效果。

（二）组织开展多样化宣讲活动

基层理论宣讲是将党的创新理论和路线方针向基层群众深入的重要途径。针对当前理论宣讲活动存在的形式单一、僵化，语言不通俗等问题，河南着手创新学习宣讲的方式方法，推进基层理论宣讲大众化。2015 年以来，河南将“百姓宣讲直通车”开到田间地头、街道小院与厂矿企业，将党的创新理论成果传向村民或居民、在职职工与在线青年。同时在宣讲的过程中注重将理论和艺术紧密结合起来，用通俗易懂的语言讲好党的故事。同年，河南开展“大学生宣讲团”暨网上展播活动，组织大学生利用寒暑假通过小品、诗朗诵等形式宣讲党的创新理论，向各高校征集优秀视频节目并择优在网上进行展播。2018 年以来，河南开展“党的创新理论万场宣讲进基层”活动，组织专家学者、领导干部等宣讲员在企业、农村、机关、校园、社区宣讲习近平新时代中国特色社会主义思想和党的十九大精神。此外，各地各单位还通过制作“微党课”“微讲坛”、开展“四史”知识竞赛活动等形式来推进宣讲工作的开展。

（三）挖掘运用红色资源

习近平总书记在河南视察时明确要求要“把红色基因传承好，确保红色江山永不变色”[①]。河南红色资源丰富，相关部门充分挖掘红色资源所具备的教育价值来提升党员干部党的创新理论学习教育的质量。河南将焦裕禄精神、大别山精神、红旗渠精神等红色文化融入党的创新理论的学习中，增强理论学习的鲜活性与内涵性；搭建红色资源利用平台，制作红色教育课程，为理论学习提供条件支撑；兴建红色遗址、场馆与教育基地，开发近百个经典现场教学点，深入推进焦裕禄干部学院、红旗渠干部学院、大别山干部学院、愚公移山精神教育基地、新乡先进群体教育基地、南水北调精神教育基地“三学院三基地”党性教育特色平台建设；各地市也注重充分利用身边红色资源，着手建设红色教育基地，例如驻马店的确山竹沟、杨靖宇纪念馆，许昌的中央河南调查组旧址展览馆等，把党的创新理论武装推向深入。

第三节　抓深抓实党的组织建设，夯实党的组织基础

“欲筑室者，先治其基。”习近平总书记明确指出：“党的力量来自组织。党的全面领导、党的全部工作要靠党的坚强组织体系去实现。”[②]“组织建设是党的建设的重要基础。”[③]坚强有力的组织是党的力量源泉，抓好党的组织建设是巩固与发挥党的优势的重要保障。河南坚决贯彻落实总书记讲话精神与党的组织路线，抓深抓实党的组织建设，筑牢党的执政大厦根基。

一　建设高素质干部队伍

党的干部是党和国家事业发展的领头雁与主力军，是推进中国特色社会主义事业向前发展的中坚力量。习近平总书记强调：“党要管党，首先是

---

① 习近平：《论中国共产党历史》，中央文献出版社，2021。

② 习近平：《在全国组织工作会议上的讲话》，共产党员网，2018 年 7 月 3 日，https://www.12371.cn/2018/09/17/ARTI1537150840597467.shtml?from=groupmessage&ivk_sa=1024320u。

③ 习近平：《贯彻落实新时代党的组织路线，不断把党建设得更加坚强有力》，《求是》2020 年第 15 期。

管好干部；从严治党，关键是从严治吏。”① 河南牢记总书记嘱托，高度重视干部队伍建设，为谱写中原更加出彩的绚丽篇章提供了组织保障。

（一）树牢正确选人用人导向

党的十八大以来，河南坚持正确的选人用人导向，从严落实德才兼备的“好干部”标准，选拔任用了一批政治觉悟高、干事能力强的干部。一是严格政治考察。将政治标准置于第一要求与首要位置，以习近平总书记提出的政治忠诚、政治定力、政治担当、政治能力、政治自律“五个政治”为标准，明确政治素质考察的十项正向考核内容和十项负面清单，提拔政治能力突出的党员干部，把政治不合格的人坚决挡在门外。二是推进干部选拔任用的制度机制建设。建立干部政治素质识别与评价机制，开展干部政治素质考察；实行干部调整“三听三酝酿”制度，规范动议程序；建立“综合考核+专项考核+第三方民意调查”干部考评体系，考准考实干部工作。三是因事、因岗择人。破除论资排辈的晋升规则，而是根据岗位的需求来选择脾气禀性、知识结构等各方面都合适的干部。四是加大对干部的培养锻炼。不仅注重从基层选拔能力突出的优秀干部，而且注重加强对干部的基层实践历练，通过实施“墩苗育苗”计划选派优秀年轻干部到基层交流任职、选调品学兼优的毕业生到基层工作并进行重点培养等途径，让干部在基层经风雨、见世面、长才干。

（二）做好干部教育培训工作

做好干部的教育培训工作至关重要。正如习近平总书记所讲：“好干部不会自然而然产生。成为一个好干部，一靠自身努力，二靠组织培养。”② 河南强化对党员干部的教育管理，通过培训来全方位提升干部的能力水平。一是建立完善的培训内容体系，对干部进行马克思列宁主义、毛泽东思想、邓小平理论、“三个代表”重要思想、科学发展观、习近平新时代中国特色社会主义思想的理论教育，加强党章党规党纪教育与理想信念教育，发挥

---

① 习近平：《在全国组织工作会议上的讲话》，共产党员网，2013 年 6 月 29 日，https：//news.12371.cn/2013/06/29/ARTI1372512788465510.shtml？from=groupmessage&isappinstalled=0。

② 《十八大以来重要文献选编（上）》，中央文献出版社，2014。

党校、干部学院等培训阵地的优势开展业务能力教育，加强网络技术、国内外形势等知识的培训。同时，在培训过程中注重分类分级，重点培训的内容视干部的类别、职级而定，提升培训的针对性与有效性。二是加强干部教育培训教材体系建设，紧紧围绕习近平总书记视察河南重要讲话重要指示精神分期分批编写主题突出、各具特色、务实管用的十本学习教材，主要包括通过案例解读思想的综合指导类教材、阐释精神谱系的精神传承类教材、讲述红色故事的红色普及类教材，为做好干部教育培训工作提供鲜活、丰富的知识载体。

（三）严格干部日常管理监督

河南在做好干部教育培训工作的同时，高度重视干部的监督工作，建立了严密的干部日常监督管理体系。一是完善干部监督工作协调配合机制，出台《干部监督工作联席会议制度》，一个季度一次或者根据需要临时召开联席会议，围绕通报监督信息、分析问题并研究解决办法、交流经验做法、研究出台规章制度、协调各部门工作等职能进行沟通。制定《干部监督信息沟通具体操作办法》，明确联席会议各成员间的信息沟通共享和工作之间的衔接。二是加强政治监督。对落实党中央决策部署、总书记讲话精神、中央八项规定、履职担当、民主集中制执行以及选人用人情况进行严格监督，对干部政治素质进行评级，将干部政治表现写入政治素质档案。三是加强对“关键少数”的日常监督。依托制定的考核方法定期对领导干部进行考核，通过蹲点调研、谈心谈话等方式监督领导干部的担当作为情况，采用权力清单公示制度、重要决策纪实预警等规范权力运行。对于未按照规定开展工作的干部进行追责。

二　加强基层组织建设

习近平总书记指出：“党的基层组织是确保党的路线方针政策和决策部署贯彻落实的基础。”① “要坚持大抓基层的鲜明导向，持续整顿软弱涣散基

---

① 习近平：《决胜全面建成小康社会 夺取新时代中国特色社会主义伟大胜利——在中国共产党第十九次全国代表大会上的报告》，共产党员网，2017 年 10 月 18 日，https：//www.12371.cn/2017/10/27/ARTI1509103656574313.shtml。

层党组织，有效实现党的组织和党的工作全覆盖，抓紧补齐基层党组织领导基层治理的各种短板，把各领域基层党组织建设成为实现党的领导的坚强战斗堡垒。”① 党的十八大以来，河南高度重视基层组织建设，为党的各项工作的开展提供最坚实的基础。

（一）提高党支部建设质量

党支部建设是确保党在各种组织中发挥领导作用的重要支撑，党支部标准化、规范化建设对党的领导作用发挥具有重要意义。2019 年，河南基于各领域党支部的情况特点与行业实际，分类制定了标准化建设基本指标，并对党支部的职责定位、组织设置、党员管理、运行机制、基本保障等方面进行了规范。2020 年，河南进一步提出了从基本组织、基本队伍、基本活动、基本制度、基本保障几方面的基础工作做起，推动各类党支部标准化规范化建设。同时，河南把党支部考核列为工作重点，加强对教育管理监督党员、坚持党内各项制度、联系服务群众等内容的考核。河南强调各级党委（党组）要抓好基层党建的主责主业，压紧压实基层党建责任。党支部书记要根据实际提出工作计划并抓好落实工作。用好基层党建述职评议考核，在考核中抓基层支部建设，督促各级党支部书记扛牢基层党建的责任。

（二）推进党的基层组织设置形式和活动方式创新

面对基层党组织建设出现的新情况、新变化，河南不断推动基层党组织设置形式和活动方式创新，取得了显著成就。在基层党组织的设置形式上，河南遵照因地制宜、因事制宜的原则，基于产业链、社区发展变化、新经济组织和新社会组织的规模与党员人数等特点进行创新。如洛阳市出台《洛阳市创新农村基层党组织设置试点工作方案》，以地域相连、产业相近、资源共享为纽带，探索建立了强村带动型、产业互助型、易地搬迁型、村企联建型、村社联建型、融合共建型六种类型的农村联合党委；郑州市花园路办事处基于辖区内单位多、党组织多与党员多的特点，将居民院、

① 习近平：《贯彻落实新时代党的组织路线 不断把党建设得更加坚强有力》，《求是》2020 年第 15 期。

楼组、街区的党组织和党员整合成立楼组党小组，搭建街道党工委—社区党总支—网格党支部—楼组党小组组织体系。在基层党组织的活动方式上，河南将传统上依托权力来领导党员和群众的方式向依托权威号召党员和群众转变，在工作中注重采用民主方式、法治思维和法律手段；基层党组织和党员干部改变之前重领导的习惯，将服务于社会、群众、企业的需要视为自身的责任，增强服务意识，向服务型方式转变。

（三）加强基层党组织带头人队伍建设

基层党组织带头人队伍建设是推动基层党组织建设的关键。河南高度重视基层党组织带头人的选择培育，将其列入党的组织建设的重要工作中。在带头人的选择上，河南始终坚持高标准的选人导向，在村（社区）“两委”换届中将政治素养过硬、业务能力突出、时刻为人民着想、能吃苦奉献的一大批干部选拔了出来。在培训管理上，为提高带头人的能力素质，近年来，河南开展村（社区）党组织书记的全员培训，组织其他的基层党组织书记开展普遍轮训。2021 年，河南提出要抓好务实管用的任职培训，开展了乡镇党委书记全员集中培训、乡村干部“导师帮带制”的试点工作与实地培训工作。定期考察基层党组织带头人的情况，对不合格的、状态不佳的给予相应的调整与提醒措施。此外，面对青壮年人口外流导致的当前部分地区党组织带头人后继乏人的现象，河南提出要拓宽来源渠道，储备优秀人才。市县党委、乡镇党委要抓好这项工作，可以多关注大学毕业生、退伍军人、外出务工人员等群体，利用春节等节假日加强与返乡人员的联络，构建充足的储备人才体系。

（四）创建高质量的党的组织生活

党的十八大以来，河南各级党组织严格落实党的组织生活的相关规定，努力提高党的组织生活的质量。一是落实“三会一课”制度，标准化、制度化、规范化开展“三会一课”。定期召开党小组会、支部委员会与党员大会，引导党员干部认真对照党章党规查找自身不足，并做好问题的整改。在内容上突出政治学习和教育，突出党性锻炼，特别是认真学习习近平总书记视察河南重要讲话重要指示精神，对落实不力、搞形式走过场的基层组织进行严肃批评与问责。二是用好“领导干部讲党课”这一传家宝。

2020年，省委办公厅印发《关于巩固深化“不忘初心、牢记使命”主题教育成果的实施意见》，规定县处级以上党员领导干部每年至少到分管领域、基层单位或所在党支部讲一次专题党课。领导干部高度重视，在讲党课的过程中，不仅注重一言一行，做好表率，而且注重党课质量，用通俗、生动的语言讲述党的创新理论等内容，让广大党员干部从中提高理论水平和政治素养。三是创新开展“主题党日”活动。在理念上，增强主题党日的政治性、原则性和战斗性；在内容上，规定党日活动主题的设计要统筹考虑学习教育类、组织生活类、党务工作类、实践活动类四方面内容；在方式上结合活动主题在红色教育基地、廉政教育基地等地开展党史故事分享等多种形式的活动，并依托网络技术手段打造“网上基地”；在制度上对主题党日活动的时间、工作纪律等内容进行严格规定，并要求各级党委（党组）落实好主体责任。

三 加强和改进党员教育管理工作

党员是党的肌体的细胞，抓好党员教育管理工作是全面提升党员队伍建设质量的关键。党的十八大以来，河南将党员教育管理列入基础性经常性工作，推动形成从严从实抓党员教育管理的良好态势，激励广大党员干部在新时代实心干事、科学作为。

（一）扎实推进党员教育

2019年以来，河南基于基层党员数量多、覆盖面广等特点，组织开展“百万党员进党校”活动，依托于县乡党校，邀请专家学者、先进模范人物、基层干部等优秀师资对基层广大党员干部进行普遍培训。据统计，截至2022年9月初，各级党校共计举办党员培训班17638期，培训党员335.43万人次。在教育的推进过程中，河南不仅严格做好规定动作，而且注重创新教育培训的方式方法，通过田间地头、街道社区、远程培训等形式使党课的内容更有实效。河南西峡县遵循“县级示范、乡镇集中和村级普遍培训”的要求，结合科技特派员制度，通过专家讲授、送课下乡等方式在全县瓜果、养殖、中药材等田间地头开设党课。如田关镇猕猴桃研究所党支部书记魏远新将党课开到了地里，在田间地头给技术员实地指导的同时，结合乡村振兴政策给广大党员干部上党课，让党员干部熟悉了解国家政策。一些地区还探索“互联网+党员教育”的新模式，开设远程党校培训班，抓实流动党员的教育培训。近两年，周口举办了30多期远程党校培训班，共培训党员干部90多万人次，有效解决了流动党员教育难的问题。

（二）保障党员民主权利

完善党内民主制度，必须尊重党员主体地位，保障党员民主权利。河南在保障党员民主权利方面注重落实保障党员民主权利的制度和规定，探索保障党员民主权利的实现形式。2016年，通过了《中共河南省委关于深入贯彻党的十八届六中全会精神推进全面从严治党向纵深发展的决定》，提出党内民主制度必须加以坚持和完善，党内决策、执行、监督等工作必须严格按照党章规定的民主原则和程序来执行。2019年，通过了《中共河南省委关于深入学习贯彻习近平总书记视察河南重要讲话和党的十九届四中全会精神谱写新时代中原更加出彩绚丽篇章的意见》，指出完善城乡基层民主科学决策机制，在农村拓展“四议两公开”民主决策程序，在城市社区拓展“一征三议两公开”工作法。

（三）探索党内激励关怀帮扶机制

党员的成长需要党组织的激励、关心和爱护，河南在党内激励关怀帮扶方面积极探索，努力保障党员生活、激发党员工作热情。在激励方面，河南在农村基层党组织探索以“党员编组，定岗位，定责任，定奖惩”为主要内容的无职党员“一编三定”举措，根据村庄工作实际为本村党员设置岗位，组织党员申报认领工作岗位并对其编组，以组为单位履行职责、开展工作。村党组织对各组实行动态管理，定期对各组的工作进行评议。在关怀方面，河南制定《关于进一步加强党内关怀帮扶工作的通知》，各级党委（党组）领导班子要与普通党员保持紧密联系，做好跟踪联系、走访慰问、倾听党员意见与诉求、帮助解决问题等工作。在帮扶方面，河南对因公牺牲的党员家庭给予基本生活、教育、医疗等方面的保障，为因公伤残党员提供就医、康复等方面的便利，对生活有困难的党员视其情况分别给予就业创业、结对帮扶、发放补贴等帮助。

第四节 狠抓作风纪律建设，保持党的纯洁性

作风管党，纪律严党。作风纪律建设在党员队伍的管理中具有迫切性和重要性，抓好作风和纪律才能打造“过硬的干部队伍”，为党和国家事业的发展提供可靠的保障。习近平总书记强调：“全面加强纪律和作风建设，以钉钉子精神驰而不息纠正‘四风’，强化日常管理监督，抓早抓小、防微杜渐。”① 河南严格落实总书记讲话精神及中央有关要求，持续改进作风，严肃工作纪律，一体推进不敢腐不能腐不想腐，并且在保持党的纯洁性方面取得了明显成效。

一 持之以恒正风肃纪

党的作风即党的形象，关乎人心向背与党的生死存亡。习近平总书记强调：“作风建设永远在路上，永远没有休止符，必须抓常、抓细、抓长，持续努力、久久为功。逆水行舟，一篙不可放缓；滴水穿石，一滴不可弃滞。”② 党的十八大以来，河南对标对表党中央要求，锲而不舍抓好作风建设，以好的作风振奋精神、激扬斗志。

（一）从严落实中央八项规定

自 2012 年中央八项规定出台以来，河南把从实从细从严落实中央八项规定及其实施细则作为一项重大政治任务来抓，始终坚持以上率下，以制度推进。一是充分发挥制度规矩的作用。先后印发《贯彻落实中央关于改进工作作风、密切联系群众八项规定的若干意见》《关于深入贯彻落实中央八项规定及实施细则精神的实施办法》等制度性文件，为中央八项规定在河南的落地生根提供配套衔接的制度支撑，也为全省党员干部提供了行为规范。推进“公务灶”制度，建立健全“公务灶”的管理制度，明确各地

---

① 《习近平总书记主持中央政治局会议研究部署党风廉政建设和反腐败工作》，手机央广网，2016 年 12 月 29 日，http：//m. cnr. cn/news/20161229/t20161229_523408908. html。

② 习近平：《在党的群众路线教育实践活动总结大会上的讲话》，共产党员网，2014 年 10 月 8 日，https：//news. 12371. cn/2014/10/08/ARTI1412782565836372. shtml? from = groupmessage &isappinstalled = 0。

的接待标准与接待程序，治理公务接待中存在的公款吃喝问题，避免铺张浪费。改革公务卡制度，加强公务支出管理，将国库集中支付资金和自有资金纳入公务卡制度改革范围，确保公务消费透明，遏制浪费与腐败。二是以上率下贯彻落实。各级领导干部以身作则，带头做好精简会议活动与文件简报、改进调研方式与新闻报道、规范出访活动、严明纪律等工作。各地各部门积极主动贯彻落实中央八项规定，持续开展学习培训活动，各级党委办公厅（室）压实主体责任，各级纪检监察部门落实落细监督职责，用压缩非紧急非刚性支出资金等方式巩固作风建设成果。

（二）毫不松懈纠治“四风”顽疾

持续纠治形式主义、官僚主义、享乐之风和奢靡之风这“四风”是锻造优良作风、推进全面从严治党的重要举措，河南在这方面高度重视并采取多项措施。一是提出并倡导“五比五不比”的工作导向，即比谁对中央精神和上级部署吃得更透、把得更准，不比谁会开得最快、材料报得最早；比谁的实际增长点多，不比谁的表面“亮点”多；比谁的工作载体实、方法新，不比谁的口号响、调门高；比领导班子的整体合力，不只比领导干部的个人能力；比攻坚克难的战斗力、解决矛盾的执行力，不比轰轰烈烈的大场面。通过这一工作导向引导广大党员干部端正思想认识，重实干实效。二是建立与完善制度机制。制定出台《关于领导干部带头解决形式主义突出问题为基层减负的五条措施》《关于为基层减负增能的九条措施》，建立基层减负专项工作机制以整治形式主义，在精简文件、控制会议等方面制定清单来为实际工作的开展提供标准。三是开展专项整治活动。针对用公款来吃喝和送礼的行为，在全省组织开展违规公款购买消费高档白酒等十项专项治理行动。针对形式主义和官僚主义，各地市纷纷采取整治行动，如开封市的“汴梁清风行动”、三门峡市的“新衙门作风”专项整治等，推动“四风”纠治不断深入。

（三）牢牢把握监督执纪“四种形态”

监督执纪的“四种形态”是全面从严治党理论体系的重要内容，是开展党风廉政建设和反腐败斗争的根本遵循。河南深刻领悟“四种形态”在全面从严治党战略部署中的重要地位，坚持做深做细做实监督执纪问责，抓早抓小、由轻到重分类施治，努力让党员将党纪内化于心、外化于行。一是发挥预防功能。各级党组织履行好主体责任，强化日常监督，对在党员干部身上发现的苗头性、倾向性问题开展批评与自我批评，使“咬耳朵、扯袖子、红红脸、出出汗”成为常态，避免刚刚显露出问题的同志在违纪违法的道路上越走越远，努力把问题行为遏制在萌芽状态。二是发挥惩戒功能。对于党员干部身上存在的小问题、小矛盾，给予党纪轻处分或者组织处理，纠正这些“问题”干部的错误行为，防治小错成大错、小患酿大祸。三是发挥挽救功能。对于严重违纪的党员干部，采取党纪重处分或给予重大职务调整，防止其沦为“阶下囚”。四是发挥震慑功能。对极少数严重违纪涉嫌违法立案审查的“害群之马”，将其从干部队伍中清除出去，做到有腐必反、有贪必肃。

二 深入推进反腐败斗争

习近平总书记明确指出：“人民群众最痛恨腐败现象，腐败是我们党面临的最大威胁。只有以反腐败永远在路上的坚韧和执着，深化标本兼治，保证干部清正、政府清廉、政治清明，才能跳出历史周期率，确保党和国家长治久安。”[①] 党的十八大以来，以习近平同志为核心的党中央以坚定决心、顽强意志和空前力度坚定不移推进党风廉政建设和反腐败斗争，为消除政治隐患、激荡清风正气、凝聚党心民心打下了坚实的基础。河南坚决贯彻总书记关于反腐败斗争的重要指示，以坚定的政治使命和担当将反腐败斗争进行到底。

（一）健全权力运行的制约监督体系

法规制度是铲除腐败现象滋生蔓延的重要武器。用制度管权管事管人，把权力关进制度的“笼子”，是推进反腐败斗争的应有之义。党的十八大以来，河南围绕制度治党出台了一系列法规制度，诸如《省纪委监委机关构建一体推进不敢腐不能腐不想腐协调联动机制的意见》《关于规范政商交往

① 习近平：《决胜全面建成小康社会 夺取新时代中国特色社会主义伟大胜利——在中国共产党第十九次全国代表大会上的报告》，共产党员网，2017 年 10 月 18 日，https：//www.12371.cn/2017/10/27/ARTI1509103656574313.shtml。

行为构建亲清政商关系的若干意见》等，建立起完备的党内法规制度体系。与此同时，不断加强对权力运行的制约和监督，推进制度反腐常态化、长效化。一是建立健全权力清单制度，规范和公开权力运行流程，推进决策公开、管理公开、服务公开、结果公开。二是在工程项目、土地出让、国有产权交易等重点领域与关键环节盯紧盯住盯牢，加强廉洁风险防控管理。三是全省各级纪委监委履行好组织协调反腐败工作的职责，加大监督力度，推进纪律、监察、派驻、巡视巡察四项监督统筹衔接、贯通融合，增强监督治理效能。

（二）持续保持高压反腐态势

面对人民群众最痛恨的腐败现象与严峻复杂的反腐斗争形势，河南各级纪检监察机关始终保持惩治腐败的高压态势不动摇，不断加大查处力度，严厉惩治腐败，推动形成不敢腐不能腐不想腐的高压震慑。以立案审查调查和党纪政务处分为例，据统计，2016~2021 年分别立案审查调查 2.9 万、2.85 万、3.25 万、3 万、3.06 万、3.3 万件，分别给予党纪政务处分 3.1 万、3.1 万、3.9 万、3.6 万、3.5 万、3.7 万人，持续保持“严”的主基调与较高的查处力度。突出对权力集中、资金密集、资源富集等重点部门、行业的监督，严厉惩治发生在群众身边的民生、扶贫等领域中的腐败问题，严厉打击黑恶势力背后的腐败行为，大力整治政法战线出现的违纪违法问题，坚决查处金融领域和国有企业的以货谋私、靠企吃企、行贿等腐败行为。省纪委监委、省公安厅等部门团结协作，开展“猎狐”、犯罪嫌疑人及被告人逃匿或死亡案件追赃等反腐追逃追赃的专项行动，成功缉捕周孟波、黄玉荣等重要外逃职务犯罪嫌疑人，并追回巨额赃款。

（三）筑牢拒腐防变思想道德防线

构筑拒腐防变的思想堤坝、夯实党员廉洁从政的思想道德基础是一体推进“三不腐”的重要举措。河南深入贯彻这一要求，坚持把思想道德建设摆在突出位置。开展党风廉政警示教育，组织拍摄《无路可逃》《沉沦》《政治机关岂容藏污纳垢》等警示教育片，发挥违纪违法官员和干部的反面教材作用，督促广大党员干部吸取教训、引以为戒。依托党委（党组）理论学习中心组学习、党内集中学习教育等方式，充分利用各级党校、“三学院三基地”等资源来加强党章党规党纪教育，引导党员干部自律。开展廉洁文化建设，创作大批廉洁题材作品，组织廉洁文化系列活动，在全社会形成廉洁的浓厚氛围。如省妇联联合省纪委监委等五个部门启动“清廉家风润中原”——廉洁文化进万家系列活动，省纪委监委制作《廉洁文化地图》，郑州市纪委监委制作《民生县令杨炳堃》等廉洁文化专题片、发行《溱洧正气》《郑风浩荡》等清廉家风丛书，周口市淮阳区连续举办八届“清风荷韵 · 中原廉文化”系列活动等。

（四）深入探索开展以案促改

党的十八大以来，河南紧跟党中央令旗走，把做实做细以案促改工作作为推进“三不腐”的重要举措和有力抓手，通过案件深挖腐败原因，构筑制度堤坝，巩固风清气正的政治生态。2017 年，省纪委印发《关于坚持标本兼治推进以案促改工作的指导意见》，开展以案促改的试点。同年 5 月，以案促改工作在全省全面推开。2018 年 5 月，省委制定出台《关于推进以案促改制度化常态化的意见》，将以案促改纳入党建工作主体责任清单、党风廉政建设责任制考核和述责述廉内容，省纪委印发配套实施和监督检查办法。各级各部门对标对表省委，在将以案促改融入日常工作，与日常业务紧密结合，推进以案促改制度化常态化的同时，探索“两同步三教育四整改”的以案促改工作模式，将审查调查与以案促改工作同步进行，开展警示教育、思想道德教育和党纪国法教育，改作风、改管理、改制度、改监督，督促党员干部以案为戒、遵守党章党规党纪、廉洁从政。2019 年，中共中央组织部将河南以案促改的实践列为生动案例，并在全国推广。

第五节　加强对权力运行的制约和监督，扎紧制度“笼子”

监督是权力得以正确运行的保证，也是党永葆生命力的法宝。习近平总书记指出：“国家之权乃是‘神器’，是个神圣的东西。公权力姓公，也必须为公。只要公权力存在，就必须有制约和监督。不关进笼子，公权力就会被滥用。”[①] 为此，“要完善党和国家监督体系，统筹推进纪检监察体制改革”。“要以党内监督为主导，推动人大监督、民主监督、行政监督、司法监督、审计监督、财会监督、统计监督、群众监督、舆论监督有机贯通、相互协调”。[②] 党的十八大以来，河南深入领会并贯彻落实习近平总书记关于加强对权力运行的制约和监督的重要指示精神，不断健全党内外监督的体制机制，使党焕发出更加强大的生机活力。

一 强化党内监督

党内监督在党和国家监督体系中居于主导地位，强化党内监督是保持和提升党的先进性和纯洁性的应有之义，也是推进全面从严治党的重要保障。党的十八大以来，河南深刻领悟总书记讲话精神以及党中央决策部署，深刻认识到党内监督的重要价值，建立健全党内监督体系，不断提升党的廉洁性建设。

（一）加强巡视工作

2017 年，省委制定了《贯彻〈中国共产党巡视工作条例〉实施办法》，指出省委实行巡视制度，省辖市、县（市、区）党委实行巡察制度，并对省委巡视组的机构和人员、巡视对象和内容、工作方式和权限、工作程序等内容进行了明确规定。2018 年，省委办公厅印发《十届河南省委巡视工作规划》，明确提出原则上每年三轮巡视，促成一届任期内巡视全覆盖。十届省委巡视工作成绩十分亮眼，常规巡视开展了两轮，对 87 个党组织进行了“政治体检”，巡视“回头看”6 个县（市、区），发现各类问题将近 2600 个，分级分类移交 11368 件问题线索。十届省委巡视的覆盖率达 92.6%，市县党委本级巡察和巡察村（社区）基本实现全覆盖……[③]2022 年初，省委办公厅印发《十一届河南省委巡视工作规划》，2 月 21 日，第一轮巡视工作正式启动，安排 15 个巡视组对郑州大学等 40 所省管高校开展常规

---

① 习近平：《在新的起点上深化国家监察体制改革》，《求是》2019 年第 5 期。

② 《习近平在十九届中央纪委四次全会上发表重要讲话》，人民网，2020 年 1 月 13 日，http://jhsjk.people.cn/article/31546537。

③ 卢松：《河南十届省委巡视出成绩单 覆盖率达 92.6%》，大河网，2021 年 2 月 6 日，https://news.dahe.cn/2021/02-06/798397.html。

巡视。8月，第二轮巡视工作启动，安排13个巡视组巡视部分省辖市及所辖县（市、区）以及相关省直单位。

（二）探索建立党委巡察制度

为填补对县以下的巡视监督空白，加强对县以下基层党组织和党员干部的监督，河南探索在市、县建立党委巡察制度。2015年，省委基于濮阳、漯河等地的试点调研，出台《关于建立市县党委巡察制度的意见》及实施办法，将党内监督延展到乡村一级基层党组织，构建起完整的省市县三级巡视巡察监督体系。同年7月，市县党委巡察制度开始实施，其核心为基层党风廉政建设和反腐工作，省辖市层面着力于违反政治纪律的问题和选人用人问题，县级巡察将重点放在违反组织纪律的问题和基层领导干部侵占集体资产等问题。同时，河南还建立了省市县党委巡视巡察工作联动机制，构建上下联动的监督网，将巡视巡察工作统一部署、同步推进，实现巡视任务、巡视力量、组织方式、监督对象、成果运用方面的省市县三级联动。

（三）做实做细派驻监督

2015年，省委办公厅印发《关于加强省纪委派驻机构建设的意见》，提出通过新设、调整等方式实现省一级党和国家机关派驻机构全覆盖。2016年，省纪委积极推进派驻工作，向112家省一级党和国家机关派驻纪检组40家。2017年，加强派驻监督，将原有的65个派驻纪检组整合为39个，实现对111个省一级党和国家机关派驻全覆盖。2018年，有序推进派驻机构改革，省一级制定实施派驻机构工作规定与履职绩效考核办法，15个省辖市更名赋权工作有力完成。2019年，分类推进派驻机构改革，实现省一级党和国家机关派驻全覆盖，市县两级纪委监委派驻同级党和国家机关的纪检监察组全部到位。建立省纪委监委统一领导和管理的派驻工作领导体制，建立派驻纪检监察组组长列席省纪委常委会会议第一重要议题制度，加强派驻干部的学习与实践锻炼，提升其能力素质。2020年，制定省纪委监委派驻机构和组长年度考核办法，建立健全问题线索受理处置与审查调查措施使用等机制。2021年，制定实施派驻机构重要情况报告办法，同2020年一样分类开展派驻机构述责述廉。通过这一系列的活动，派驻探头作用得到有效发挥，派驻监督的优势不断彰显。

二 推动各类监督贯通协同

河南对权力运行进行制约监督时，不仅做到了以党内监督为主导，而且注重发挥各类监督主体的作用，促进各类监督发挥自身优势、实现监督方式之间的优势互补。在此基础上贯通协同党内监督和其他监督方式，有效形成监督合力。

（一）加强外部监督

加强外部监督，即健全同级人大、人民政协、政府、司法机关、群众、舆论对国家机关及其公职人员的监督制度，发挥审计监督、统计监督的职能作用。河南在实践中严格遵守规章制度，支持人大及其常务委员会通过听取和审议工作报告、询问等方式做好监督工作，支持司法机关通过独立行使审判权和检察权来对干部的违法行为进行查处，认真听取民主党派和无党派人士的批评和意见建议，始终接受人民群众的批评和监督，通过曝光剖析典型案例来加强舆论监督。与此同时，河南还积极探索外部监督的方式途径，为社会群众监督作用的发挥创设良好条件。严格按照规定做好党务政务公开，推动权力阳光运行，保障群众的知情权；通过网络等平台公布监督举报方式，畅通群众监督渠道，并积极、及时做好举报的反馈；通过“党员领导干部与群众面对面谈心”等方式倾听群众对于某些干部、某些工作情况的反映。

（二）充分发挥纪检监察机关职能作用

党的纪检监察机关是党和国家自我监督的专责机关，其重要任务在于开展政治监督。近年来，河南的纪检监察机关聚焦“两个维护”，扛起政治责任，不断强化对同级党委、驻在部门党委（党组）及其成员的政治监督，加强上级对下级纪委监委的领导。全省各级纪检监察机关认真学习领悟习近平总书记关于纪检监察监督的论述和要求，从更高的站位、视野去谋划部署监督工作。印发《全省开展落实中央八项规定精神制度建设“回头看”工作方案》《关于完善党内监督机制的若干意见（试行）》等制度性文件，规范权力的制约监督机制。具体来看，河南省纪检监察机关在监督检查党的大政方针和重大决策部署的落实情况、坚持不懈纠治“四风”、加强对一把手和领导班子的监督、查处违反中央八项规定精神的案件、巡视巡察上下联动等诸多方面严格贯彻落实党中央的决策部署，并且做出了成绩，取得了战略性成果。

（三）改进自下而上的民主监督

改进自下而上的民主监督首先要使下级党委及其党员了解上级党委在决策、人事任免等方面的工作情况，为此，河南积极探索推进党务公开。2018 年，省委印发《河南省党务公开实施细则（试行）的通知》，对党务公开的内容、范围、程序、方式等进行了规定，为全省各级各类党组织做好党务公开工作提供了根本遵循，保障了下级党委及其党员的知情权。其次，要保障党员的参与权、选举权和监督权。健全与落实情况反映等制度，畅通与拓展党员提供监督表达意见的通道。切实保障党员的申辩、申诉等权利，尊重党员负责任地揭发、检举任何组织和任何党员违纪违法情况的权利，尊重党员在党的会议上有根据地批评任何组织和任何党员的权利。最后，针对下级党组织对上级党组织和领导干部唯命是从的情况，河南明确提出各级党委要监督上级党委、纪委的工作，并提出意见建议。

三　深化纪检监察体制改革

在新的起点上，深化纪检监察体制改革是以习近平同志为核心的党中央作出的健全党和国家监督体系的重大决策部署，对于推动纪检监察工作规范运行、高质量发展具有重要意义。党的十八大以来，河南认真贯彻落实党中央和中央纪委的相关指示精神，增强改革的主动性，坚持从全局、整体上谋划推动纪检监察体制改革，不断提升监督治理效能。

（一）推动纪检监察深度融合

党的十九大报告中指出："深化国家监察体制改革，将试点工作在全国推开，组建国家、省、市、县监察委员会，同党的纪律检查机关合署办公，实现对所有行使公权力的公职人员监察全覆盖。"河南坚决落实党中央决策部署，深入推进纪检监察体制改革在河南落地落实。2018 年 2 月，河南省监察委员会挂牌成立，随后，省市县三级监察委员会全部组建完成，人员、内设机构、监委班子配备、办公场所全部到位。自此，纪委、监委实现合署办公，纪检与监察两项职能实现了相互贯通、一体贯彻。这次改革，一方面实现了全面监察公职人员与重点监督“一把手”“关键少数”的有机统一，将所有行使公权力的公职人员纳入监督之下；另一方面，将查处贪污腐败、失职渎职，预防职务犯罪的机构与人员进行了整合，使反腐的力量集中统一起来，也有利于将纪委执纪审查实践中的手段与法律规定的调查措施结合起来，丰富监察手段，推动形成惩治腐败的强大战斗力。

（二）推动监察职能向基层延伸

在很长的一段时间内，基层监督的力量都很薄弱，再加上熟人社会的作用，基层监督工作的开展存在一些困难。为此，河南积极探索监察职能向基层延伸，强化对基层的监督。省纪委监委督促建设村（居）务监督委员会，接受乡镇（街道）纪（工）委的指导。乡镇监察专员办公室从村（居）务监督委员会中选聘廉情监督员来常态化监督村级权力的行使。

河南的许多市、区（县）也在此方面进行了积极探索。如作为省纪委监委推动监察职能向基层延伸试点单位的新郑市，进行了富有成效的探索。在对乡镇、街道的纪检监察相关情况进行调研的基础上，制定《新郑市监察委员会关于监察职能向基层延伸试点工作方案》。授予派出的监察专员办公室和村级廉情监督员相应的监察权限，同时明确其职责权限和工作流程。开封市纪委监委推广廉情监督员制度，聘请 2501 名廉情监督员来对党组织和党员干部进行实时监督和全程监督。许昌市魏都区将大数据引入基层监督，建立民生大数据监督平台，平台上设有“一键举报”等栏目，群众如有疑问可在此版块填报相关信息，问题线索可直达区纪委监委党风政风监督室。

（三）强化对纪检监察工作的法治约束

河南省纪检监察机关在贯彻监督执纪工作规则和监督执法工作规定的同时，不断完善制度配套，先后制定了《中共河南省纪委河南省监察委员会关于进一步加强和规范监督工作的意见》《全省纪检监察系统工作人员“五个不准”纪律规定》等制度，对纪检监察机关工作人员的工作行为进行规范与约束。与此同时，纪检监察机关也高度重视内部纪检监察队伍的建设情况。一是加强内部监督，对纪检监察机关践行“两个维护”、贯彻党中央大政方针政策和决策部署、廉洁自律等情况进行内部监督检查，通过组织座谈会、听取汇报、信访举报等方式及时精准发现内部工作人员存在的问题。二是紧盯纪委书记、监委主任等重点人群和关键岗位，一旦发现违纪违法行为，对其进行严肃查处。三是严格管理纪检监察机关工作人员，要求其做到自觉遵守纪律，带头维护制度权威，带头落实相关规章制度，努力成为党和国家公职人员的标杆与榜样。

第七章　坚定文化自信，大力保护弘扬黄河文化：总纲领总遵循总指引在河南的文化建设实践

2019 年 9 月 18 日，习近平总书记在郑州主持召开黄河流域生态保护和高质量发展座谈会并发表重要讲话，标志着黄河流域生态保护和高质量发展正式上升为重大国家战略。习总书记在讲话中特别指出，黄河文化是中华文明的重要组成部分，是中华民族的根和魂。要保护、传承、弘扬黄河文化。习近平总书记关于“保护传承弘扬黄河文化”的重要论述和部署，把黄河文化提升到国家、民族的高度，明确了黄河文化不仅是中华文明的核心，还是国家的符号、民族的象征。把保护黄河文化确立为我们这一代人的神圣职责，“要推进黄河文化遗产的系统保护，守好老祖宗留给我们的宝贵遗产”。把传承弘扬黄河文化提升到事关中华民族伟大复兴的重要地位，提出“要深入挖掘黄河文化蕴含的时代价值，讲好‘黄河故事’，延续历史文脉，坚定文化自信，为实现中华民族伟大复兴的中国梦凝聚精神力量”。习总书记的重要讲话蕴含了对黄河文化的深刻思考与科学把握，提出了对黄河文化的准确定位与发展要求，内涵丰富、思想深邃、导向鲜明，具有很强的政治性、思想性、理论性和指导性，为保护传承弘扬黄河文化提供了强大动力、科学指导和根本遵循，为河南的黄河文化传承发展，进而带动河南历史文化的开发利用提供了契机。2020 年 8 月 31 日，中央政治局召开会议，审议《黄河流域生态保护和高质量发展规划纲要》，再次强调“要大力保护和弘扬黄河文化，延续历史文脉，挖掘时代价值，坚定文化自信。要以抓铁有痕、踏石留印的作风推动各项工作落实，加强统筹协调，落实沿黄各省区和有关部门主体责任，加快制定实施具体规划、实施方案和政策体系”，为河南发展进一步指明了前进的方向、提供了基本遵循。

第一节　搞好统筹谋划，积极推进黄河文化保护传承弘扬的保障工作

河南是黄河流域文明曙光最早闪现之地，是黄河流域文化序列最为完整之所，是黄河流域政治文明最为发达之区，是黄河流域元典文化最为繁荣之域，是黄河流域农耕文明最为灿烂地区，是黄河流域众多科技文明肇兴地，是中华民族文化基因和黄河精神的滥觞地，是古丝绸之路和大运河文化带的重要节点区域，是全球华人精神家园和心灵故乡的主要承载地，一言以蔽之，河南是“华夏文明主根、国家历史主脉、中华民族之魂”，河南在保护传承弘扬黄河文化中具有无与伦比的历史地位和当仁不让的责任担当。习近平总书记在河南考察调研期间指出，要推动文化繁荣兴盛，传承、创新、发展优秀传统文化。中原文化是黄河文化的核心和主干，要推动河南真正从文化资源大省转变为文化强省，推动河南华夏历史文明传承创新区建设，推动全国重要文化高地的构建，为实现黄河文化在新时代的勃兴，实现中华文明在世界的崛起，发挥中原的力量，做出河南的贡献。

一　深刻领会习近平总书记重要讲话的深刻内涵和重大意义

习近平总书记在郑州主持召开黄河流域生态保护和高质量发展座谈会之后，河南迅速行动，成立了以王国生书记和尹弘省长任组长的河南省黄河流域生态保护和高质量发展领导小组，并定期召开会议，推进工作。2019年12月2日，文化和旅游部，河南省委、省政府在洛阳召开学习贯彻习近平总书记关于保护传承弘扬黄河文化重要论述精神座谈会，研究谋划推进黄河文化保护传承弘扬的重点措施。2020年1月3日，习近平总书记在中央财经委员会第六次会议上号召“大力弘扬黄河文化”。2020年1月14日，王国生在河南省第十三届人民代表大会第三次会议闭幕式上发表题为《大力弘扬黄河文化为新时代中原更加出彩凝聚精神力量》的讲话，从家国情怀、为民初心、斗争精神、创新氛围、绿色理念、开放格局六个方面，全面论述了要大力弘扬黄河文化。2020年3月1日，《2020年河南省黄河流域生态保护和高质量发展工作要点》颁布，提出构建黄河历史文化主地标体系、推进黄河文化与大运河文化融合发展、实施黄河文化遗产系统保护等

八大标志性项目。2020 年 5 月 12 日，河南省召开全省文化旅游大会，会议强调：紧紧抓住黄河流域生态保护和高质量发展的重大战略机遇，大力弘扬黄河文化，推动文化旅游高质量发展，加快文化旅游大省向文化旅游强省转变。省文化和旅游厅主导编制了《河南省黄河文化保护传承弘扬规划》和黄河流域非物质文化遗产保护利用、文物保护利用、旅游业高质量发展 3 个专项规划。各地市特别是沿黄地市迅速行动，建立工作机制，成立工作专班，编制发展规划，强力推进保护传承弘扬黄河文化的各项工作，取得了显著成效。

二 保护好老祖宗留下的黄河文化遗产

河南省沿黄各市县非常重视相关工作，制定出台了一批文化发展、文旅融合、文物保护等专项规划，如郑州编制了《郑州建设黄河流域生态保护和高质量发展核心示范区概念性总体规划》，拟制定《郑州市黄河文化遗产保护传承弘扬专项规划》《黄河流域（郑州段）文化旅游发展专项规划》《黄河流域（郑州段）非物质文化遗产保护传承弘扬规划》三个专项规划，开封编制了《开封市黄河流域生态保护和高质量发展规划（初稿）》《宋都古城保护与修缮规划》《北宋东京城遗址保护规划大纲》，商丘出台了《推进殷商之源文化和商丘古都城文化传承创新发展实施专案》等。此外，一些地市还制定了一些短期工作计划，如郑州制定了《郑州市建设黄河流域生态保护和高质量发展核心示范区文化博物旅游发展三年行动计（2020~2022）》，开封市制定了《开封市黄河流域生态保护和高质量发展 2020 年工作要点》，焦作市制定了《焦作市黄河文化保护传承弘扬三年工作计划（2020~2022）》，濮阳市制定了《2020 年濮阳市黄河流域生态保护和高质量发展重大工程清单》，表现出竞相发力、百舸争流的良好态势，但也出现各自为政、唯我正统的发展苗头，需要加以警惕。保护黄河文化必须坚持分类施策的原则，加强对物质文化遗产和非物质文化遗产的系统性保护，如以大河村国家考古遗址公园、中华龙源景区为代表的史前文化，以商丘归德府古城、开封大梁门古马道入口、濮阳五代城墙遗址为代表的古都文化，以兰考东坝头、焦作嘉应观、人民胜利渠渠首为代表的治水文化，以商丘黄河故道国家森林公园、黄河故道国家湿地公园为代表的生态文化，以民权庄子文化馆、虞城花木兰故里、濮阳郑板桥纪念馆、巩义杜甫故里、孟州韩愈故里为代表的名人文化，以台前县将军渡纪念馆、清丰县单拐红色文旅综合体项目为代表的红色文化，以开封州桥及古汴河遗址发掘现场、台前县夹河大运河遗址、南乐元村大运河遗址为代表的大运河文化，以太极拳和少林拳为代表的功夫文化等，妥善解决现有文化遗产保护工作中存在的重申报轻管理、重开发轻保护等问题，逐步建立科学有效的评估体系和相对完善的法律保障体系，推动文化遗产保护工作朝着规范化、常态化、法制化、体制化方向发展，让沉睡数千年的历史文物经常展露真颜，让濒临失传的非物质文化遗产融入百姓生活。

三　打造传承黄河文化的新路径新举措

河南省综合运用传统的传承手段和最新的科技手段，把固态保护和活态传承结合起来。一方面，以黄河文化考古发掘工程为抓手，不断加大对郑州双槐树“河洛古国”遗址、大河村遗址、青台遗址，开封北宋皇宫、州桥及古汴河遗址，焦作商村遗址、永济渠渠首遗址，濮阳高村遗址、西水坡遗址，商丘殷商文化遗址、大运河南关码头遗址、宋国故城等现有典型的历史文化遗存的系统考古发掘力度，规划建设一批以大河村国家考古遗址公园、郑州商城国家考古遗址公园、开封宋文化片区、国家悬河文化展示区、全国治黄文化和红色基因传承基地、焦作韩愈文化园、濮阳戚城春秋文化集中展示区、冀鲁豫红色文化传承区、商丘殷商之源文化大遗址考古公园等为代表的黄河物质文化遗产圈（片区）和文化遗产长廊，运用AR、VR等高科技手段打造城市重点文化“会客厅”，展示黄河文化的丰富内容，推动物质文化遗产传承工作的深入。另一方面，以建设非物质文化遗产保护展示中心为载体，进一步规范充实民俗类非物质文化遗产的内容，打造郑州非遗展示馆、孟州黄河流域非物质文化遗产展示中心、濮阳杂技博物馆、商丘木兰（国家级非遗项目）文化旅游风景区等，谋划将焦作的四大怀药种植与炮制、孟州黄河澄泥砚、巩义窑瓷艺、焦作金谷轩绞胎瓷瓷艺、开封汴绣工艺等非物质文化遗产转化为有影响力和竞争力的文化产品，打造具有中原特色的文化产业片区；将登封少林武术教育培训产业区、温县黄河生态与太极文化融合新区、濮阳国际杂技文化产业园与《水秀》、商丘豫东豫剧演艺等戏曲、杂技、体育竞技等演示类非物质文化遗产，逐渐建设成演示中心、教育基地和文化片区，推动非物质文化遗产的活态传承，彰显黄河文化的影响力。

保护传承弘扬黄河文化，不仅要重视黄河沿线的三门峡、济源、洛阳、郑州、焦作、新乡、开封、濮阳八个地市，还要重视黄河故道经过的周口、商丘、鹤壁、安阳四个地市，要做到全省一盘棋，通过保护传承弘扬黄河文化带动全省历史文化资源开发利用，推动中原文化繁荣兴盛。要坚持区域联动，建立跨区域协作工作机制。从国内层面看，黄河流域面积辽阔，流经 9 个省区，黄河流域生态环境一旦遭到破坏，将严重影响流域人民生产生活质量和区域经济社会发展。坚持编制各类发展规划，乘势融入“十四五”规划，统筹各部门各地区之间协调发展，突出地域优势，避免同质竞争。主动对接国家战略，积极沟通沿黄省区，争取国家部委支持。加强与大运河、长城、长征国家文化公园规划互动，实现国家主体文化全景展示。加强与沿黄各省区信息资源共享，适时研讨协商，加强共同协作，做好黄河文化保护传承弘扬，交流经验和方法，建立信息共享机制、联合防治协调机制等，加强区域合作协同，推进黄河历史文化遗产的系统性保护和开发。在调研过程中，各省区相关部门都主张建立跨区域协作机制，如推进流域或跨区域发展规划编制，形成区域保护传承合力，探索形成以文化主题为脉络的区域资源合作开发机制，推进相关的地区开展资源、项目、工程、平台的融合共建。整合各类资源，探索各行业、各部门管理系统和平台互联互通，形成黄河流域横向生态补偿、文化资源开发补偿机制。从省内层面看，要尽快构建合理的区域空间布局，即以郑汴洛三市为保护传承弘扬黄河文化的核心区，其中包括属于郑州大都市区的许昌、新乡和焦作，以三门峡、济源、濮阳为保护传承弘扬黄河文化的中心区，以安阳、鹤壁、商丘、周口黄河故道经过地市为保护传承弘扬黄河文化的延展区，以驻马店、漯河、信阳、南阳、平顶山为保护传承弘扬黄河文化的辐射区。

第二节　探索黄河文化保护传承弘扬的实践路径

黄河是中华民族的重要象征，也是中华民族精神的重要标志，把黄河文化资源保护放在首位，完整保护各类文化遗产资源，是守住中华民族精神生生不息根脉最直接有效的措施。为深入贯彻习近平总书记在黄河流域生态保护和高质量发展座谈会上的讲话精神和工作部署，抢抓重大国家战略发展机遇，加快推进黄河流域生态保护和高质量发展，河南省深入挖掘黄河优秀传统文化蕴含的精神内涵，通过创造性转化、创新性发展，赋予黄河文化新的时代内涵和现代表达形式，让黄河文化活起来，走进百姓生活。坚持创新发展理念，紧紧围绕保护好、传承好、弘扬好、利用好黄河历史文化资源，推动黄河文化在新时代发扬光大，助力河南经济社会高质量发展。

一　挖掘文化精神内涵

一是开展调查，摸清黄河文化资源家底。郑州等五市先后开展了调研和科研工作。省文旅厅厅长姜继鼎曾带队走访郑州市 9 个县市区，对黄河郑州段沿线文化遗产和重点文物保护单位进行系统摸底梳理和实地调研。焦作市先后深入孟州、温县、武陟、沁阳、中站等县市区，对沿黄文化资源进行摸底普查，并举行分专题调研座谈 10 余次。商丘市对黄河故道文化遗存进行了初步的调查。二是加强研究，为黄河文化保护传承弘扬提供学理支撑和充实文化内容。郑州市制定了“郑州黄河文化的保护传承问题研究”“郑州黄河文化品牌培育问题研究”等专项课题研究。开封市将“黄河流域生态保护和高质量发展”“焦裕禄精神”等作为 2020 年全市哲学社会科学规划调研课题的研究重点。焦作市把黄河文化研究列入年度社科重点调研课题，增强焦作黄河文化在学界的话语权。武陟县举办了“黄河文化与黄河文化地标理论研讨会”，商丘市举办了“商丘与黄河文化”论坛，深化了黄河文化内涵的探讨与学术交流。

二　传承延续历史文脉

一是“保护固态”，合理利用好物质文化遗产（文物）。首先，构建黄河文化考古发掘工程，展示黄河文化的源流。开展郑州双槐树“河洛古国”遗址、大河村遗址、青台遗址等，开封北宋皇宫、州桥及古汴河遗址等，焦作商村遗址、永济渠渠首遗址等，濮阳高村遗址、西水坡遗址等，商丘殷商文化遗址、大运河南关码头遗址、宋国故城等典型遗址系统考古科研工作。其次，规划建设黄河物质文化遗产圈（片区）和文化遗产长廊。郑州规划建设黄河文化遗产廊道、环嵩山文化遗产圈、中心城区文化板块等，打造大河村国家考古遗址公园、郑州商城国家考古遗址公园等。开封打造以宋古都为核心的宋文化片区、国家悬河文化展示区、全国治黄文化和红色基因传承基地等，焦作建设商村遗址公园、永济渠渠首遗址公园、许衡文化园、韩愈文化园等，濮阳以西水坡、高城遗址、瑕丘遗址为中心打造上古文化展示区、戚城春秋文化集中展示区、濮阳县古城（明清四街）恢复工程、冀鲁豫红色文化传承区等。还有商丘殷商之源文化大遗址考古公园等。再次，以文物为主要内容，打造黄河物质文化遗产静态、动态相结合展示区。以各市博物馆为骨架，以古城墙、冶铁遗址等展示区为辅，展示黄河文化的丰富内容。郑州积极构建全国文物分布密集型城市、全域文物保护利用示范区，打造城市重点文化“会客厅”。部分博物馆运用了AR（虚拟现实）、VR（增强现实）等高科技手段，达到实物静态展示与历史场景虚幻重现，展示黄河文化的博大宏阔。

二是“传承活态”，保护传承好非物质文化遗产。首先，建设非物质文化遗产保护展示中心。打造郑州非遗展示馆、孟州黄河流域非物质文化遗产展示中心、濮阳杂技博物馆、商丘木兰（国家级非遗项目）文化旅游风景区等。其次，进一步规范充实民俗类非物质文化遗产的内容。发挥新郑黄帝故里拜祖大典的影响力，彰显黄河文化之根。再次，对民间手工技艺、民间艺术等非物质文化遗产，谋划能转化为产品的进行科学开发转化。如焦作的四大怀药种植与炮制、孟州黄河澄泥砚、巩义窑瓷艺、焦作金谷轩绞胎瓷瓷艺、开封汴绣工艺等，谋划规模化生产，成立生产企业，打造文化产业片区。最后，对戏曲、杂技、体育竞技等演示类非物质文化遗产，建设演示中心、教育基地和文化片区。如登封少林武术教育培训产业区、温县黄河生态与太极文化融合新区、濮阳国际杂技文化产业园与《水秀》、商丘豫东豫剧演艺等。

三　讲好黄河故事

一是加强文艺创作，繁荣新时代黄河文化。首先，立足文化内核，强化黄河精神研究。研究黄河历史文化，挖掘时代内涵和时代价值，弘扬黄河精神文化，形成一批具有广泛影响力的社会研究成果。郑州即将出版《郑州：黄河之魂文明之源》，开封拟推出《开封黄河志》等，商丘加强对李学生等好人群体精神的研究弘扬工作，濮阳研究李连成“吃亏”奉献精神等。其次，立足文化创新，繁荣文艺精品创作。郑州拟出版“黄河故事”系列丛书，濮阳拟推出《黄河故事》，开封即将推出《中华诗典·黄河卷》等，讲好黄河故事。再次，立足文化品赏，实施多类艺术活动。郑州兴建黄河文化演艺综合体，举办“中国郑州黄河合唱艺术周”等，策划歌曲《黄河儿女黄河魂》等。开封策划举办《黄河交响》原创作品交响音乐会。濮阳推出《时代黄河文化专刊》歌曲选与四平调大型现代戏《黄河人家》，让黄河文化融入人们日常生活。另外，开封、濮阳、焦作进行写黄河、画黄河、说黄河、唱黄河等艺术创作，繁荣文艺生活，扩大黄河文化影响力。

二是搭建好黄河文化交流宣传教育平台。首先，建好黄河文化交流平台。郑州举办嵩山论坛、世界大河文明论坛，为黄河文化交流搭建世界性学术平台，开封建设黄河国际文化论坛永久会址，打造国际化黄河文化研究交流传承基地。其次，建好黄河文化宣传平台。电台、电视台都通过专题片等形式加强了对黄河文化的宣传力度，各地采用高新媒介技术，制作《黄河岸边是我家》《黄河的故事》《万里黄河润怀川》《万里黄河在焦作》等黄河文化形象宣传片，录制短视频，利用抖音、快手传播黄河文化。组织各类黄河采风活动，传播黄河文化新面貌，推动黄河文化走出去。最后，搭好黄河文化教育平台。郑州积极开展黄河文化进校园等教育活动，编写《故事里的郑州》等科普读物，免费赠送中小学生。郑州、开封等地还推行黄河文化进社区活动。

第三节　以文化品牌、文化项目为抓手推进黄河文化保护传承弘扬工作

为深入学习贯彻习近平总书记在黄河流域生态保护和高质量发展座谈会上讲话的重要精神，进一步做好黄河文化保护传承工作，河南抢抓黄河文化发展战略机遇，依托丰富的黄河文化和自然、人文资源，以保护传承弘扬黄河文化为主线，依托河南数千年来积淀的丰厚的历史文化资源，凭借河南在黄河文化中所占据的重要地位，确立“保护传承弘扬黄河文化核心示范区”这一目标定位，作为总抓手，通过狠抓一批重点工作，推进“保护传承弘扬黄河文化核心示范区”的建设。

一 抓重点文化品牌项目

推进中华文明起源与二里头夏文化的研究展示。以巩义双槐树遗址为中心推进中华文明起源研究展示。巩义双槐树遗址被誉为“早期中华文明的胚胎”，孕育了“河洛古国”。要以聚落考古学为主的科学考古手段，多学科联合攻关，加大考古工作力度，更完整揭示其文化内涵，寻找早期文明的线索。利用被列入“中原地区文明化进程”课题及国家文物局“考古中国”重大研究项目的契机，整合灵宝西坡、郑州大河村、濮阳西水坡等遗址，携手省内外乃至国内外科研力量，进一步深化沿黄中华文明探源工作。以偃师二里头遗址为中心推进夏文化研究展示，二里头遗址是“早期中国”的核心。要加大考古工作力度，找到二里头与夏文化更加紧密的直接证据，持续掀起二里头文化研究热潮。加快建设二里头国家考古遗址公园，启动二里头夏都遗址申报世界文化遗产工作。扩大“早期中国”研究范围，推进对王城岗遗址、大师姑遗址、偃师商城、郑州商城等夏商古都遗址考古与保护开发力度，展示黄河中游夏商周文化的深厚底蕴和核心地位。

叫响“三座城、三百里、三千年”黄河文化品牌。郑汴洛三市要从“融”字上着力，搞好顶层设计。成立郑汴洛文旅融合共同体，具体负责三市文化资源保护开发的协调工作。摸清黄河文化资源家底，建立分级数据资源库，实行文化资源信息数据共享。搞好三市文化保护开发整体规划，实行三市文化专项规划的无缝衔接。推进三市沿黄文旅项目的统筹建设，避免重复建设和低质竞争，打造黄河文化长廊，融合大运河、丝绸之路文化带。立足郑汴洛古都的文化底蕴和郑州国家中心城市、洛阳副中心城市的地位，突出各自文化特色，打响“华夏古都群”国际文旅品牌。聚集合力，统一营销，叫响“华夏之源，黄河之魂”文化品牌。以文化城，以文塑城，统一郑汴洛黄河文化 IP 设计，突出郑州黄河文化主地标城市文化形象，全面对接国家“黄河华夏文明旅游带”，建设黄河文化保护传承弘扬核心示范区。

构筑历史文化展示长廊。整合新郑黄帝故里、新密黄帝宫、灵宝黄帝铸鼎塬、商丘燧皇台、内黄颛顼帝喾陵等人文始祖遗迹，联手甘肃、陕西、山西等省，打造黄河流域始祖文化长廊。以郑州、开封、洛阳、安阳四大古都为龙头，带动开发商丘、濮阳、许昌等沿黄古都文化资源，建设古都文化长廊。保护开发鹿邑老子故里、民权庄子故里、巩义杜甫故里、沁阳李商隐故里等姓氏名人文化资源，培育沿黄姓氏文化展示利用长廊。以武陟嘉应观、人民胜利渠、郑州花园口、开封东坝头等为基点，构建治黄兴水历史文化长廊。整合卢氏县红二十五军长征驻扎地旧址、焦作太行山抗日根据地旧址、商丘淮海战役总前委旧址、濮阳单拐革命旧址、台前将军渡遗址等红色文化资源，构建黄河革命历史文化展示长廊。

构建黄河文化地标体系。组织黄河文化权威专家研讨，廓清黄河文化地标体系的内涵、标准、类别与意义等。摸清黄河最有特色的文化资源家底，专家与大众遴选黄河文化主地标的候选文化资源，理清河南构建黄河文化主地标的资源基础，形成一个整体的、主题鲜明的文化地标体系。搞好顶层设计，从国家省级层面谋篇布局，设立重大建设项目，凸显中华文化的“根”与“魂”，建设黄河国家博物馆、黄河楼、河洛郎碑等地标建筑，彰显嘉应观、花园口、人民胜利渠、东坝头等治黄关键节点历史地位。

把郑州建设成为“黄河之都”。以国家中心城市和郑州大都市区为依托，打造“黄河之都”，突出郑州在河南的文化首位度。构建郑州地区黄河文化研究展示体系，加大对双槐树“河洛古国”遗址、西山古城、大河村遗址等考古科研工作，获取郑州作为“华夏之根、黄河之魂、天地之中、文明之源”黄河流域主地标的更多考古实证。加快大河村国家考古遗址公园和郑州商城国家考古遗址公园建设，整合带动以青台遗址、小双桥遗址等为支撑点的黄河文化遗产长廊建设，凸显郑州在黄河流域的厚重文化和首位度。系统整合环嵩山文化资源，加大嵩山文化与黄河文化紧密关联的研究力度，擦亮嵩山“天地之中历史建筑群”与郑州大运河世界文化遗产名片，获取郑州城市形象营销的明珠。整合郑州市黄帝文化资源，加大新郑黄帝故里文化品牌的保护开发力度，凸显黄帝文化在黄河文化中的影响力，提升郑州市在世界华人圈中的知名度。

以文化创意为手段、以黄河文化为内容，大力发展文化产业。发掘非物质文化遗产，奠定文化产业发展的资源基础。发掘焦作四大怀药种植与炮制、孟州黄河澄泥砚、巩义窑瓷艺、开封的汴绣等民间手工技艺、民间艺术等非物质文化遗产，谋划创新，成立生产企业，打造文化产业片区。对杂技等演示类非物质文化遗产，建设演示中心，如濮阳的东北庄杂技传承区与《水秀》等。鼓励文创新业态的发展，如温县生态与太极文化融合新区、郑州二砂文化产业园区等。立足于黄河文化，实施文艺精品创作工程，繁荣精品创作，推动文艺精品普及，大力发展网络文艺，实施网络文艺精品创作和传播计划，推动网络文学作品发展。鼓励以黄河文化为主要内容的歌曲、戏剧等艺术作品创作以及动漫、短视频等新的文化作品的创新。

二 以项目带动推动黄河文化保护工作

河南省以重大项目为龙头实现保护传承弘扬黄河文化重点突破，结合2020~2025年省黄河流域生态保护和高质量发展项目库建设，会同省有关部门和有关市县，谋划了文化领域179个项目，总投资6218亿元。

筹建一批龙头项目。黄河国家文化公园建设要从国家层面进行顶层设计，河南沿黄各市要积极参与《黄河国家文化公园专项规划》编制工作，深入研究国家文化公园的相关政策，加强沟通协调，突出地域文化特色，争取将沿黄重点文化旅游项目列为黄河国家文化公园核心展示区、集中展示带、特色展示点，重点打造郑州、开封、洛阳、三门峡、濮阳黄河国家文化公园。黄河国家博物馆建设要从“国家级”定位规划，吸纳全流域文化特色，突出郑州黄河主地标城市的文化元素，打造一站式展示黄河地理、人文、历史、治理的综合平台和地标建筑。郑汴洛国际文化旅游带建设，三市要实施完善旅游交通基础设施工程，实施沿黄文旅项目、景区高效提质工程，建设旅游5G数字化及云服务智能化工程，全力推进融合、融通的智慧化旅游目的地建设。构建沿黄生态文化大遗址公园走廊，要按照全省黄河生态廊道“一廊三段七带多节点”的总体规划布局，融合黄河沿线仰韶村、庙底沟、二里头、郑州商城、隋唐洛阳城等文化遗址点，实现“走黄河生态绿道，品华夏文化风情”的愿景。要科学理解黄河文化的内涵，发掘商丘、安阳、鹤壁三市黄河故道历史文化资源，如民权庄子故里、内黄三杨庄汉代遗址、浚县大伾山等文化资源，打造豫东、豫北黄河故道风情园。传承活态，加大河洛文化生态实验区保护开发力度，让其在创新性转化为文化产业过程中发挥先行先试的作用。促进黄河文化学术交流，将大河文明国际论坛、黄河国际文化论坛、嵩山论坛等打造成为向世界展示黄河文化内涵，促进大河文明交流的高端平台。

实施黄河文化遗产保护项目。确定沿黄文化遗产保护对象，利用全国文物普查成果，对沿黄发现的文化遗址点进行进一步勘探，确定其文化内涵和保护范围。实施一批黄河文化重点考古发掘项目，对国家已批复实施的登封王城岗、汉魏洛阳城、州桥及古汴河遗址等主动性考古发掘项目，要加大工作力度，推进以巩义双槐树、灵宝北阳平遗址为代表的文明探源工程项目，推进以二里头遗址为核心的“早期中国”国家重点项目早日落地实施。对国家确定的沿黄大遗址保护工程，要加大投入力度，建设汉魏洛阳故城国家考古遗址公园、隋唐洛阳城国家历史文化公园、大河村国家考古遗址公园、郑州商城国家考古遗址公园、开封黄河悬河文化展示馆、殷墟国家考古遗址公园等，打造沿黄大遗址保护文化地标。实施文化、生态共融项目，推广郑州大遗址保护生态绿化样板范式。加快沿黄文化遗产保护体系建设，大力建设各类黄河文化博物馆、陈设馆、纪念馆，推动郑州、洛阳等城市一城百馆目标早日实现，促进黄河文化保护传承弘扬。

建设黄河文化遗产保护廊道。打造河南省沿黄一线三段史前文化廊道。以豫西北阳平遗址群、庙底沟遗址、仰韶村遗址等为代表实施仰韶文化核心区保护工程，以豫中新密李家沟、新郑裴李岗、巩义双槐树、荥阳青台、郑州大河村、西山城址、登封王城岗等为代表打造黄河中游文化谱系最为健全的史前文化长廊，以西水坡、高城遗址为代表，建设豫北史前文化廊道。着力打造洛阳“五都荟洛”大遗址片区。以二里头、汉魏洛阳城、隋唐洛阳城为核心，持续建设二里头国家考古遗址公园，启动二里头夏都遗址申报世界文化遗产准备工作，搞好偃师商城考古发掘和遗址保护工作，建好汉魏洛阳故城国家考古遗址公园，全面建设隋唐洛阳城文化区。推进郑州大嵩山遗址区建设。加大对嵩山周围文化遗址的考古发掘和保护力度，整合“天地之中历史建筑群”世界文化遗产资源，进一步提升其影响力，建立嵩山文化博物院（馆），全面展示嵩山文化内涵，办好嵩山论坛，扩大嵩山文化交流平台。突出文化特色，加大开封大宋文化遗址区保护开发力度。发掘北宋皇宫、州桥及古汴河、顺天门、东水门等遗址，形成地下考古遗址连廊，建设一批考古遗址博物馆、展示馆，整合清明上河园、开封府、天波杨府等宋文化主题公园。加大安阳殷商文化遗址区保护利用力度，擦亮世界文化遗产名片。进一步考古廓清殷墟分布范围和功能分区，揭示其文化内涵，以殷墟博物院为核心，以宫殿、宗庙、墓葬、祭祀、手工业作坊遗址区为支撑点，全面展示殷墟考古成果，科学规划、高标准建设世界一流的殷墟国家考古遗址公园。

第四节　以文旅融合推进保护传承弘扬黄河文化

河南省以文旅融合为抓手，建设黄河文化旅游带，通过旅游发展将沿黄地带的绿水青山转变为金山银山，并通过文化旅游创新黄河文化的传承和传播方式，增强大众对黄河文化及其所代表的中华文明、中国精神的认同感，进一步弘扬黄河文化。河南省还把沿黄红色旅游项目与自然景观、人文旅游资源相结合，融合观光旅游和休闲度假项目，科学合理地规划旅游景点，形成具有特色的精品旅游线路，提升红色旅游的吸引力，丰富红色旅游的内涵。

一　推进文旅融合，培育黄河文化旅游品牌

建设龙头项目。郑州等五市依托丰富的历史文化资源和自然生态资源，坚持“文化是灵魂，旅游是载体”理念，发挥文化资源优势与特色，推出一批国际化文化旅游精品线路，培育文旅融合品牌。郑州主要推动黄河国家文化公园、大运河国家文化公园、沿黄旅游观光带、环嵩山旅游观光带等文旅项目建设。开封重点打造黄河国家文化公园、宋都古城、国际黄河文化交流中心、东坝头中国共产党治黄故事讲述地等文旅项目建设。焦作建设黄河生态廊道、嘉应观治黄兴水文化园、黄河生态与太极文化融合新区、《印象·太极》大型演艺项目等品牌。濮阳建设“中华龙源”、上古文化主题公园、清丰单拐红色文旅综合体、引黄入冀补淀水源地生态游览区等品牌。商丘打造商丘古城、黄河故道旅游观光带等文旅项目。

整合文旅资源。一是区域内的文旅资源融合。郑州成立黄河文化旅游融合发展协作体，融合郑州沿黄各区县文旅资源，打造“黄河旅游”整体品牌形象，共同打造黄河郑州段旅游经济带。以“黄河文化带”“环嵩山文化带”和“中心城区文化板块”为重点，统筹沿黄郑州段和郑州市全区域，做到规划统一、项目统筹、发展协同。二是区域间的文旅资源融合。郑州加强与洛阳、开封的联动合作，凸显“三座城、三百里、三千年”的历史人文积淀，打造郑汴洛国际文化旅游带，打响“华夏古都群”国际文化旅游品牌。推动资源共享、产业协同、规划衔接、营销整合等，连通黄河、运河、古都等旅游走廊。焦作提出以郑焦洛城市融合为契机，利用两山呼

应形成南太行生态旅游集聚带，融合“两拳”，协同区域历史文化资源保护与利用，彰显华夏功夫文化，塑造具有全国知名度和世界影响力的国际文化旅游品牌，形成文旅融合发展区域协同新样板。

增加文化创意。文旅融合，发展的是旅游，复兴的是文化。各地的文旅项目+文化创新，资源特色更加鲜明，品质更加彰显。一是文旅老项目焕发生机。温县生态与太极文化融合新区，做好“太极拳+文化创意”“太极拳+健康养生”“太极拳+教育培训”“太极拳+”等工作，大力推进融文化、旅游和康养于一体的太极古镇规划建设，全力抓好太极拳“申遗”工作，做到沿黄生态廊道+历史文化资源+文化创意的有机融合。二是历史老残破变“废”为宝。郑州二砂文化产业园区利用独特的老旧历史建筑，充分展示其历史核心文化价值，将其打造成为融合文物保护、科普、休闲、文创等功能于一体的公共空间，建成工业文化主题的文化创意产业园区。三是乡村振兴呈现亮点。虞城县郭土楼村、濮阳县渠村乡公西集村，乡村生态游融入元典孝文化，提升了乡村游文化品位，传承了孝文化，发展了乡村旅游经济，开辟了共奔小康、乡村振兴的新路径。

融入科技元素。文旅发展，融入高科技是发展趋势，是文旅融合新的增长点。一是培育了数字博物系统。河南博物院推出微信公众号，手机“码”上博物馆。开封市博物馆打造“5G 智慧博物馆”，让游客虚拟体验成为可能。开封大梁门古马道入口博物馆以 VR 虚拟实景来还原开封城的发展脉络，荥阳冶铁遗址博物馆用 VR 技术重现汉代冶铁的高超技术。二是打造了智慧景区。少林寺、康百万、清明上河园、开封府等“互联网+旅游”智慧景区，使游客体验到旅游便捷的同时，得到了更多的文化信息。郑州建设“郑州文旅云”平台，为百姓提供一站式的数字公共文旅服务。三是发展了实景演出。高科技的声光电技术，提升了《禅宗少林·音乐大典》《水月洛神》《风中少林》等精品剧目演艺水平。四是助力了业态融合。科技促使文旅与农业、工业、航空、中药等进行跨界融合发展。各市正在打造展示新型业态的农业游、乡村游、工业游等，郑州上街打造低空旅游基地、新密打造中医药健康示范基地等。

强化宣传推介。加大文化旅游的宣传力度，提高文旅项目的知名度。一是主动作为，打造平台。郑州谋划举办郑州黄河文化旅游月，打造黄河流域城市文旅融合交流发展平台，支持文旅融合 IP 发展。围绕“黄河”

"根亲""古都""诗词""功夫"等核心文化元素，形成具有广泛影响力的黄河文化文旅宣传品牌。创新办会理念，把文化交流与旅游推介相结合，持续提升中国（郑州）国际旅游城市市长论坛等旅游文化节庆影响力。二是携手共进，共同营销。焦作以"春雨工程"文化志愿者边疆行为推手，大力开展沿黄省际、市际文化交流活动的创新与发展、宣传与推广，加强区域间文化+旅游交流交融。积极开展"大河南北·郑焦融合"文旅交流系列活动，加强太极文化、禅武文化共融发展的宣传活动，提升文旅项目品牌知名度。

二　打造黄河文化保护传承弘扬的名片

寻找文化定位。郑州开展双槐树"河洛古国"遗址、青台遗址、西山古城址、大河村遗址等考古科研工作，挖掘郑州的黄河文化特色，讲清楚郑州作为"华夏之根、黄河之魂、天地之中、文明之源"的考古论证支撑逻辑，实证郑州地区黄河历史文化主地标的重要地位。在河洛汇合处谋划兴建地标建筑黄河楼等，城区兴建国家黄河文化博物馆等地标建筑。开封本着展示自然黄河悬河奇观、体现华夏历史文明高峰、代表黄河文化精神内涵、彰显中国共产党治黄成就、具有世界意义国家价值的标志群体理念，率先谋划启动了"一带一馆一城一中心一讲述地"黄河历史文化主地标建设。焦作以嘉应观为主体、以人民胜利渠为中心，打造中华治水文化传承教育基地，推动太极拳非物质文化遗产保护展示馆建设等。濮阳因为西水坡遗址考古出土"中华第一龙"而被称为"华夏龙都"，打造"中华龙源"景区地标建筑等。

打好文化品牌。一是打好治黄兴水文化牌。首先加强了沿黄文化遗址的保护与管理。尤其是加强了焦作嘉应观、人民胜利渠，郑州花园口，开封东坝头、林公堤，濮阳北金堤、"亚洲第一闸"、青庄险工，商丘黄河故道与故堤等文化遗址的保护工作，为黄河文化申遗奠定了初步物质基础。其次利用黄河沿线庙观、堤、坝、闸、修堤碑刻、水利图碑、黄河故道等文物遗迹和历史文献，打造治黄历史文化长廊。郑州利用花园口展示了人民伟大的治黄成就。焦作利用沿黄防洪工程，打造了治黄兴水水利水工历史体验线。开封利用黑岗口、柳园口、东坝头等遗址点，结合林公堤、毛主席视察黄河处，打造了开封治黄历史文化长廊。濮阳发掘汉武帝"瓠子堵口”重大历史事件价值，利用渠村大闸（号称亚洲第一大闸），弘扬中华民族不屈不挠的“治水”精神和中国共产党实施“黄河归故”的治理黄河伟绩。商丘利用元代贾鲁治，明代刘大夏、潘季驯等治河史迹，讲好黄河故事。再次以治黄文化遗址和城市区位优势为核心，打造各地黄河文化人文景观。郑州以国家黄委会所在地打造国家黄河博物馆，开封创建国家悬河文化展示区及建设全国治黄文化和红色基因传承基地，焦作以嘉应观、人民胜利渠为核心打造治水小镇，商丘以“河南塞罕坝”为核心打造黄河故道治沙人文生态景观，濮阳以渠村大闸、引黄补冀引水口为依托，打造濮阳引黄入冀补淀风光带等。

二是打好红色文化品牌。首先，发掘红色故事，传承红色基因。发掘郑州二七大罢工、焦作太行山抗日根据地、濮阳刘邓大军强渡黄河、商丘淮海战役、渡江战役的红色故事。其次，陈列革命文物，弘扬爱国精神。以郑州二七纪念塔与北伐战争纪念馆，商丘淮海战役总前委旧址，濮阳单拐革命旧址、台前将军渡纪念馆，兰考焦裕禄纪念馆，焦作宋学义纪念馆等为基地，建设和扩大场馆范围，发掘陈列内容，弘扬爱国主义精神。再次，培育红色景区，发展旅游产业。郑州高标准筹建“二七精神纪念馆”，打造二七红色文化展示区。濮阳以单拐革命旧址为核心，打造单拐红色文旅综合体。开封打造焦裕禄主题实景剧、焦裕禄培训基地、梦里张庄等。商丘以淮海战役为主线，以永城陈官庄淮海战役纪念馆、睢阳区淮海战役总前委旧址、睢杞战役纪念馆等为重点，整合商丘红色旅游资源，打造商丘红色旅游品牌。

三是打好姓氏名人牌。郑州开展黄帝故里景区提升工程，使黄帝文化品牌更具影响力；巩义开发提升杜甫故里项目；荥阳打造郑姓祖根地项目；商丘民权开发庄子小镇，虞城打造木兰故里文化；焦作沁阳打造朱载堉、李商隐名人文化品牌，孟州打造韩愈文化产业园；濮阳打造张姓挥公文化品牌等。

四是打好沿黄生态廊道文化牌。全省黄河生态廊道按照“一廊三段七带多节点”的总体规划布局。郑州主要建设“三区四带”，花园口示范段突出“流动地景、自然共生”，融合沿黄河一线文化遗址点，实现“走黄河生态绿道，品华夏文化风情”的愿景。开封黄河大堤示范段，突出“生态美景、文化传承”，建设以文化为依托的复合型生态廊道。焦作将整合孟州零公里堤防片区、温县太极小镇片区、温县司马文化片区、武陟嘉应观片区等重要黄河文化地标，打造集水源涵养、体育健身、文旅融合、休闲康养为一体的生态景观廊道工程。濮阳打造濮范台黄·金生态旅游带，提升黄河大堤生态廊道建设水平。商丘进行黄河故道生态旅游开发等。黄河生态廊道建设，除了涵养水分、恢复生态之外，其中一项主要目的是融合沿线历史文化资源，挖掘黄河文化蕴含的时代价值，打造具有国际影响力的黄河文化旅游带，培育黄河生态廊道文化品牌。

第八章 锚定“两个确保”，全面实施“十大战略”：持续深化总纲领总遵循总指引河南实践的新探索

战略引领未来，布局决定格局。在中国共产党河南省第十一次代表大会上，河南省委以前瞻30年的眼光想问题、作决策、抓发展，鲜明提出“两个确保”，实施“十大战略”。这是贯彻党的十九大关于第二个百年奋斗目标两个阶段战略安排的河南实践，是落实习近平总书记寄予河南“奋勇争先、更加出彩”殷殷嘱托的具体行动。在未来的发展中，全省上下要在深刻理解、准确把握“两个确保”的战略背景、内涵要义、基础优势的基础上，突破惯性思维，打破路径依赖，奋力实施“十大战略”，实现直道冲刺、弯道超车、换道领跑，开创新时代中原更加出彩新局面①。

第一节 锚定“两个确保”

2021年9月7日，河南省委工作会议首次提出“两个确保”的发展目标，即：确保高质量建设现代化河南，确保高水平实现现代化河南。“两个确保”谋划了现代化河南的宏伟蓝图，明确了现代化河南的奋斗目标，为今后河南30年发展和现代化建设指明了方向、规划了路径，是全省做好当前和今后一个时期工作的总目标和总纲领②。

---

① 河南日报、河南省社科联、河南中原创新发展研究院联合课题组：《锚定“两个确保”建设出彩中原》，《河南日报》2021年10月24日。

② 李庚香：《中原再出发》，河南人民出版社，2022。

一 “两个确保”描绘了建设现代化河南的新蓝图

“两个确保”的发展目标，是贯彻党的十九大关于第二个百年奋斗目标两个阶段战略安排的河南实践，是贯彻习近平总书记视察河南重要讲话重要指示精神的具体行动。尤其是，随着全面建成小康社会目标的实现，河南发展已经迈上了新的台阶，到了可以大有作为的关键阶段，更有底气、更有勇气、更有锐气确立更高目标、实现更大突破。河南省委以前瞻30年的眼光想问题、作决策、抓发展，提出“两个确保”的发展目标，大力实施“十大战略”，意义重大，正当其时。“两个确保”以新发展阶段、新发展理念、新发展格局为战略指引，基于对新发展阶段量变与质变的内在逻辑的深刻把握，坚持新发展理念在经济社会发展全过程和各领域的全面贯彻，抓住主动服务并深度融入新发展格局的战略机遇，明确提出以经济实力、科技实力、综合实力大幅跃升为标志推动现代化河南建设的新要求，确定了规模、总量、质量、效益相统一的发展目标，以“十大战略”为引领，明确了社会、经济、文化、生态等领域高质量建设现代化的具体路径，体现了“高”和“新”的时代内涵，统筹了“高”和“新”的目标要求，为我们擘画了现代化强省建设的新蓝图。

二 “两个确保”赋予了建设现代化河南的新使命

当前的河南，已经实现了从传统农业大省到新兴工业大省、从温饱不足到全面小康的历史性转变，正处于全面建设社会主义现代化国家新征程开启的关键时刻，走到了由大到强、实现更大发展的重要关口，站上了可以大有作为，为全国大局作更大贡献的新起点。在这一历史方位下，“两个确保”站位服务全国发展大局，抓住我国的社会主义现代化是“人口规模巨大的现代化”这一基本特征，把河南放在全国大局中来谋划，放在实现“两个一百年”奋斗目标和实现中华民族伟大复兴中国梦中来定位，主动抬高坐标、提升目标，在更高的起点上谋求在服务全国现代化建设大局中肩负新使命，勇于新担当。“中国梦归根到底是人民的梦”，拥有近1亿人民的河南能够高质量建设现代化，高水平建成现代化，就会有力支撑和促进我国全面建成社会主义现代化强国的历史进程，进而在现代化强国建设的历史进程中作出河南的独特贡献。

三　“两个确保”明确了建设现代化河南的着力点

“两个确保”立足河南人口多、底子薄、基础弱、人均水平低、发展不平衡的基本省情，聚焦不平衡、不充分、不协调、不适应等突出问题，从河南实际出发，顺应发展大势，从着力解决方向性、根本性、全局性问题入手，对河南今后一个时期的发展进行系统的谋篇布局，使河南的发展思路更加清晰，发展抓手更加明确。在战略谋划上，明确提出了实施“十大战略”，围绕扬优势、补短板、释潜能、激活力的关键领域，把准战略方向、突出战略重点、明晰战略路径，通过实施一大批变革性、牵引性、标志性举措来育先机、开新局。其中创新驱动、换道领跑等引领性战略，指明了未来河南现代化建设的动力和方向，优势再造、实施数字化转型、文旅文创融合、新型城镇化、乡村振兴、绿色低碳转型等支撑性战略，进一步明晰了全面建设现代化河南的战略重点和战略路径，制度型开放、全面深化改革等保彰性战略，通过优化制度供给，为建设现代化河南提供了坚实的制度保障。在推进方法上，“两个确保”要求坚持系统观念，在现代化建设的多重任务、多重约束中寻求动态平衡，形成整体大于部分之和的系统效应。要求突出工作重点，坚持两点论与重点论的统一，实行非均衡发展，以重点突破带动全局整体跃升。要求保持战略定力，坚持结果导向，统筹当前长远，锁定目标，久久为功。要求尊重客观规律，紧跟发展前沿，洞察变革走向，在准确识变应变求变中高质量建设社会主义现代化河南。

四　“两个确保”增强了建设现代化河南的凝聚力

“两个确保”在对河南过往实践探索系统总结的基础上，提出了建设现代化河南的总纲领，在现实基础和民心基础两个维度均具有切实可行性，为全面建设现代化河南提供了强大的凝聚力。从现实基础上看，河南不仅是全国重要的工业大省、农业大省和有影响力的文化大省，更是正在加速崛起的经济大省、内陆开放大省。河南产业基础雄厚，实现“两个确保”具备强大实力保障；国家战略叠加，实现“两个确保”具备重大发展势能；开放优势彰显，实现“两个确保”具备强劲发展动能，河南有基础、有能力去实现“两个确保”。从民心基础上看，“两个确保”紧紧围绕“发展为了人民，发展依靠人民，发展成果惠及全体人民”的核心理念，把符合人民根本利益作为发展的价值标尺，把人民对美好生活的向往作为奋斗目标，前瞻性谋划、系统化布局，坚定不移地增进民生福祉，顺应了亿万中原儿女过上美好生活的热切期盼。人民是历史的创造者，是真正的英雄，“两个确保”有利于全省上下统一思想、振奋精神，激发起亿万中原儿女建设现代化河南的磅礴伟力。

第二节　实施创新驱动、科教兴省、人才强省战略

习近平总书记多次强调，发展是第一要务，人才是第一资源，创新是第一动力。必须深刻认识并准确把握经济社会高质量发展的新要求和国内外科技创新的新趋势，坚持把科技创新摆在发展的逻辑起点、摆在现代化建设全局中的核心地位，深入实施创新驱动、科教兴省、人才强省战略，全力打造国家创新高地，坚定走好创新驱动高质量发展这个“华山一条路”。

一　建设一流创新平台

主动对接、深度嵌入国家战略科技力量体系，围绕河南重大战略需求，加快建设国家实验室、国家重点实验室、省实验室、省重点实验室以及技术创新中心、产业创新中心、制造业创新中心、中试基地、产业研究院、新型研发机构等创新平台，布局建设重大科技基础设施，优化完善创新平台体系。一是整合重塑实验室体系。要争创国家实验室，推动国家重点实验室提质增量，高标准建设省实验室，优化调整省级重点实验室，打造河南科技创新平台“先锋队”和国家实验室“预备队”。二是加快各类创新平台发展。建设技术创新中心体系，加快建设中试基地，布局建设产业研究院，统筹推进各类创新平台建设，大力发展新型研发机构，培育建设前沿科学中心和基础学科研究中心。三是建设重大科技基础设施，支撑高水平科学研究，取得一批重大原创成果，提升原始创新能力，积极争取更多国家重大科技基础设施、大科学装置在河南布局建设。

二　培育一流创新主体

以提升各类创新主体创新能力为目标，梯次培育创新型企业，强化企业创新主体地位，建设创新联合体，推进规模以上工业企业研发活动全覆盖。加快培育高水平研究型大学，激发科研院所创新活力。一是强化企业创新主体地位。大力培育创新型企业，建立完善“微成长、小升规、高变强”创新型企业梯次培育机制。完善企业创新引导促进机制，组建创新联合体，推动企业研发活动全覆盖。二是提升高校科研水平。加快培育一流大学和一流学科，大力发展高水平研究型大学，支持高校与企业、科研机构联合建设创新中心和创新平台，加快科技成果转化。三是增强科研院所创新能力。重建重振省科学院，做优做强省农科院，加快科研院所改革发展，推进科研院所资源整合和治理模式转型，引导建立健全现代科研院所制度，重塑研发体系、转化体系和服务体系。

三　培育集聚创新创造型人才

人才是推动创新发展的关键因素。坚持人才引领发展的战略地位，全方位培养、引进、用好人才，深化人才发展体制机制改革，营造识才爱才敬才用才的环境。着力培育学科领军人才、产业领军人才、青年人才，努力培养造就一支规模宏大、结构合理、素质优良的创新型人才队伍。一是加强高层次领军人才和高水平团队培养。遵循人才成长和科研活动规律，依托重大科技任务和重大创新平台（基地）培养发现人才。二是大力培养青年科技创新人才，完善基础研究人才培养长期稳定支持机制和青年人才普惠性支持措施。按照“人才+项目”的培养模式，加强基础学科拔尖人才培养。三是积极引进领军人才和创新团队。健全重点领域、重点产业人才需求预测预警和引才目录定期发布机制。完善“全职+柔性”引才引智机制，鼓励通过兼职挂职、技术咨询、项目合作、周末教授、特聘研究员等方式汇聚人才智力资源。加大海外引才力度，实施河南省高端引智计划。四是激发人才创新活力。积极鼓励各类创新型人才，尤其是高层次创新型人才采取柔性流动的方式，到企事业单位从事科技合作、技术入股和投资兴办企业。

四　打造一流创新生态

深化“放管服”改革和科技体制机制改革，加快转变政府职能，完善科技治理体系，提升科技治理能力。赋予科研单位更多自主权，赋予科学家更大技术路线决定权、经费支配权、资源调度权，建设一流创新制度。完善科技评价机制，优化科研组织范式，推动重点领域项目、基地、人才、资金一体化配置。大力培养培育科学精神、创新能力、批判性思维，健全鼓励创新、宽容失败、合理容错机制，推动科学技术普及，激发创新创业活力，在全社会营造尊重知识、尊重人才、尊重创新、尊重创造的浓厚氛围。一是大力倡导科学精神。大力弘扬科学家精神、企业家精神、工匠精神，培育创新创业文化，深入宣传科技重大决策，营造崇尚科学、敢于创新、宽容失败的创新氛围。二是加强科学技术普及。加强科普能力建设，提升全民科学文化素养，强化科普载体支撑，推进社会化科普。三是打造诚信包容创新环境。加强科研诚信建设，完善创新容错机制。四是营造全社会创新创业氛围。倡导“敬业、精益、专注、宽容失败”的创新创业文化，支持多元化主体创新创业。五是加强知识产权保护，深入实施知识产权强省战略，构建高质量创造、高效益运用、高标准保护、高效能管理、高水平服务的知识产权事业发展格局。

第三节　实施优势再造战略

长期以来，河南在区位交通、产业基础、内需规模等方面形成了一定的比较优势。当前，全球形势正在发生复杂深刻变化，我国正在加快构建新发展格局，各地均通过整合、重组来巩固提升已有传统优势，通过链接、吸引高端要素再造新的竞争优势，河南已有的优势面临不断弱化甚至消失的挑战。迫切需要紧抓构建新发展格局战略机遇，再造、整合、重组已有优势，加快推动交通区位优势向枢纽经济优势转变、产业基础优势向现代产业体系优势转变、内需规模优势向产业链供应链协同优势转变，形成经济社会高质量发展新的比较优势、竞争优势。

一 推动交通区位优势向枢纽经济优势转变

河南地处中部之中，既能承东启西，又能连南贯北，区位优势得天独厚，在发展现代流通、畅通经济循环、服务国内国际双循环上具有先天优势，“米”字形高铁网加快形成，铁公机海多式联运、综合集疏能力大幅提升，郑州航空港是全国首个空港型国家物流枢纽，郑州机场是全国唯一航空电子货运试点机场，郑州是中东部地区唯一获批建设的中欧班列集结中心，洛阳、商丘、南阳3市进入80个全国性综合交通枢纽城市，河南在全国综合交通枢纽体系中的定位毋庸置疑。尽管河南连接东西、贯通南北，但交通通道优势并没有完全转化为枢纽经济优势，“过而不驻、流而不聚”问题明显，“流量”没有转化为“留量”，交通物流枢纽与区域经济深度融合远远不够，带动区域高质量发展的潜力没有充分发挥出来。

要推动河南交通区位优势向枢纽经济优势转变，必须围绕“流量”变“留量”，强化人流、物流、资金流、信息流、技术流高效集聚，加快建设交通网络、物流枢纽、关联产业互动融合、协同发展的枢纽经济体系。继续提升“十+米+井+人”综合通道，加快完善“1+3+4+N”枢纽体系，培育壮大航空偏好型、高铁偏好型、陆港偏好型、临港偏好型等4个枢纽经济产业集群。完善物流设施体系，加快推进郑州空港型、洛阳生产服务型等10个国家物流枢纽和30个区域物流枢纽建设。

二 推动产业基础优势向现代产业体系优势转变

河南是全国重要的工业大省，工业门类齐全、体系完备，拥有41个工业行业大类中的40个、207个中类中的197个，装备、材料、汽车零部件等具有竞争优势，工业增加值连续多年位居全国第五、中西部地区第一。同时河南是全国重要的农业大省，农业生产基础条件优良，食品、纺织服装等产业基础较好。但是，我们也应看到，河南的产业产品多数处于产业链前端、价值链低端，高端产品、高附加值产业比重小，新业态新模式发展滞后，产业链全但对接不紧密，很多领域上中下游都有优秀企业，但没有形成本地化的产业分工网络，向终端产品延伸不够，一些产业链存在“断链”“缺环”，产业链整体竞争力不强。

坚持把制造业高质量发展作为主攻方向，落实产业链链长和产业联盟会长“双长制”，推动产业链、创新链、供应链、要素链、制度链深度耦合，构建支撑高质量发展的特色优势现代产业体系。实施卓越产业链建设工程，做大做强制造业企业群，提升优势产业链竞争力，培育发展新兴产业和未来产业，促进制造与服务深度融合。实施基础材料产业焕新工程，充分考虑区域环境容量和资源承载力，优化产业布局，调整产品结构，推进绿色低碳发展。实施产业链创新链融合工程，推动产业基础再造，构建制造业协同创新体系，推进数智融合赋能。

三　推动内需规模优势向产业链供应链协同优势转变

河南是全国人口大省，2021 年全省常住人口 9936.6 万，人口多，蕴藏的创业商机就多，蕴含的市场需求就大。尤其是河南正处在城镇化快速推进阶段，全省每年约 150 万人的新增城镇人口、2 万多亿元的社会消费水平，对各类技术、产品、服务的需求空间广阔，使得河南成为构建国内统一大市场的战略要地。在新发展格局下，全省内需规模优势更加凸显，面向内需升级的大企业集团更加重视在河南开展战略布局，这是河南吸引高端要素集聚、加快产业升级的重要依托。但整体上看，河南本地供应链差距仍较明显，产业链本地化水平不高，很多企业的核心零部件供应商都在沿海地区，增加了企业物流和运营成本，投资和消费中省外购进占很大比例。

推动内需规模优势向产业链供应链协同优势转变，要紧紧扭住供给侧结构性改革主线，加强需求侧管理，促进供给与需求动态平衡，实现产业链供应链协同发展。一是实施供需适配行动，充分发挥当前装备、食品、电子等领域产业基础优势，以整机和终端产品为牵引，探索实行龙头企业提需求、上下游企业揭榜参与的协作模式，增强产业本地配套能力。二是深入开展质量提升行动，加强全产业链质量管理和标准体系建设，提高终端消费品市场开拓水平。三是实施招商引资行动，突出招商引资重点方向，创新完善招商引资模式，深化投融资体制改革，推进重大项目取得突破。四是实施促进消费行动，推进餐饮、住宿、旅游等传统消费提档升级，推动直播电商、视频营销、私人定制等新型消费扩容增量。

第四节 实施数字化转型战略

近年来，数字经济发展速度之快、辐射范围之广、影响程度之深前所未有，正在成为重组全球要素资源、重塑全球经济结构、改变全球竞争格局的关键力量①。面向未来，要突出数字化引领、撬动、赋能作用，加快构建系统完备、高效实用、智能绿色、安全可靠的新型基础设施体系，壮大数字核心产业，推进传统产业数字化改造，全面提升数治能力。

一 加快构建新型数字基础设施体系

优化升级网络基础设施。一是加快建设5G网络。推动5G独立组网网络规模化部署，实现乡镇以上区域5G网络全覆盖。加快室内场景、地下空间、重要交通枢纽及干线沿线5G网络覆盖。二是改造优化宽带网络。实施郑州国家级互联网骨干直联点提升工程，争取国家（郑州）新型互联网交换中心布局，加快郑汴洛互联网国际通信专用通道建设。三是积极布局下一代互联网。开展IPv6流量提升专项行动，深化网络基础设施IPv6改造，在金融、能源、交通、教育、政务等重点领域开展IPv6+新技术试点及规模应用，加快下一代互联网规模部署。探索天地一体化、6G等未来网络布局建设。

统筹布局数据和计算基础设施。一是加快推动绿色数据中心建设，推动郑州、洛阳等地构建超大型绿色数据中心集群；整合现有数据中心资源，推动跨网、跨地域数据交互，面向行业需求部署边缘数据中心；优化数据中心能源供给和利用，推广节能与绿色低碳技术产品、解决方案。二是加快构建计算中心应用生态。加强国家超级计算郑州中心建设，围绕生物育种、精准医学、气象环保等领域培育一批超算重大应用；开展智能计算中心布局，搭建公共算力服务平台，推进人工智能、区块链基础设施建设和集成应用。

加快建设融合基础设施。一是推进交通物流设施智能化。推动重要路段和节点的交通感知网络覆盖，完善基础设施监测、路网运行监测等体系，

---

① 习近平：《不断做强做优做大我国数字经济》，《求是》2022年第2期。

提升区域路网效能。推动全省普通干线和重要农村公路资产数字化全覆盖。二是推进能源设施智能化。加快智能变电站、智能电表、配电网自动化等技术应用，以及智能微电网、充电桩等设施建设，打造中部地区领先的智能坚强电网；完善省能源大数据中心功能，推动电力、天然气、热力、油品等能源网络信息系统互联互通和数据共享。三是推进生态环境设施智能化。推动生态环境保护智能化监管，建设污染源在线监测、无人巡查等设施，实现污染物排放重点企业生态环境实时监测；推进水利感知网络建设，构建“空天地”一体化信息采集和数据汇集系统，打造水利综合监管一体化平台，实现河湖水域岸线管理、水土保持、水资源高效利用、水生态保护、水旱灾害防治等智慧化应用。

二　发展壮大数字核心产业

培育壮大新兴数字产业。一是大力发展软件服务业，加快软件与5G、物联网、云计算、大数据、人工智能等新一代信息技术融合应用，构建政务、金融、医疗、教育、工业等领域软件产业生态体系，提升操作系统、数据库、中间件等基础软件开发能力。二是加强人工智能创新应用，推动图像识别感知、数字图像处理、语音识别、智能判断决策等技术研发和应用，发展智能网联汽车、智能机器人、智能无人机等智能产品。三是加快区块链发展应用，加强加密算法、共识机制、智能合约、侧链与跨链等技术研发和应用，引进和培育一批区块链创新企业，建设区块链公共服务平台，打造区块链产业园区。四是推动卫星产业深度应用，加快多源卫星数据一体化综合服务平台、星云星座运营中心建设，推动北斗二代地基增强系统基准站网向北斗三代升级改造，提升高分遥感卫星应用保障能力。

突破提升电子核心产业。一是突破发展新型显示和智能终端。积极引进有机发光二极体（OLED）、微发光二极管（Micro LED）、印刷显示、量子点显示等先进显示技术及项目，巩固提升高端智能手机产能，积极发展基于5G技术的数字影音、智能家居、智能安防等新型智能终端。二是巩固智能传感器产业优势。建设智能传感器产业关键技术创新与转化平台，发展基于微机电系统（MEMS）的新型智能传感器，构建智能传感器、射频卡、嵌入式芯片、传感网络设备等产品体系，推动材料生产、设计制造、封装测试、系统集成和重点应用全产业链发展，打造中国（郑州）智能传感谷和洛阳、新乡智能传感器基地。三是拓展计算产业规模应用。加快中原鲲鹏生态创新中心建设，培育引进自主可控领军企业和鲲鹏生态企业。加快曙光高端整机智能制造基地建设，加快自主可控计算产品在经济社会重点领域应用示范，布局建设计算产业硬件生产基地。四是超前布局半导体产业。加强超宽禁带半导体材料生长系统构建、快速生长、晶径扩大、超硬材料加工等关键技术研发，布局发展碳化硅、氮化镓、金刚石等第三代半导体材料。

加快发展数据服务产业。一是整合利用数据资源，依托河南省大数据中心，完善政务数据共享相关法规制度和标准规范，以政务数据为基础，实现工业、农业、交通、教育、医疗、金融、文旅等行业和领域数据有序汇聚、安全调用，打通企业、个人数据汇聚通道，推进数据资源化。二是深度挖掘数据价值，加强数据生产、确权、定价、流通、应用、监督、收益分配等领域研究，探索建立数据流通机制、应用体系、监管与安全体系，推进数据作为生产要素参与生产分配，实现资源化向资产化、资本化过渡。三是探索数据交易服务，建设省级数据要素市场配置中心和郑州、洛阳等地数据要素市场配置分中心。

三　推动产业数字化转型

深化工业数字化转型。一是实施智能改造引领工程。制定发布制造业重点行业数字化转型指南，推动建设一批智能车间、智能工厂，打造一批智能制造标杆企业，带动全产业链数字化转型。二是实施工业互联网发展工程。推进企业内网升级改造，建设一批企业内网升级改造标杆和5G全连接工厂，加快洛阳、许昌、漯河、郑州、新乡等工业互联网标识解析体系二级节点建设和应用推广，鼓励支持有条件的骨干企业建设行业二级节点。三是实施新模式新业态培育工程。支持制造业企业发展平台化设计、智能化制造、网络化协同、个性化定制、服务化延伸、数字化管理等新模式新业态，加快生产方式、企业形态、商业模式变革。

大力发展数字农业。一是加快构建农业物联网。加快5G、北斗、遥感等技术应用，加强农产品全产业链数据采集，构建“天空地”一体化农业智能监测预警系统。二是发展精准种植和养殖。建设农业大数据平台，动态监测土壤墒情、作物长势、灾情虫情等信息，推动智能感知、智能分析、智能控制技术与装备在大田种植、设施园艺领域集成应用；加强动物疫病疫情的精准诊断、预警、防控，集成应用电子识别、精准上料、畜禽粪污处理等数字化设备，大力发展精准种植和养殖。三是推广农产品数字营销。加强农产品生产、加工、流通、仓储、销售等全流程监控，以责任主体和流向管理为核心、以追溯码为载体，实现“从农田到餐桌”全过程追溯管理。

加快服务业数字化转型。一是建设智慧物流，加快搭建全省统一的物流信息化公共服务平台，推广“互联网+运力优化”“互联网+运输协同”等智慧物流模式，打造一批国家级智能仓储物流示范基地。二是发展电子商务，加快发展跨境电商、直播电商、社交电商，打造线上线下融合发展格局，推进“线上引流+实体消费”新模式。三是深化智慧金融，加快推动大数据、人工智能、区块链等技术在金融服务领域应用，探索建立城市数据中心与金融机构数据共享机制，推动政府数据向金融机构有序开放。四是打造智慧文旅，加快景区、酒店、旅行社、乡村旅游点以及文博场馆智能化改造，打造一批高等级智慧景区、文化场馆和博物馆，推动非遗传承、文物古迹线上展示。

四　全面提升数治能力

全面建设数字政府。一是加快政务网络和政务云建设，加强高可靠、高性能的电子政务内/外网建设，实现全省政务云资源的集中调度和综合服务，加快各地各部门政务信息系统向政务云平台迁移和应用接入。二是提升政府服务效能，扩大政务信息资源共享交换覆盖范围，加强政务服务移动端“豫事办”等特色政务品牌建设，推进“一证通办”“全程网办”“全省通办”“无感智办”，实现线上线下政务服务深度融合。

加快建设新型智慧城市。一是加快智慧城市平台建设。加快以省辖市为主体的新型智慧城市统一中枢平台建设，整合公共领域信息系统和数据资源，开展智能化创新应用。支持有条件的省辖市建设时空大数据平台、城市信息模型（CIM）平台，打造数字孪生城市。推动集社区服务和管理功能于一体的智慧社区建设。二是创新城市服务方式。加快智慧交通设施共建共享，加快数字化医院建设，加快教育环境智能化改造，加强城市公共安全视频终端建设，建设城市综合管理服务平台。

第五节 实施换道领跑战略

所谓“换道”，是指改变过去过多依靠资源、能源、土地和劳动力的投入的发展模式，选择更具潜力和前景的发展路径和模式。所谓“领跑”，是指由跟在后面改为走在前面，实现新形势下发展的新超越。经过几十年的发展，河南省的制造业已经到了不改变传统的路径依赖不行、不转型升级不行的时候了。实施换道领跑战略，是河南省制造业发展思路和发展路径的重塑性变革。

一 前瞻布局未来产业

未来产业是当前已经有一定的技术储备、出现产业化的倾向，且在今后一个时期能够快速释放发展潜力成为重要支撑的产业，代表了未来的产业制高点。未来技术一旦实现突破，将与各类产业快速融合，形成大范围、群体性产业化创新，实现指数化增长，快速形成一批新的产业增长点，重塑产业竞争格局。由于未来产业具有巨大潜力和深远影响，世界主要国家都不约而同地着眼未来，加强对未来产业的布局，以期赢得未来全球产业发展的先机。

围绕“优中培精”“有中育新”“无中生有”三大路径，超前谋划支撑未来产业发展的核心要素，谋篇布局量子信息、氢能与储能、类脑智能、未来网络等未来产业，培育形成一批引领能力强、经济效益好、具备核心竞争力的未来产业链群，争创国家未来产业先导试验区。一是优中培精引领型产业，立足具有一定基础、能够抢抓机遇率先布局的量子科学和氢能及储能领域，加强前沿技术多路径探索、交叉融合和颠覆性技术源头供给，培育一批初步具备国际引领作用的龙头企业和创新平台，力争产出一批原创性、颠覆性成果，抢占产业发展制高点。二是有中育新先导型产业，结合全产业基础和技术成熟度，紧跟国内外最新前沿技术、颠覆性技术发展趋势，加快释放类脑智能和未来网络的产业潜能，快速壮大产业规模，在产业链和创新链上占据一定位置、突出河南元素。三是无中生有潜力型产业，紧密跟踪世界科技前沿，把握未来产业变革趋势，超前部署发展生命健康、前沿新材料，加快新技术产业化进程，力争在重大领域、细分领域换道抢滩，打造新赛道，领跑新转型①。

二　抢滩占先新兴产业

新兴产业新动能作用强劲。当前，新兴产业已经成为区域经济发展的新支柱、新主导、新引擎。当前，哪个地区新兴产业发展得好，哪个地区就掌握了经济发展的主动权，占据了新时期产业竞争的有利地位。虽然河南省高度重视战略性新兴产业发展，通过深入实施创新驱动战略，积极培育智能制造装备、生物医药、节能环保和新能源装备、新一代信息技术等新兴产业，推动全省战略性新兴产业持续快速增长。但是通过横向比较可以发现，无论与东部沿海地区相比，还是与周边的湖北、安徽、陕西等地相比，河南在新兴产业培育上都失了先机。

在今后的发展中，在新兴产业培育上，河南需要重点抓好以下七个方面：一是新一代信息技术，着力形成“芯屏网端器用”产业生态圈。二是高端装备，培育高端成套装备、智能制造装备、轨道交通装备等新兴产业链。三是新材料，聚焦先进金属材料、电子功能材料、高性能化工材料等“新赛道”，发展高品质特殊钢、先进铝合金材料；加快硅材料、电子金属材料、电子级玻璃纤维、电子级化学品等细分领域发展。四是生物医药，重点培育生物医药、现代中药、高端医疗器械和医用卫材等产业链。五是智能网联汽车及新能源汽车，建设智能网联汽车检验检测平台和“人—车—路—云”高效协同新型智能交通体系。六是新能源，做强风电产业链，做大光伏产业链，加快构建生物质资源收运、成型、气化、发电及供热综合利用产业链，加强地热能规模利用。七是节能环保，做大做强高效节能、先进环保、资源循环利用技术装备和节能环保服务等产业链。

三　高位嫁接传统产业

传统产业是河南发展的基本盘。传统产业泛指除高新技术产业之外的众多产业，主要指劳动力密集型、以制造加工为主的行业。2020 年，河南冶金、建材、化学、轻纺、能源等五大传统产业增加值占规模以上工业的

---

① 王中亚：《实施换道领跑战略：三类产业发力 全面提升产业竞争力》，大河网，2022 年 4 月 21 日，https：//theory. dahe. cn/2022/04-21/1005191. html。

46.2%，几乎撑起全省工业经济的半壁江山。从产业关联看，传统产业是高新技术产业发展的基石，如新能源汽车发展离不开传统汽车的基础，新材料产业也离不开传统材料的支撑，智能化的工业机器人也离不开传统的焊接制造环节。传统产业是河南发展的基本盘，不仅要稳住，而且要加快改造升级①。

明晰传统产业转型方向。坚持“高端化、智能化、绿色化、服务化”转型方向，实现制造模式新变革和“材料+装备+品牌”大提升，推动产业链向中高端延伸，迈入新兴产业与未来产业发展“新赛道”。一是加快钢铁向先进钢铁材料转型，重点做精做优钢铁制造终端产品，加快发展高强钢、优特钢、品种钢等中高端产品。二是加快有色金属向先进合金材料转型，补齐建筑模板、交通运输、铝制家具等挤压型材短板，发展航空航天、轨道交通、罐体、电子信息等高附加值铝合金产品。三是加快传统建材向绿色节能建材转型，鼓励水泥骨干企业向装配式建筑企业转型，重点发展超薄、高强、无碱、镀膜、高透光率等高性能玻璃产品。四是加快化工向精细化工和新材料转型。五是加快传统装备向高端智能装备转型，积极布局智能制造装备、轨道交通装备、安全应急装备、先进节能环保及新能源装备等领域。六是加快传统汽车向新能源及智能网联汽车转型。七是加快食品向绿色功能食品转型升级，以“大食品产业”理念推进食品产业“延链增值”。八是加快轻纺品牌化、智能化转型升级②。

第六节　实施文旅文创融合战略

实施文旅文创融合战略，是加强文明交流互鉴的必然要求，是坚定文化自信的重大支撑，是现代化河南建设的重要支点。立足河南作为华夏文明主根、国家历史主脉、中华民族之魂的重要地位，坚持创意驱动和科技赋能，加快推动将河南厚重的历史文化资源优势加快转变为发展优势，推动文化旅游在新的历史起点上实现全域深度融合，将河南建设成为中华文

---

① 王中亚：《实施换道领跑战略：三类产业发力 全面提升产业竞争力》，大河网，2022 年 4 月 21 日，https：//theory.dahe.cn/2022/04-21/1005191.html。

② 王中亚：《实施换道领跑战略：三类产业发力 全面提升产业竞争力》，大河网，2022 年 4 月 21 日，https：//theory.dahe.cn/2022/04-21/1005191.html。

化传承创新中心、世界文化旅游胜地。

一 加强“行走河南·读懂中国”全域旅游主题形象塑造

河南是文化资源大省，地下文物、馆藏文物、历史文化名城、重点文物保护单位数量均居全国第一；中国 20 世纪 100 项考古大发现中河南有 17 项。洛阳龙门石窟和安阳殷墟是世界文化遗产。以裴李岗文化、仰韶文化、河南龙山文化为代表的考古学文化，以夏商周文化、汉魏文化、唐宋文化为代表的中原历史文化，以老子、庄子、张衡、许慎、张仲景、吴道子、杜甫、韩愈、岳飞、朱载堉为代表的名人文化，以新县鄂豫皖苏区首府、确山竹沟中共中央中原局所在地为代表的红色文化，博大精深①。

立足河南丰富的历史文化资源，打造中华文化超级 IP。将老家河南、天下黄河、华夏古都、中国功夫等打造成为具有国际竞争力的中华文化超级 IP，成为坚定文化自信、提高国家文化软实力的重大标识。将甲骨文、隋唐洛阳城、仰韶文化、二里头文化、宋文化、道家思想、二十四节气、唐诗宋词等打造成为具有世界影响力的中华文化知名 IP，成为彰显中华文化魅力、面向世界讲好中国故事的重要载体。依托新华网、人民网、光明网、河南日报、河南广播电视台等主流媒体开设的新媒体账号，整合今日头条、抖音、快手、哔哩哔哩、小红书、携程、马蜂窝、爱奇艺、腾讯视频、优酷等新媒体平台，联动 TripAdvisor、Youtube、Facebook、Instagram、Twitter、TikTok、Google+等境外新媒体账号，打造“一体策划、集中采集、多种生成、立体传播、同频共振”的新媒体推广矩阵，加强河南文化旅游资源的推介和宣传。

二 加快推进黄河文化旅游带建设

河南是黄河流域生态保护和高质量发展重大国家战略的重要承载地，是构建具有国际影响力的黄河文化旅游带的核心示范区。一是塑造黄河国家文化公园空间格局，建设郑汴洛大河文明传承创新核心区和豫晋陕、豫晋冀、豫皖苏黄河文化联动发展增长极。打造黄河干流和伊洛河、贾鲁河、古济水—沁河、洹河、漳河、黄河北流故道、黄河南流故道、沿豫北太行

---

① 喻新安：《中原崛起之路》，人民出版社，2013。

山、沿豫西秦岭余脉等10条展示支脉。二是实施黄河国家文化公园重大项目，构建三门峡—洛阳—郑州—开封—安阳世界级大遗址公园走廊。三是打造国际文化旅游目的地，依托郑州、开封、洛阳、安阳四大古都，打造四大国际历史文化旅游名城，打造古都古城古镇古关古道文旅新地标。

三 加快发展富有特色的全链条文旅业态

聚焦传统业态、优势业态、新兴业态三大领域，围绕古都旅游、乡村旅游、研学旅游、红色旅游、康养旅游、考古旅游等优势资源与经典线路，通过数字化改造、品牌化提升、多元化培育、特色化创新，全力打造河南现代文化旅游产业体系，加快建设世界文化旅游胜地。

加快升级传统业态。全面推进传统旅游产业数字化运营，建设一批数字景区、数字度假区、数字酒店和数字旅行社。不断丰富景区文化内容，推动文艺精品、非物质文化遗产进景区，依托云台山、龙门石窟、少林寺、黄河小浪底等打造一批富有文化底蕴的世界级景区和度假区。引进一批国际国内知名品牌酒店落户，推动本土酒店集团化发展，建设一批遗产酒店、度假酒店、艺术酒店、电竞酒店等。全力培育新兴业态。依托修武云台山、林州红旗渠、嵩山少林功夫、隋唐洛阳城、温县太极拳、鹿邑老子学院等研学项目，打造“行走河南·读懂中国”研学旅游产品体系，构建“大黄河”入境游学体系。围绕大别山精神、焦裕禄精神、红旗渠精神，打造一批具有全国影响力的红色精品景区。

四 加快培育文旅文创旗舰劲旅

深化文旅融合产业体制机制改革，推动文旅企业建立现代企业制度，盘活资源，搞活经营。坚持内培外引、育强培优，不断增强文旅文创企业核心竞争力，全力打造河南文旅文创企业大中小企业协同发展格局。实施旅行社集团延链工程，重点推动河南中原国际旅游集团、河南国旅集团、河南中旅集团、河南中原铁道旅游集团、河南旅游集团等传统旅行社企业向产业链上下游延伸，培育一批主业突出、市场竞争力强的文旅“独角兽”企业，打造文旅文创大中小企业矩阵。

支持文旅领域“大众创业、万众创新”，重点支持“专、精、特、新”中小文化创意企业发展，打造一批民营文化创意“小巨人”企业。大力发展演艺经纪、版权代理、评估鉴定、推介咨询、担保拍卖等各类文化旅游中介服务机构，大力发展“众创空间”“创新工场”等新型创业服务平台，实现龙头骨干文旅企业、中小微文旅企业、个体文创劳动者协同发展。整合盘活省内高校和科研单位文化和旅游智力资源，贯通理论研究、人才培养、艺术生产、融合创新各个环节，形成教学、科研、产业一条龙智库，筑牢文化旅游人才“底座”。

第七节　实施以人为核心的新型城镇化战略

随着新型城镇化战略的持续深入，河南城镇化进程不断加快，城乡面貌持续改善，大中小城市和小城镇协调发展格局基本形成。但我们也要清醒地看到，河南城镇化率仍然低于全国平均水平，中心城市能级不够、辐射带动能力不强，城市的综合承载能力仍然不强。未来一段时期，是河南新型城镇化实现更高质量发展的关键时期，必须要立足发展基础、顺应发展趋势，积极稳妥推进以人为核心的新型城镇化战略，使人民群众享有更加安全、更高品质的城市生活。

一　着力优化新型城镇化发展格局

以河南为主体的中原城市群发展目前已经取得初步成效，整体经济实力明显增强，布局合理、功能完善、大中小城市和小城镇协调发展的现代城镇体系基本形成，但仍然存在一体化发展的短板弱项，协同发展、质量效益上亟待提升。坚持规模质量双提升，推动中心城市“起高峰”，强化郑州国家中心城市龙头作用，打造现代化郑州都市圈，增强洛阳和南阳副中心城市辐射带动能力，推进区域协调联动发展，加快构建“一主两副、四区协同、多点支撑”新发展格局。

一是加快提升郑州国家中心城市能级。聚焦“当好国家队、提升国际化”，强化枢纽开放、科技创新、教育文化、金融服务等功能，加快打造国家创新高地、国家先进制造业高地、国家开放高地、国家人才高地。二是推动郑州都市圈扩容提质，以郑州国家中心城市为内核，以塑强区域竞争优势为目标，以服务全国大局为导向，统筹处理好都市圈与郑州国家中心城市、都市圈与郑汴许和郑新等板块、都市圈内 9 个城市之间的关系，把郑州都市圈作为深度融入国内国际双循环经济体系的关键节点和先手棋，加快打造具有全国影响力的现代化都市圈。三是培育壮大副中心城市，推进洛阳中原城市群副中心城市提级扩能，培育南阳省域副中心城市，培育壮大若干区域中心城市、门户城市，形成各具特色的发展引擎，强化新型城镇化发展的多极支撑。

二　着力推动县域经济高质量发展

经济学家张五常曾断言，以县际竞争为代表的地区间竞争，是中国改革开放以来经济迅猛发展的根本原因，并称这个制度是他所知道的最有增长效率的制度。目前，河南省县域规模以上工业占全省的比重超过 60%，百亿级产业集群 78 个。推动全省经济高质量发展重点在县域，难点在县域，潜力也在县域。县域稳则省域稳，县域强则全省强。

坚持把县域治理“三起来”作为根本遵循，大力推进新发展格局下县域经济高质量发展，激发县域发展活力，加快推动县域经济“成高原”。一是引导县域经济特色化发展。以强县富民为主线，以改革发展为动力，以城乡贯通为途径，坚持宜水则水、宜山则山，宜粮则粮、宜农则农，宜工则工、宜商则商，统筹推进县域经济因地制宜发展。二是推进“一县一省级开发区”建设，推动各县开发优化设置 1～2 个主导产业，推动要素加快集聚、资源优化配置、上下游企业联动，实现产业转型、创新生态、人才服务、生态价值等多重功能的高度耦合。三是提升县城品质和承载能力，顺应县域人口流动发展趋势和就地就近城镇化发展态势，适应农民到县城就业安家需求，提升县城公共设施和服务能力，加快推动公共服务设施提标扩面、环境卫生设施提级扩能、市政公用设施提档升级、产业培育设施提质增效。

三　着力打造宜居韧性现代化城市

围绕现代化城市建设，河南在城市交通、绿化、美化等宜居建设，以及人文城市、智慧城市发展方面取得了积极进展，城市治理体系和治理能力现代化得到明显提升。但是，突如其来的汛情、疫情，集中暴露出河南在城市治理上存在的短板弱项，需要补短强基，提高治理水平。

坚持人民城市人民建、人民城市为人民，加快转变城市发展方式，把安全理念贯穿于城市规划、建设、管理全过程，优化城市生产、生活、生态空间，注重对“城市记忆”加以保护，稳妥进行修缮、保护和再利用，打造宜居、创新、智慧、绿色、人文、韧性城市。一要积极发展宜居、创新、智慧、绿色、人文、韧性城市，打造满足人民美好生活要求的更高质量、更加品质生活空间。二要实施基础设施补短板、公共服务提升，改善公共供给质量，让城市生活更便利。三要实施城市提质、住房保障行动，改善城市面貌、提升居住品质，让城市生活更美好。四要实施城乡绿色发展、韧性城市建设行动，把安全理念贯穿于城市规划、建设、管理全过程各环节，更加重视“里子工程”“避险工程”，增强城市节能减排、绿色发展能力，强化重要设施、重点部位、重点场所等安全防护，超前布局城市生命线，全面提高防御灾害和抵御风险能力。五要实施城市特色风貌塑造行动，不以行政级别高低决定城市建管标准，坚持一流水准，重在体现特色、体现内涵、体现品质，彰显美学元素，展现城市人文风貌。六要实施城市“四化”行动，注重提升城市治理水平、提升市民文明素质，推动城市治理体系和治理能力现代化。

第八节　实施乡村振兴战略

河南是农业大省、农村人口大省，实施乡村振兴战略对河南具有特殊意义。全面实施乡村振兴战略，要坚决扛稳保障国家粮食安全重任，牢牢守住不发生规模性返贫底线，统筹推进乡村发展、乡村建设、乡村治理重点工作，确保农业稳产增产、农民稳步增收、农村稳定安宁，推动乡村振兴取得新进展、农业农村现代化迈出新步伐。

一　扛稳粮食安全重任

习近平总书记指出，粮食生产是河南的一大优势、一张王牌，这个优势、这张王牌任何时候都不能丢。河南用占全国1/16的耕地，生产了全国1/10的粮食，为确保国家粮食安全做出了突出贡献。特别是从全国13个粮食主产区30年粮食产量的变化看，河南粮食在全国所占的地位更加重要。确保粮食产量稳定在1300亿斤以上，既是政治责任，也是首要底线。

一是守牢耕地红线。实行耕地保护党政同责，落实最严格的耕地保护政策，确保全省耕地保有量稳定在 1.2 亿亩以上。二是稳定粮食种植面积。全面加强耕地用途管制，严格落实耕地利用优先序，坚决遏制耕地“非农化”、基本农田“非粮化”，确保全省粮食种植面积稳定在 1.6 亿亩以上。三是做好地力提升。以粮食生产功能区和重要农产品生产保护区为重点，分类分区域开展高标准农田建设和提质。四是打造现代种业强省。聚焦重点品种开展种源关键核心技术集中攻关，积极构建功能完备、运行高效的农业种质资源保护与利用体系，将河南打造为现代种业创新高地。五是强化农机装备支撑。聚力补齐设施农业、畜牧养殖和农产品加工等设施装备短板，推动大中型、智能化、复合型农机推广应用，促进河南省农业机械化全程全面发展。

二　推进农业高质量发展

高质量发展是大形势、大格局、大逻辑。河南是农业大省，但还不是农业强省，河南农业发展正处在转变发展方式、优化经济结构、转换增长动力的关键时期。在扛稳粮食安全重任的前提下，着力推进高效种养业和绿色食品业转型升级，实现粮食安全和高效农业相统一。

一是大力发展优势特色农业。加快建设一批优势特色农产品基地，根据市场需求适度扩大种养规模，创建一批国家级、省级特色农产品优势区。大力发展现代畜牧业，加快构建现代畜牧养殖体系，做强生猪产业，做大草畜产业，做精家禽产业，做优饲草产业，建设畜牧业强省。以卢氏、淅川、温县等县为重点，建设一批豫产道地中药材规范化示范种植基地，加快中药材产业化发展。二是大力发展绿色食品业。聚焦绿色安全、营养方便、质量效益，推进河南绿色食品业向高端化、绿色化、智能化、品牌化方向发展，推动产业链、价值链、供应链加快构建，同步提升，加快实现河南省由“国人粮仓”到“国人厨房”“世人餐桌”的转变。三是实施绿色兴农行动。加强农业资源保护和高效利用，深入推进农业面源污染防治，大力发展节水、节肥、节药、节地农业，实现农业清洁生产。积极发展生态循环农业，加快农产品绿色原料基地建设，推进畜禽粪污、秸秆、农膜、农产品加工副产物等资源化利用。探索农业绿色发展机制，大力推进农业绿色发展先行区建设。四是实施质量兴农行动。建立健全农业标准体系，强化质量安全监测和质量安全追溯管理，有序扩大农产品追溯管理范围。

实行食用农产品合格证制度，推进绿色食品、有机农产品、农产品地理标志认证，加快建设绿色食品原料基地。五是推进一二三产业融合发展。拓展农业多种功能，挖掘乡村多元价值，打造“一县一业”“一镇一特”“一村一品”。

三 巩固拓展脱贫攻坚成果

“十三五”时期，河南省实现了现行标准下农村贫困人口脱贫，53 个贫困县全部摘帽，“三山一滩”区域性整体贫困问题得到解决，新时代脱贫攻坚目标任务如期完成。习近平总书记强调，乡村振兴的前提是巩固脱贫攻坚成果，要持续抓紧抓好，让脱贫群众生活更上一层楼。要持续推动同乡村振兴战略有机衔接，确保不发生规模性返贫，切实维护和巩固脱贫攻坚战的伟大成就[①]。

一是推动脱贫地区帮扶政策落地见效。保持主要帮扶政策总体稳定，落细落实“三保障”、兜底保障等帮扶政策，持续做好定点帮扶工作，深化市县、校地、村企、医院等结对帮扶。二是加强易返贫致贫人口动态监测帮扶。持续完善监测帮扶机制，在精准确定监测对象上下功夫，将有返贫致贫风险和突发严重困难的农户纳入监测范围，确保应纳尽纳。三是促进脱贫人口持续增收。因地制宜，实施特色种养业提升行动，支持带动脱贫人口就业较多的龙头企业和农民专业合作组织发展，巩固提升脱贫地区特色产业，完善联农带农机制，提高脱贫人口家庭经营性收入。四是加大对乡村振兴重点帮扶县和易地扶贫搬迁后续扶持力度。建立健全乡村振兴重点帮扶县发展监测评价机制，加大财政资金、信贷资金投入和保险保障力度。

四 加快建设美丽乡村

随着新型城镇化的快速推进，乡村居民对美好生活要求的日益提升，以及农村实现全面脱贫，河南农村人口分布、生产生活方式和居住环境重构不断深化。需要进一步把握乡村发展规律，加快推进美丽乡村建设。

一是结合县、乡镇国土空间规划，通盘考虑土地利用、产业发展、居

① 张红宇：《把巩固拓展脱贫攻坚成果这件大事抓紧抓好》，光明网，2022 年 7 月 12 日。

民点布局等因素，充分把握乡村发展趋势，以县域为单位，明确村庄分类和布局，组织有条件的地方科学编制多规合一的实用性村庄规划。二是推动“四好农村路”示范创建提质扩面，积极推进农村供水“四化”工作，加快推动农村电网改造升级，实施“气化乡村”工程，全面提升乡村基础设施建设水平。继续实施农村危房改造和地震高烈度设防地区农房抗震改造，全面提升农房建设质量。三是加强基本公共服务县域统筹，实施学前教育发展提升行动计划、加快县级“三所医院”达标建设全覆盖，实现乡镇卫生院、社区卫生服务中心服务能力全面达标。四是实施农村人居环境整治提升五年行动计划，统筹推进村容村貌整体提升，建立健全农村生活垃圾收运处置体系，开展农村生活垃圾分类和资源化利用。立足防大汛抗大灾，加快实施灾后恢复重建规划，加强韧性乡村建设。五是加强改进乡村治理。深化乡镇管理体制改革，健全乡镇党委统一指挥和统筹协调机制。实施村党组织建设堡垒工程，开展星级党支部创建活动。

第九节 实施绿色低碳转型战略

实施绿色低碳转型战略是河南省贯彻落实中央碳达峰碳中和决策部署的重要抓手和举措，是“十四五”时期把生态文明建设、碳达峰碳中和要求贯彻到经济社会各领域各行业的具体实践。认真落实党中央、国务院关于碳达峰碳中和的重大战略决策，把准政策导向，突出双控倒逼，坚持先立后破，有序安全降碳，加快形成节约资源和保护环境的产业结构、生产方式、生活方式、空间格局。

一 以推进碳达峰、碳中和为牵引

2020 年 9 月 22 日，习近平主席在第七十五届联合国大会一般性辩论上作出庄严承诺，中国将提高国家自主贡献力度，采取更加有力的政策和措施，二氧化碳排放力争于 2030 年前达到峰值，努力争取 2060 年前实现碳中和。我国提出这一任务，向全世界宣示了我国为全球气候保护作出更大贡献和致力于共建人类命运共同体的决心和意志。以碳达峰、碳中和为抓手，推进经济高质量发展与绿色低碳发展的融合，是全面建成社会主义现代化强国的应有之义和必由之路。以碳达峰、碳中和工作推动经济发展模式转变，也是化解我国生态环境风险、维护生态环境安全的重要途径。

当前，我国已经进入新发展阶段，推进碳达峰、碳中和，是破解资源环境约束突出问题、实现可持续发展的迫切需要，也是顺应技术进步趋势、推动经济结构转型升级的现实需要。河南省推进碳达峰、碳中和工作，应围绕高质量发展，凝聚全社会力量，促进低碳发展和供给侧结构性改革深度融合，进一步完善相关政策体系和体制机制。一是聚焦高质量发展谋划碳达峰、碳中和工作，始终坚持创新、协调、绿色、开放、共享新发展理念，积极融入新发展格局构建。二是通过加快建设绿色现代产业体系，积极推进能源结构清洁化，实现供给侧结构性改革和碳达峰、碳中和工作深度融合。三是综合运用法律、经济和行政手段，建立高效、协调的低碳发展政策体系和体制机制。

二　调整优化能源结构

立足以煤为主的基本国情和省情，在推动煤炭清洁高效利用的同时，以可再生能源为重点，着力发展非煤能源，推动形成煤、油、气、新能源、可再生能源多轮驱动的能源供应体系。

推动新能源加快发展。一是有序推动风能资源开发利用。规划建设高质量风电项目，打造沿黄百万千瓦级高质量风电基地。二是积极推进太阳能高效利用。加快屋顶光伏整县（市、区）推进，鼓励利用开发区、工业园区、标准厂房、大型公共建筑屋顶发展分布式光伏发电，探索开展光伏建筑一体化示范。三是因地制宜开发地热能。加强地热资源调查评价，提高地热资源开发利用量，完善地热能开发利用方式。四是提升生物质能利用水平。建立健全资源收集、加工转化、就近利用的生产消费体系。五是统筹有序推进氢能、水能和核能发展。

促进化石能源消费减量。一是科学控制煤炭消费总量，有序减量替代，推进煤炭消费转型升级。推动煤炭绿色高效发展，加快绿色矿山建设，适度发展优势煤种先进产能，持续淘汰落后无效低效产能。二是加快火电结构优化升级。持续优化调整存量煤电，淘汰退出落后和布局不合理煤电机组。三是充分挖掘油气生产潜力。稳定省内常规油气资源产量，实施“控递减”和“提高采收率”工程，保障持续稳产。四是持续推进炼能优化。对接国家石化产业规划布局，通过延链、补链、强链实现炼化一体化发展。

三 推动产业绿色化发展

构建绿色低碳产业体系，是实现绿色低碳转型的重中之重。一是深入推进石化、化工、钢铁、有色、电力、建材等重点行业企业开展节能降碳改造，引导产业园区开展综合能源改造，促进能源梯级利用。深挖存量项目节能潜力，加快淘汰落后产能，实施节能改造升级。二是严格固定资产投资项目节能审查，坚决遏制“两高”项目盲目发展，加强事中事后监管，完善节能监察制度，增强节能监察约束力。三是加快产业“绿色、减量、提质、增效”转型，加强低碳工艺革新，全面推进工业节能和污染物深度治理，推动钢铁、有色、建材等重点行业有序达峰。大力开展清洁生产，探索开展园区、行业清洁生产整体审核，推进产业园区和产业集群循环化改造。四是大力发展低碳高效产业，培育壮大智能装备、生物医药、新能源、节能环保、新能源汽车等战略性新兴产业。布局储能、氢能利用、碳捕集利用与封存等未来产业。

四 倡导绿色生活方式

开展绿色低碳行动示范创建活动，深入推进节约型机关、绿色家庭、绿色学校、绿色出行、绿色商场、绿色建筑、绿色社区创建行动，评选宣传一批优秀示范典型，营造简约适度、绿色低碳、文明健康的生活理念和生活方式。推进低碳城市、低碳城镇、低碳园区、低碳社区试点示范建设，深化无废城市建设。

加快资源循环利用体系建设，提高原生资源利用效率，进一步提高可再生资源的使用比重，持续提升大宗固体废弃物综合利用率，提高废纸、废钢、再生有色金属的利用量。完善废旧物资回收网络，提升再生资源加工利用水平，规范发展二手商品市场，促进再制造产业高质量发展，构建废旧物资循环利用体系。推进城市低值废弃物资源化利用，全面开展生活垃圾分类，加快补齐生活垃圾焚烧发电、污水资源化利用和餐厨垃圾处置能力短板。

加大绿色低碳出行宣传力度，积极倡导绿色交通文化和理念，建立绿色出行奖励制度，引导公众主动选择低碳交通方式。推动塑料生产和使用源头减量，科学稳妥推广塑料替代产品。大力发展绿色消费，落实绿色产品认证制度，推广绿色低碳产品，加强绿色产品标识推广，鼓励民众、企业、机关等购买绿色低碳产品。

第十节　实施制度型开放战略

改革开放以来，河南逐步突破“不靠海、不沿边”的开放瓶颈，闯出了一条内陆开放的新路子。可以说，我们能够走到今天，靠的是吃开放饭、走开放路。未来的河南必须继续发扬对外开放优良传统，坚定不移推进高水平对外开放，以制度型开放推动经济高质量发展。

一　加强自贸试验区开放规则机制创新

发挥自贸试验区制度型开放“试验田”作用，持续开展首创性、集成性、差异化改革创新，争取形成更多可复制可推广的经验做法。主动对标高标准国际经贸规则，查找短板弱项，加大压力测试，重点围绕新技术、新产业、新场景等领域探索新的规则制度，推动提升河南参与全球经济治理的影响力和话语权。坚持竞争中性原则，建立更具弹性的包容审慎监管制度。与境外商事调解机构建立合作机制，健全多元化纠纷解决机制，探索打造海外知识产权纠纷应对指导平台，协同解决跨境纠纷。深化与中东欧国家关际合作机制，探索共建“一带一路”国家（地区）通关监管合作和信息互换。加快推进多式联运“一单制”、“两头在外”保税维修以及离岸贸易、数字贸易等新型贸易的业务创新、政策创新和制度创新。

二　创新开放型经济发展体制机制

进一步完善投资管理制度，深入实施外商投资准入前国民待遇加负面清单管理制度，持续优化备案管理与信息报告制度。进一步放开或简化会计审计、建筑设计、评级服务等领域外资准入限制，推进电信、互联网、文化、教育、交通运输等领域有序开放。不断提升贸易便利化水平，深入推进通关一体化改革，持续高质量一体化推进“提前申报”和“两步申报”，进一步压缩整体通关时间。探索开展“单一窗口”国际合作，率先推动与河南省贸易关系紧密的“一带一路”沿线口岸互联互通，建设好“一带一路”技术贸易措施企业服务中心。实施积极的进口政策，继续鼓励先进技术设备和关键零部件等进口，推进汽车平行进口做大规模。支持企业通过发展保税展示销售、增设口岸进境免税店建立全球商品进口网络和资源渠道。积极扩大国内急需的咨询、研发设计、节能环保、环境服务等知识、技术密集型生产性服务进口和旅游进口。

三　打造一流的市场化法治化国际化营商环境

持续深化“放管服效”改革。全面实行政府权责清单制度，推行“一枚印章管审批”，推动“一网通办”前提下“最多跑一次”向“一次不用跑”转变。深入推进法治化营商环境建设。制定完善营商环境投诉举报、违法案件调查处理、评价奖惩等相关配套制度。依法规范行政行为、决策行为、执法行为，完善调解、仲裁、行政裁决、行政复议、诉讼等多元化纠纷解决机制。落实国家市场准入负面清单管理模式，依托一体化政务服务平台，及时发现并推动破除各种形式的市场准入不合理限制和隐性壁垒。加强和改进反垄断和反不正当竞争执法，严格落实公平竞争审查制度，健全重大政策事前评估和事后评价制度。

加强对外交往，推进与“一带一路”沿线节点城市缔结友好城市关系，建立交流互动的常态化合作机制。加快设立境外办事机构，争取更多外事机构、国际组织分支机构、签证中心落地。开展仲裁程序、调解方式等方面的制度创新。搭建国际化知识产权综合运营和交易平台，争取知识产权质押融资、知识产权证券化等试点。建立国际交流中心，实现一站式涉外综合服务。建设高品质国际化城市和国际消费中心城市，打造国际化品牌活动，规划建设国际社区，完善涉外教育服务，引进国际医疗机构，促进商业、教育、生活、旅游、养老等设施和服务与国际接轨。

四　拓展开放合作空间

提升开放通道新优势。以“空中丝绸之路”为引领深化拓展“四路协同”，提高河南省在高质量共建“一带一路”中的参与度、链接度和影响力。巩固提升郑州空港型国家物流枢纽功能，大力发展枢纽经济，深化拓展郑州—卢森堡航空“双枢纽”合作模式。完善国际航线布局，积极培育引进本土和基地航空公司，打造国际航空物流中心，全面构建连接全球主要经济体的空中经济廊道。拓展中欧班列（郑州）欧洲、中（西）亚、东盟等国际干线物流通道，大力发展日韩等亚太中转线路。提升铁海联运规模和水平，创新发展河海联运，加快建设以“一单制”为核心的多式联运服务体系。

打造高水平对外开放新平台。充分发挥自贸试验区制度创新溢出效应，强化制度创新和政策集成，加快建立健全以改革创新为导向的制度创新体系。深化郑州航空港经济综合实验区体制机制改革创新，落实管委会作为省政府派出机构的定位，赋予其更大的先行先试自主权。加快郑洛新国家自主创新示范区提质发展，持续开展人才培养引进和市场化评价、科技成果转化、科技金融结合、营商环境优化等领域探索，提高自主创新能力，构建完善以企业为主体、市场为导向，产学研用深度融合的技术创新体系。加强郑州、洛阳、南阳跨境电商综合试验区建设，推动跨境电商业态创新、模式创新、监管创新，加速向“买全球、卖全球”目标迈进。加快大数据综合试验区建设，开展系统性、整体性、协同性大数据综合试验探索，以数据流引领技术流、资金流、人才流汇聚流通，加快形成试点示范和辐射带动效应。

第十一节　实施全面深化改革战略

一个时代有一个时代的问题，一代人有一代人的使命。习近平总书记强调，改革开放只有进行时，没有完成时。改革进程中的矛盾只能用改革的办法来解决。实施全面深化改革战略，属于河南省“十大战略”中的综合性、兜底性、保障性战略，要继续以开展创新发展综合配套改革为总抓手，聚焦中央和省委重大决策部署解扣答题，着力抓好标志性、战略性、牵引性重大改革，更好发挥改革的突破和先导作用。

一　实施创新发展综合配套改革

围绕建设一流创新平台，改革科研机构管理体制机制。完善新型研发机构管理体制和运行机制，落实扩大高校和科研院所科研相关自主权的举措，推进混合所有制改革，创办新型研发机构，加快推进科技成果在豫转化。着眼前沿领域改进科技项目选题，聚焦世界前沿技术、“卡脖子”技术、应用型关键共性技术，积极主动承担国家重大课题，前瞻部署一批战略性、储备性基础研究课题。完善高能级创新载体梯次培育机制，重塑实验室体系，统筹推进省科学院重建重振与中原科技城建设发展。完善科技项目生成和科研组织管理机制，赋予科学家更大的技术路线决定权、经费使用权、资源调度权和科技成果收益权。完善重大创新需求与财政投入保障机制，推动财政科技投入刚性稳定增长。

二 深化要素市场化配置改革

积极申报国家要素市场化配置综合改革试点，组织开展省级要素市场化配置综合改革试点，整合提升河南省要素市场化交易平台，完善交易规则和运行机制，大力引导各类要素协同向先进生产力集聚。推进土地要素市场化配置，稳妥审慎开展集体经营性建设用地入市试点，建立公平合理的集体经营性建设用地入市增值收益分配制度，推进宅基地制度改革试点工作。全面推进“亩均论英雄”改革，推动“单位 GDP 地耗”持续下降。引导劳动力要素合理畅通有序流动，深化户籍制度改革，全面放宽郑州中心城区落户条件限制，建立城市人才入乡激励机制。推进资本要素市场化配置，大力发展直接融资，持续强化小微和乡村振兴金融服务，进一步优化全省信易贷平台体系和省金融服务共享平台功能。

三 深化政务服务改革

聚焦转变政府职能深化“放管服效”改革。稳步推行企业投资项目承诺制和“一枚印章管审批”，全面实行“一件事一次办”“有诉即办”，进一步提高商事主体登记便利化水平，推进证照领域各项改革举措，实现“证照分离”改革区域和事项“两个全覆盖”。深化“企业开办+N 项服务”，推动更多事项纳入“一网通办”。推进“双随机、一公开”监管常态化，实现“进一次门，查多件事”。更好适应“事”和“业”的发展需求，持续深化事业单位改革，推动政事分开、事企分开、管办分离。

四 深化民生领域改革

聚焦群众急难愁盼问题，加快建设以“一老一小一青壮”为重点的人口服务体系，开展城乡融合共同富裕改革试点，让人民群众更好共享高质量发展成果、过上更高品质生活。深化基础教育综合改革，推动教学质量提升、师资水平提升“双提”，教材改革、教学方法改革“双改”，完善中考改革、高考改革“双考”，教学质量评价、育人质量评价“双评”。扩大优质普惠教育资源供给，优化调整高校布局、学科学院、专业设置，持续实施高水平职业院校建设行动计划，高质量推进职业技能培训和评价。围绕防控全链条、生命全周期、健康全过程，深化医疗、医保、医药、医养、医改“五医联动”，破解医药卫生体制机制的深层次问题，建立高水平的疾病防控和卫生健康服务体系。健全养老服务体系，尽快建立健全全省养老服务政策体系，加大养老服务设施建设力度，加快建设居家社区机构相协调、医养康养相结合的养老服务体系。

五　深化国资国企改革

推进国有经济布局优化和结构调整，通过同类企业间的横向合并、以产业为基础的专业化整合、跨区域的省市同业资源整合等形式，推动省管企业按业务板块实施整合重组。健全现代企业制度，探索构建符合国有企业运行规律的企业领导人员选人、履职、考核、薪酬、激励、问责等机制。健全市场化经营机制，全面推行经理层成员任期制和契约化管理，按照约定严格考核、实施聘任或解聘、兑现薪酬。完善国资监管体制及风险监督管控机制，深化国有资本授权经营管理体制改革，有效防控重大风险。

六　推动事业单位重塑性改革

开展部门内设机构改革试点，重塑再造业务流程，推动部门从管理机构向作战队伍转变，从研发管理向创新服务转变。做好事业单位职能转变，深化事业单位重塑性改革工作，推动政事分开、事企分开、管办分离。深化经营类事业单位改革，做好经营类事业单位改革收回编制下沉有关工作，落实改革扶持政策。推进职责任务相近的事业单位跨部门整合，逐步建立政事权限清单，理顺政事管办关系，减少职责交叉，明晰功能定位，提升整体服务效能。统筹推进省直机关事务改革，制定实施省直机关事务集中统一管理改革方案，推进省直后勤资产资源集中统一管理。

第九章　总纲领总遵循总指引河南实践的辉煌成就

党的十八大以来，河南全省上下以习近平新时代中国特色社会主义思想以及总书记关于河南工作的重要讲话精神为总纲领总遵循总指引，勠力同心、砥砺前行，深入开展习近平新时代中国特色社会主义思想的河南实践，在思想建设、经济建设、乡村建设、生态环境建设、文化建设、党的建设方面取得了世人瞩目的伟大成就，全面建设社会主义现代化河南的新征程全面开启，为在中部崛起中奋勇争先，实现新时代中原更加出彩作出了突出贡献。

第一节　全省经济实力稳步提升，经济建设向高质量发展迈进

中原兴则中部兴，中部兴则中华兴。党的十八大以来，习近平总书记一直高度重视河南省的经济发展工作，在多次亲临河南调研指导工作期间，先后提出了“四个着力”“四张牌”“三起来”的重要指示，为河南省在中国特色社会主义新时代加快推动经济转型发展，促进经济高质量发展提供了行动纲领和科学指南。多年来，河南省委省政府带领全省人民，全面贯彻新发展理念，深化供给侧结构性改革，不断加快转型发展步伐，推动了全省综合经济实力的稳步提升，经济发展环境的持续向好，河南省正由经济大省向经济强省加速迈进。

一　产业结构实现优化升级

围绕打好“产业结构优化升级牌”，河南省依托自身产业特点，坚持强优势、补短板、固根基，持续推进农业强省、制造业强省、现代服务业大

省建设，产业结构优化升级不断实现新突破。2021 年，河南省全省地区生产总值达 58887 亿元，比 2012 年翻了一番。三次产业结构占比由 2012 年的 12.4∶51.9∶35.7 发展为 9.5∶41.3∶49.1。第二、三产业增加值占生产总值的比重达到 90.4%（见图 9-1、图 9-2），产业结构实现了“一二三”到“三二一”的历史性跨越。

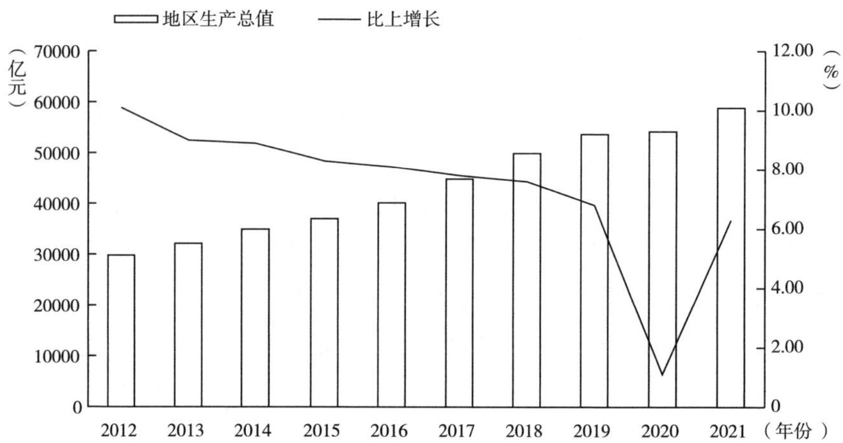

图 9-1　2012~2021 年河南省地区生产总值及增长速度

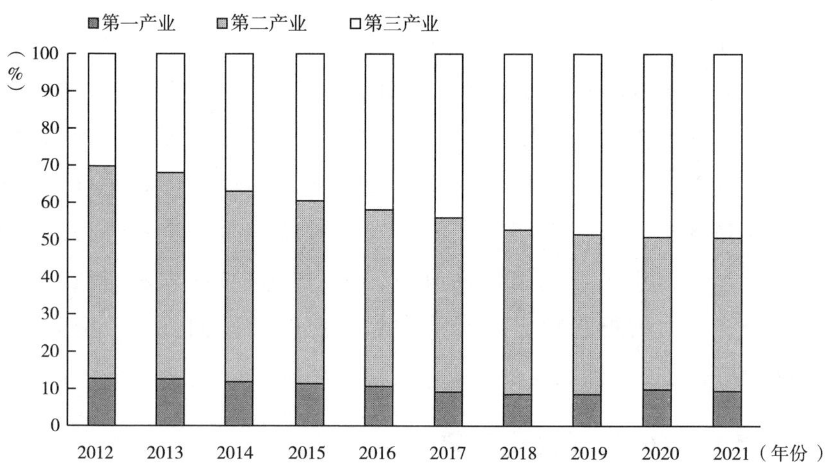

图 9-2　2012~2021 年河南省三次产业增加值占地区生产总值比重

数据来源：根据历年河南省国民经济发展统计公报数据整理。

一是农业结构不断改善。农业基础设施不断完善，高标准良田建设“百千万工程”持续推进，全省高标准粮田由2012年的1050万亩发展到2021年的7580万亩，为粮食产业的高质量发展创造了有利条件；结构调整成效明显，优势产业、特色产业、绿色产业蓬勃兴起，2021年已经形成40个优质专用小麦示范县、72个优质花生示范县、37个食用菌示范县，优质专用小麦、优质花生种植面积和食用菌、蔬菜、中药材产值均居全国前列；农产品加工业快速发展，品牌培育迈上新台阶，双汇、三全、思念、好想你等农业品牌的知名度和市场竞争力不断增强。

二是工业结构持续优化。传统产业制造业转型步伐加快，新技术赋能传统制造业取得明显成效，高能耗产业比重明显降低；信息技术、高端装备制造、新材料、生物、新能源汽车、新能源、节能环保、数字创意等战略性新兴产业快速发展，2021年战略性新兴产业对规模以上工业增加值增长贡献率超过40%；工业发展集聚效应不断增强，18个千亿级产业集群加快形成。

三是现代服务业提档升级。现代服务业百花齐放、亮点纷呈，在物流、金融、文化、旅游、信息等领域形成一大批新的经济增长点，推动了河南省产业层次不断升级。2013～2021年，全省服务业增加值年均增长8.7%，比GDP增长快了1.6个百分点，2021年服务业增加值占GDP比重提高到49.1%，对经济增长的贡献率达到63.1%。①

二　自主创新能力显著增强

围绕打好“创新驱动发展牌”，河南省深入实施创新驱动、科教兴省、人才强省战略，积极融入国家创新格局，集聚创新资源，提高创新链整体效能。多年来，河南省的创新发展水平不断迈上新台阶，国家创新高地正在加速形成。2021年全社会研发投入首次突破千亿元大关，达到1018.84亿元；2013～2021年全省研究与试验发展（R&D）经费支出年均增长

① 《牢记嘱托谱新章　中原出彩铸辉煌——党的十八大以来河南省经济社会发展成就综述》，腾讯网，2022年9月1日，https：//mp.weixin.qq.com/。

14.1%，研发投入强度由2012年的1.07%上升到2021年的1.73%。①

一是重点领域科技创新取得突破性进展。近年来，河南省连续实施重大科技专项，在高端装备、电子信息、种业创新、医药卫生等领域实现了重大技术突破：我国第一个拥有完全自主知识产权并具有全球专利的1.1类治疗新冠肺炎小分子口服特效药阿兹夫定获批上市；“高产优质小麦新品种郑麦7698的选育与应用”项目亩产超过700公斤，解决了我国优质强筋小麦产量普遍低于普通高产品种的难题；“钎料无害化与高效钎焊技术及应用”项目，解决了传统钎焊制造中长期存在的能耗高、效率低及可靠性差等技术难题……刚刚公布的十大科技创新成果，代表了河南科技创新的先进水平，刷新着河南创新发展的新锐形象。②

二是企业创新主体地位不断增强。2012年，河南省高新技术企业总量为751家，相比沿海发达地区，河南省企业创新主体规模小、数量少、发展水平不高。十年来，河南省不断强化企业在自主创新中的主体地位，大力扶持高新技术企业发展壮大，促进了科技型企业规模不断扩大。2021年，河南省科技型中小企业数量达到15145家，新增2657家高新技术企业，高新技术企业总量达到8387家，技术型企业逐步成长为促进河南省自主创新能力提升的中坚力量。

三是创新载体平台全面提升。近年来，河南省全力打造高能级创新载体平台，汇聚创新要素，整合创新资源，创新载体平台在激发创新主体活力，推动创新成果转化方面的作用日益彰显。目前河南省国家企业技术中心共有88家，国家工程研究中心（工程实验室）50家，国家重点实验室16家，国家工程技术研究中心10家，数量居中部省份前列。③ 2021年以来，嵩山实验室、神农种业实验室、黄河实验室、龙门实验室、中原关键

---

① 《牢记嘱托谱新章　中原出彩铸辉煌——党的十八大以来河南省经济社会发展成就综述》，腾讯网，2022年9月1日，https://mp.weixin.qq.com/s?__biz=MzA5MDE4NTA2OA==&mid=2665706959&idx=1&sn=ee8f1b400e239b2f62986631884879ce&chksm=8b1859ccbc6fd0da3739f1144c967854cab943004d3a860f198aa26dd3a16048ebce39e50e73&token=111451854&lang=zh_CN#rd。

② 《十大科技创新成果意味着什么》，河南省人民政府门户网站，2022年8月30日，http://www.henan.gov.cn/2022/08-30/2595979.html。

③ 《深挖国家级和省级高端创新平台潜力》，大河网，2022年7月14日，https://news.dahe.cn/2022/07-14/1060390.html。

金属实验室、现代免疫实验室等省级重点实验室先后揭牌运行；郑洛自主创新示范区集聚了全省70%以上的国家级创新平台和六成左右的高新技术企业，成为引领全省创新发展的核心增长极。①

四是创新人才队伍不断壮大。河南省坚持引育并重，以用为先，深入推进人才发展体制机制改革，在人才培养、引进、评价、待遇、使用等领域出台了一系列政策，推动了创新人才的大量涌现，为实现“两个确保”提供强有力的人才支撑。2021年，河南省35名专家入选国家重点人才计划，遴选支持203名“中原英才计划”人选，引进了海内外博士以上高层次人才2950人，2022年引进1500余人，其中全职引进院士3人，国家杰青3人，长江学者1人，海外高端人才2人，博士毕业生1400多人。②

三 基础能力建设加速推进

围绕打好“基础能力建设牌”，河南省聚焦交通、能源、水网体系、新型基础设施建设等重点领域，加强系统布局、推动提质增效，构建形成了集约高效、配套协调的现代化基础设施体系，为建设社会主义现代化新河南提供了基础保障。

一是综合立体交通网络加速形成。2021年底，河南全省综合交通网总里程达到27.9万公里，其中铁路营业里程6134.02公里，高速公路通车里程7216公里，内河航道1725公里，基本形成了以高速铁路、高速公路、民航为动脉，普速铁路、普通干线公路为骨干，农村公路、内河水运为脉络的综合交通网络。2022年，河南省重大交通建设项目取得重大进展：“米”字形高铁全面落成，郑州机场二期建成投用，机场三期北货运区工程等项目启动建设，河南省重要交通枢纽地位得到进一步强化。

二是能源转型发展成效突出。非化石能源消费占比明显提升，2012~2020年，煤炭占一次能源消费的比重由80%下降至67.6%；非化石能源占比从

---

① 《牢记嘱托谱新章 中原出彩铸辉煌——党的十八大以来河南省经济社会发展成就综述》，腾讯网，2022年9月1日，https://mp.weixin.qq.com/s?__biz=MzA5MDE4NTA2OA==&mid=2665706959&idx=1&sn=ee8f1b400e239b2f62986631884879ce&chksm=8b1859ccbc6fd0da3739f1144c967854cab943004d3a860f198aa26dd3a16048ebce39e50e73&token=111451854&lang=zh_CN#rd。

② 《引育并举，河南创新人才高地建设跑出加速度》，《大河报》2022年8月28日。

3.2%上升至11.8%（见图9-3）；新能源快速发展，2021年规模以上工业发电量2813.13亿千瓦时，其中清洁可再生电力（水电、风电、光电）发电量365.84亿千瓦时，增长18.5%，占规模以上工业发电量的13.0%①。

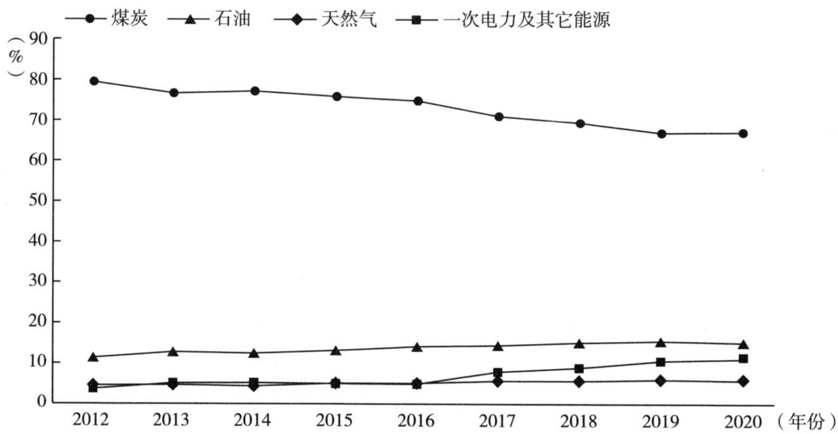

图9-3　2012~2020年河南省能源消费结构变化趋势

数据来源：根据历年河南省统计年鉴数据整理。

三是现代水网体系基本形成。河南省依托区域内“一纵三横六区”的水网格局，深入实施“四水同治”工程项目，近三年来，全省“四水同治”累计谋划项目1724个，完成投资1905亿元，项目个数和投资规模连创新高。② 初步建成了以黄河、沙颍河、淮河等自然水系为基础，以南水北调中线等重大引调水工程为通道，以综合性水利枢纽和调蓄工程为节点，以四大流域统筹的“一纵三横四域”兴利除害的现代水网体系。

四是新型基础设施建设全面提速。河南省顺应大数据、物联网、5G等新兴技术快速发展的新形势，贯彻落实“宽带中原”战略，加快推进新型基础设施建设和传统基础设施数字化改造，推动城乡基础设施建设能力快速提升。2021年新开通5G基站5.17万个，全省5G基站累计达到9.71万

① 河南省统计局：《2021年河南省国民经济和社会发展统计公报》，河南省统计局官网，2022年3月10日，http：//tjj.henan.gov.cn/2022/03-10/2412169.html。

② 《坚持“项目为王”，河南加快构建现代水网体系》，《河南日报》2021年9月16日。

个，实现了乡镇、农村热点区域全覆盖，5G 网络规模位居全国第 5 位。[①] 郑州国家级互联网直联点实现扩容升级，2021 年扩容直联点带宽 260G，数据中心带宽新增 17T。

四　新型城镇化水平显著提升

围绕打好“新型城镇化牌”，河南省坚持以人为核心，统筹城乡融合发展，推动中心城市“起高峰”和县域经济“成高原”，城镇化进程不断提速，城镇化质量显著提升。

一是城市规划布局持续优化。为了解决郑州市“一城独大”以及中小城市发展缓慢的问题，河南全面推进以郑州国家中心城市为内核的郑州大都市圈建设。经过多年的发展，郑州市大都市圈不断扩容升级，开封、新乡、洛阳、许昌、焦作、平顶山、漯河、济源先后被纳入郑州市大都市圈范围，构成了“1+8”郑州市大都市圈空间格局。着力培育大洛阳、南阳两大副中心城市，由单中心城市引领变“一中两副”三轮驱动，中心城市对中原城市群一体化发展的辐射带动作用不断增强。

二是城镇化率快速提高。党的十八大以来，河南省城镇化进程不断加快，城镇化率由 2012 年的 41.99%达到 2017 年 50.56%的历史拐点，再接着上升到 2021 年的 56.45%，9 年内城镇化率提高了 14.46 个百分点，河南省已经完成了从农村社会向城市社会的历史性跨越。

三是农村转移人口市民化质量明显提升。全面深化户籍制度改革，取消农业户口和非农业户口性质区分，全面实施居住证制度，截至目前累计制发居住证超过 350 万张。农村转移人口进城落户条件进一步放宽，依法保障进城落户农民的农村土地承包权、宅基地使用权、集体收益分配权等合法权利，转移人口能够与城市人一样平等享有就业、子女入学、就医、住房、社会保障等合法权益，城镇基本公共服务均等化水平进一步提高。2021 年，全省新增农村劳动力转移就业 47.63 万人，其中省内转移 1878.36 万人。[②] 农村转移

① 河南省政府新闻办：《河南 5G 基站累计达到 9.71 万，全省 5G 终端用户总数居全国第 3 位》，河南省人民政府官方网站，2022 年 2 月 16 日，http：//www.henan.gov.cn/2022/02-16/2399500.html。

② 河南省统计局：《2021 年河南省国民经济和社会发展统计公报》，河南省统计局官网，2022 年 3 月 10 日，http：//tjj.henan.gov.cn/2022/03-10/2412169.html。

就业人口由省外转移为主向省内县内转移为主转变，随着进城就业、购房、入学的农村人口数量逐年递增，越来越多的农村劳动人口在城市实现安居乐业。

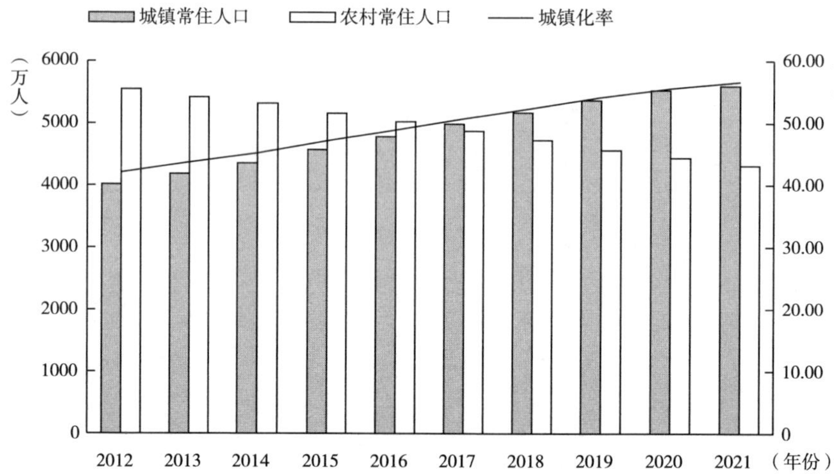

图 9-4　2012~2021 年河南省城乡常住人口变化趋势

数据来源：根据历年河南省统计年鉴及国民经济发展统计公报数据整理。

五　内陆开放新高地快速崛起

围绕“打造内陆开放新高地”的建设目标，河南依托自身区位优势，全面实施制度性开放战略，加快开放强省建设，持续推进空中、陆上、海上、网上“四条丝绸之路”建设，着力打造市场化、法治化、国际化营商环境。经过多年的发展，河南省对外开放硕果累累，成就斐然，实现了从“内陆腹地”向“开放前沿”的华丽蜕变。

一是对外贸易屡创新高。2012~2022 年，河南省外贸进出口总值从 3268.4 亿元增至 8208.1 亿元，增长超 1.5 倍，年均增长 10.72%，从全国第 12 位上升至第 10 位，且外贸总量连续 10 年居中部地区第一位。①

二是“四路协同”“五区联动”促进优势释放。多年来，河南省通过海、陆、空、网四条线路加强与世界的贸易交流，高标准推进郑州航空港经济综合实验区、河南自贸试验区、跨境电商综试区等重大载体平台建设，

① 丁洋涛：《不沿边不靠海的河南让“内陆”变“前沿”》，《大河报》2022 年 9 月 2 日。

"四路协同"叠加"五区联动"为河南深度融入世界经济体系，实现更高水平的对外开放提供了有力支撑。截至目前，郑州机场年货邮吞吐量突破70万吨，跻身全球机场货运40强；中欧班列（中豫号）累计开行超过6000班，成为全国五个中欧班列集结中心之一；2021年全省跨境电商交易额达2018.3亿元，业务辐射196个国家和地区……目前，河南已建成3个国家一类口岸、9个功能性口岸、5个综合保税区、4个保税物流中心，成为功能性口岸数量最多、功能最全的内陆省份之一。①

三是招商引资成效突出。河南省坚持"引进来""走出去"，积极融入"一带一路"建设，不断提升招商引资质效，深化区域交流合作，河南对全国乃至全世界知名企业的虹吸效应日渐强劲，全省企业主体的竞争力、影响力显著增强。2012~2021年，河南累计设立外资企业2751家。截至2021年底，全省存在外资企业2362家，在豫世界500强企业达到198家，中国500强企业达到175家。② 通用电气风电设备制造、格力智能工厂、上汽乘用车郑州基地、比亚迪新型动力电池等一批重大标志性项目落户河南。2022年上半年，河南举办各类招商引资活动195场，签约项目2173个，总投资达1.56万亿元，落地10亿元项目466个。③

第二节　全面深化改革深入推进，社会治理能力稳步提升

习近平总书记曾指出，"没有改革开放就没有当代中国的发展进步，改革开放是发展中国、发展社会主义、发展马克思主义的强大动力"。党的十八大以来，河南省始终将全面深化改革作为推动全省社会经济各项事业发展的重要引擎，围绕影响高质量发展的难点、痛点、堵点问题，坚决破旧障、抓新机、开新局，深化重点领域、重点环节的体制机制改革，推动了

① 邓高靖：《建设内陆开放高地 河南不断取得新成就》，国际在线网，2022年8月29日，http://hn.cri.cn/20220829/919d9090-1a65-b0cd-5838-cfd4c72646d3.html。

② 孙静：《门越开越大 路越走越广——河南推进高水平对外开放十年回眸》，《河南日报》2022年9月1日。

③ 邓高靖：《建设内陆开放高地 河南不断取得新成就》，国际在线网，2022年8月29日，http://hn.cri.cn/20220829/919d9090-1a65-b0cd-5838-cfd4c72646d3.html。

全省社会经济发展活力迸发，社会环境持续稳定向好，社会治理的科学化、专业化、社会化水平不断提升。

一　全面深化改革取得新突破

2021 年，河南锚定“两个确保”，作出了实施“十大战略”重大部署，全面深化改革战略作为“十大战略”的重要一环，为其他九大战略落地落实提供了先决条件。河南省深化实施全面深化改革战略，凝心聚力、攻坚克难，重点领域改革不断取得新突破、新进展。

一是党政机构改革全面完成。2018 年，河南省根据省机构改革方案的工作安排顺利完成机构改革。改革后，共设置党政机构 60 个。其中包括党委机构 18 个，政府机构 42 个。① 省直事业单位重塑性改革基本完成，省直层面除学校、医院外，事业单位精简 60.7%，事业编制精简 46.9%，撤销了一批功能萎缩、职能弱化的事业单位以及“空壳单位”。② 新组建形成以中共河南省委党史和地方史志研究室、河南省地质局、河南省省直机关后勤保障中心、河南省政务大数据中心为代表的 10 家事业单位和以河南省豫地科技集团有限公司、河南省检验检测研究院集团有限公司、河南中州集团有限公司为代表的 3 家企业集团。河南省科学院、河南省社会科学院、河南省卫生健康委等一批省直事业单位也如期完成了重塑性改革任务，市县事业单位重塑性改革正梯次推进，党政机构改革促进了行政机构及事业单位职能的优化整合，为服务现代化河南建设提供了有力支撑。

二是“放管服”改革不断深化。加快推进“互联网+政务服务”建设，2017 年正式上线河南省政务服务网，打造了省、市、县、乡四级贯通的政务数据共享平台。推进“一网通办”“最多跑一次”改革，最大限度地实现便民利企。“一枚印章管审批”和企业投资项目承诺制全面推行，2021 年全省市场主体突破 850 万户，是十年前的 3 倍，企业对营商环境的满意度提升

① 《权威发布！河南机构改革这样展开》，大河网，https：//news. dahe. cn/2018/11 - 06/401159. html。

② 陈斌：《河南这十年：事业单位精简 60.7%，编制精简 46.9%，让“事”和“业”更加匹配》，中宏网，2022 年 9 月 20 日。

至 90%；[①] 支持郑州国家中心城市建设，支持洛阳副中心城市建设，分别向郑州、洛阳和郑州航空港区下放 295 项、286 项、124 项省级经济社会管理权限，推动中心城市成为经济增长极；统筹推进县域放权、省财政直管县和“一县一省级开发区”改革，赋予县（市）255 项省辖市级管理权限，将省财政直管县范围扩大至全部 102 个县（市），促进县域经济的高质量发展。[②]

三是重点领域改革全面发力。国企改革扎实推进，国资战略性布局优化、国企企业化重组进程不断加快，河南省管企业从“横向联合”逐步走向“纵向整合”。2021 年，省属国企盈利创历史最好水平，资产负债率下降 1.4 个百分点，完成国企改革三年行动计划任务进度的 96%，超过全国平均水平；[③] 金融改革服务经济发展成效突出。中原银行成功吸收合并 3 家城商行，总资产超过 1.2 万亿元，省农信社改革按计划推进，全省 136 家农信社已完成改制 106 家，金融机构防范金融风险能力不断增强；[④] 营商环境持续优化。积极开展政府采购专项服务行动，多措并举强化政策、资金、人才等要素保障，市场主体活力和社会创造力进一步释放。

二　民主法治建设持续加强

党的十八大以来，河南省始终坚持党的领导、人民当家作主与依法治国相统一，持续加强民主法治建设，不断巩固和发展社会主义民主政治，广泛凝聚社会各界力量，加快推进重点领域立法，加强和创新社会治理，促进了民主政治的制度化、规范化、程序化，营造了团结和谐、安定有序的社会发展环境，为建设更高水平的法治河南、平安河南提供了法治保障。

一是依法治省建设不断深入。2021 年以来，为了统筹推进法治河南建设，河南省先后制定实施了《法治河南建设规划（2021—2025 年）》《法

① 《河南十年来经济社会各项事业发展成就显著》，中新网，2022 年 8 月 28 日，http：//www.ha.chinanews.com.cn/wap/toutiao/2022/0828/43845.shtml。

② 张笑闻、石可欣：《新征程上东风劲——2021 年河南省全面深化改革综述》，大河网，2022 年 1 月 17 日，https：//news.dahe.cn/2022/01-17/952338.html。

③ 张笑闻、石可欣，《新征程上东风劲——2021 年河南省全面深化改革综述》，大河网，2022 年 1 月 17 日，https：//news.dahe.cn/2022/01-17/952338.html。

④ 《河南十年来经济社会各项事业发展成就显著》，中新网，202 年 8 月 28 日，http：//www.ha.chinanews.com.cn/wap/toutiao/2022/0828/43845.shtml。

治社会建设实施方案（2021—2025年）》《法治政府建设实施方案（2021—2025年）》《法治河南（法治政府）建设考核方案》等一系列重要文件。通过加强系统谋划、聚焦重点领域，完善现代法律体系，有力有序地推进了依法治省进程。河南省立法质量稳步提升，行政执法日益规范，司法改革持续深化，守法普法全面推进，法治河南建设不断展现新气象。

二是依法履职能力进一步增强。人民代表大会制度优势得到有效发挥。全省各级人大代表充分发挥桥梁纽带作用，依托工作专长，在立法、监督、重大事项决定和代表工作方面深化履职实践，在联系人民群众、推动经济社会发展中展现新担当、新作为。近年来，河南省人大联络站建设一体推进，人大代表与人民群众的联系更加紧密。目前全省已建成网上代表联络站点6653个，实现代表联系人民群众“全天候”；[①] 人民政协履职能力切实增强。近年来，围绕脱贫攻坚、创新驱动发展、全面深化改革、基础能力建设等省委省政府的中心工作，省政协委员积极开展主题调研、专题议政、社会服务，积极为全省改革发展建言献策，人民政协政治协商、民主监督、参政议政水平不断提升；爱国统一战线巩固发展，围绕新时代爱国统一战线的历史方位和重要使命，河南省统一战线坚持守正创新、与时俱进，凝聚人心、汇聚力量，统战工作取得重要进展，共同思想基础更加巩固，法宝作用不断彰显，工作质效持续提升，谱写了新时代统一战线新篇章。

三是平安河南建设成效显著。风险防范和应急处置机制不断健全。在近两年应对疫情防控、暴雨灾害以及其他突发公共事件的过程中，河南省逐步建立了严密贯通、协同高效、保障有力、全民参与的应急管理体系，实现了应急资源有机整合与优化配置，应对各种风险和突发事件的能力显著提升，人民生命和财产安全得到有效保障；扫黑除恶专项斗争取得全面胜利。全省共打掉黑社会性质组织215个、恶势力犯罪集团和团伙1299个，交出了人民满意的扫黑除恶答卷；[②] 加强社会治理创新，自治法治德治数治“四治融合”的基层治理体系日益完善，“零上访零事故零案件”平安单位（村、社区）创建活动扎实开展，最大限度地把矛盾纠纷防范在源头、化解

---

① 河南人大：《充分发挥人大代表作用 书写全过程人民民主新篇章》，河南人大网，2022年4月15日，https：//www. henanrd. gov. cn/2022/04-15/140545. html。

② 《以法治筑牢现代化河南发展之基——平安河南、法治河南建设工作综述》，搜狐网，2021年1月29日，https：//www. sohu. com/a/447436471_120027810。

在基层。“一村（格）一警”警务模式在全国推广，基层群防群治格局日益巩固。

三　民生事业取得全面进步

保障和改善民生是民之所盼、政之所向，是共产党初心使命的集中体现。习近平总书记曾指出“人民群众对美好生活的向往，就是我们的奋斗目标”“保障和改善民生是一项长期工作，没有终点站，只有连续不断的新起点，要实现经济发展和民生改善良性循环”。[①] 党的十八大以来，河南省委省政府坚持以民为本，执政为民，将民生工作作为社会建设的根本任务，全力推动教育、就业、医疗、社会保障等社会事业发展，一大批惠民举措相继落地，一件件民生实事得到有力解决，全省人民群众的幸福指数不断提升，民生福祉达到新水平。

一是就业优先政策效应凸显。近年来，河南省持续强化就业优先的新发展理念，以更加充分更高质量就业为目标，不断创新实施积极的就业政策，大力推进大众创业，通过稳岗位、拓渠道、保重点、兜底线、强培训、优服务等一系列举措，河南省的就业工作在高质量发展道路上稳步前进：就业规模稳步扩大，2013~2021 年全省城镇新增就业 1389 万人，占全国的 1/10 强；就业机构持续优化，随着经济的发展和产业结构的转型升级，第三产业逐步成为吸收就业人口的主渠道，2012~2021 年，第三产业就业人员占比实现了 63.9%的增长；就业形势稳定向好，城镇登记失业率连续多年控制在 3%以内，低于全国平均水平。

二是高质量教育体系加速推进。多年来，河南省始终将发展教育事业摆在突出的战略位置，深入实施“科教兴省”和“人才强省”战略，不断强化对教育事业的组织领导，大力推进教育体制改革、优化教育结构布局，全省教育事业发展成就卓越，全民文化素质显著提升：覆盖城乡的普惠性学前教育公共服务体系基本建立，2021 年全省共有幼儿园 2.44 万所，其中普惠性幼儿园 1.88 万所，占总园数的 77.05%，普惠性幼儿园覆盖率

---

① 《习近平谈改善民生和创新社会治理》，人民网，2014 年 8 月 27 日，http：//cpc.people.com.cn/n/2014/0827/c164113-25549003.html。

82.59%，学前教育毛入园率90.8%；[①] 义务教育全面普及，义务教育巩固率达到96.1%；高中阶段教育基本普及，高中毛入学率达到92.5%。高等教育实现从精英化到大众化的跨越，高等教育毛入学率达到53.13%，河南省正逐步从教育大省向教育强省加速迈进。

三是社会保障体系更加完善。党的十八大以来，基本建成了以社会保险为主体，社会救助、社会福利、社会优抚事业共同发展的功能完善的社会保障体系，为全省人民织就了一张具有河南特色的民生保障网。社会保险从“广覆盖”到“全覆盖”，截至2021年末，参加城镇职工基本养老保险人数2377.50万人，参加城乡居民基本养老保险人数5318.04万人，参加城镇职工基本医疗保险人数1342.22万人，参加失业保险人数1004.94万人，参加工伤保险人数1045.44万人。社会保险待遇稳步提升，企业退休人员基本养老金连续多年提高，总体增幅4.5%，惠及524万名退休人员；失业保险金标准分类分别提高到每月1600元、1440元、1280元；提高工伤保险伤残津贴、护理费、供养亲属抚恤金标准。[②] 社会保障领域重点改革取得突破性进展。企业养老保险实现省级统收统支，失业保险、工伤保险省级统筹稳步推进。

四是公共卫生事业发展提速。河南省坚持把人民群众生命健康放在首位，不断完善公共卫生体系，持续推进“健康中原”建设，促进了全省健康卫生事业高质量发展。居民健康水平显著提高，2021年，全省人均预期寿命达到77.9岁，全省居民健康素养水平达到28.4%；公共卫生保障水平持续提升，基本公共卫生服务经费人均财政补助标准达到84元，均等化水平和服务质量不断提高；公共卫生工作全面强化，基本公共卫生服务项目绩效考核居全国第10位，全省免疫规划疫苗平均接种率达到97.49%，城乡家庭医生签约服务覆盖面稳步扩大；疫情防控效果持续巩固，设置定点救治医院18个，后备医院16个，郑州、洛阳、南阳各建成1个方舱医院，全省单日核酸检测能力达到754万管。[③]

---

① 河南省教育厅：《2021年河南省教育事业发展统计》，河南省教育厅官网，2022年3月31日，http://jyt.henan.gov.cn/2022/03-31/2423716.html。

② 河南省社会保险中心：《2021年河南省社会保险经办工作情况》，河南省社会保险中心官网，http://hnylbx.com/hnsi/xinxigongkai/zongjiegongbao/A020106index_1.htm。

③ 《健康中原展新颜》，《医药卫生报》2022年9月10日。

第三节　脱贫攻坚战取得全面胜利，现代化乡村建设成效突出

“全面小康路上一个也不能少。”脱贫攻坚是习近平总书记心里最牵挂的一件大事。党的十八大以来，习近平总书记把脱贫攻坚摆到治国理政的突出位置，在赴地方考察、主持召开重要会议等众多场合，都对脱贫攻坚工作作出重要布局和指导，在视察河南期间为兰考率先脱贫指出“三起来”的努力方向，对“三山一滩”地区的脱贫路径殷殷叮咛“要发扬自力更生、自强不息的精神，不仅要脱贫，而且要致富，继续在致富路上奔跑，走向更加富裕的美好生活”。河南省以习近平总书记考察调研河南时重要讲话精神为指引，在省委、省政府的坚强领导下，河南人民牢记嘱托，始终坚持农业农村优先发展，坚决打赢脱贫攻坚战，全面实施乡村振兴战略，实现了传统农业逐步向现代农业转型升级，农民生活向富裕富足的小康水平快速迈进，农村面貌向更生态宜居的美丽乡村平稳过渡，开创了农业农村现代化的新局面。

一　脱贫减贫成就卓越

河南省是农业大省，农村人口数量众多，农村贫困人口在全省贫困人口中占有较大比例。2014 年，新一轮建档立卡之初，河南省共有 53 个贫困县，农村贫困人口为 698 万人，贫困人口总量居全国第三位，是全国脱贫减贫任务较重的省份。习近平总书记曾强调，深入推进扶贫开发，帮助困难群众特别是革命老区、贫困山区困难群众早日脱贫致富，到 2020 年稳定实现扶贫对象不愁吃、不愁穿，保障其义务教育、基本医疗、住房，是中央确定的目标。河南省切实把党中央提出的重大任务转化为基层的具体工作，通过打好产业扶贫、就业创业扶贫、生态扶贫、金融扶贫“四场硬仗”，开展健康扶贫、教育扶贫、危房改造、易地扶贫搬迁、扶贫助残、扶贫扶志“六大行动”，实施交通扶贫、水利扶贫、电网升级和网络扶贫、环境整治“四项工程”，将脱贫工作抓牢、抓实、抓出成效。

经过八年的精准帮扶，五年脱贫攻坚的艰苦奋战，河南省与全国一同取得了脱贫攻坚各项工作的全面胜利，在河南省社会经济发展历史上写下

了浓墨重彩的一笔。截止到2020年底，全省共实现718.6万农村贫困人口脱贫，9536个贫困村全部出列，53个贫困县全部退出贫困序列，“两不愁三保障”全面实现，贫困发生率由2016年底的3.69%下降到2019年底的0.41%（见表9-1）。一个拥有1亿人口、4000多万农村人口、3000多万外出务工人员的人口大省，彻底解决了绝对贫困问题，在中原大地上消除了区域性贫困，为河南省决胜脱贫攻坚战，全面建成小康社会作出了突出贡献。

表9-1　2016~2020年河南省脱贫减贫情况

年份	当年减贫人数（万人）	当年贫困村减少数量（个）	当年贫困县摘帽数量（个）	扶贫部门建档立卡情况	
				贫困人口（万人）	贫困发生率（%）
2016	112.5	2125	2	317	3.69
2017	106.2	973	4	221	2.57
2018	121.7	2502	33	104.3	1.21
2019	68.7	1169	14	35.3	0.41
2020	35.7	52	——	——	——

数据来源：根据河南省扶贫办提供的资料整理。

二　巩固拓展脱贫攻坚成果显著

习近平总书记曾指出“贫困帽子摘了，攻坚精神不能放松。追求美好生活，是永恒的主题，是永远的进行时”。在决胜脱贫攻坚战之后，河南省严格落实“四个不摘”，将加强防返贫动态监测和精准帮扶作为巩固拓展脱贫攻坚成果同乡村振兴有效衔接的重点工作，既输血更造血，建立健全造血机制，增强致富内生动力，大力开展产业扶贫、就业扶贫、教育扶贫等，推动脱贫人口和监测对象稳定增收。截至2021年12月，全省识别认定监测对象21.6万户68.2万人，居全国第3位。全省实施产业扶贫项目4602个，新增小额信贷29.27亿元，惠及脱贫户8.07万户；新增精准扶贫企业贷款41.57亿元，支持帮带企业690个，帮扶脱贫户7.48万户。[①] 2021年全省脱贫户年人均纯

① 刘晓波：《弘扬脱贫攻坚精神 巩固拓展脱贫成果》，《河南日报》2021年12月28日。

收入达到14379元，较2020年增长10.2%，监测对象人均纯收入达到10351元，较2020年增长9.3%。河南省在2021年度国家巩固拓展脱贫攻坚成果同乡村振兴有效衔接考核评估中，被综合评价为“好”等次，在中西部22个省份中排名第6位，实现了走在全国前列的目标。特别是2021年，河南省在遭遇特大暴雨洪涝灾害、新冠肺炎疫情多地复发的双重冲击下，采取了进一步加大监测帮扶力度、调动社会力量共同助力灾后重建等有力举措，使脱贫人口和监测对象“两不愁三保障”成果得到有效巩固，河南省在多灾之年守牢了脱贫攻坚成果，有效防止了规模性返贫的发生。

三　乡村振兴战略全面推进

“脱贫摘帽不是终点，而是新生活、新奋斗的起点。”自党的十九大以来，河南省围绕“产业兴旺、生态宜居、乡风文明、治理有效、生活富裕”的总要求，扎实推进乡村振兴战略在各地落实，乡村整体面貌焕然一新，乡村发展活力全面迸发。

一是稳粮保供能力稳步提升。河南省是粮食大省，肩负“打造全国重要粮食生产核心区”的历史重任。河南省牢记习近平总书记“河南粮食生产这个优势、这张‘王牌’任何时候都不能丢”的重大要求，着力稳住农业基本盘、筑牢“三农”压舱石，提高粮食稳产保供能力。2021年河南粮食播种面积10772.3千公顷，比2017年增加了636.8千公顷，增长6%；总产量6544.2万吨，比2017年增加了650.6万吨，增长11%；单位面积产量6075.0公斤/公顷，比2017年增加了101.6公斤/公顷，增长2%；粮食产能稳定，连续5年超1300亿斤，长年稳居全国第二（见图9-5）。河南省坚持藏粮于技，加强农业科技支撑，不断提高农业生产效率。2021年累计建成高标准农田7580万亩，主要农作物耕种收综合机械化率达86%以上。河南省粮食产量占全国1/10，小麦产量占全国1/4，河南农作物供种能力约占全国1/10，全国小麦推广面积前10位品种中河南占了4个，在玉米、大豆、芝麻、花生等农作物供种方面具有明显优势。①

二是乡村产业发展迅速。2020年，河南省十大优势特色农业产值达到

① 楼阳生：《牢记嘱托 奋勇争先 更加出彩——在“中国这十年·河南”主题新闻发布会上的主发布词》，《河南日报》2022年8月29日。

5627.07亿元，占农林牧副渔的比重约为56.5%，比2017年提高了2.9个百分点，并培育形成了伏牛山香菇、豫西南肉牛、优质强筋小麦、怀药四个产值超百亿的优势特色产业集群。持续深化农业供给侧结构性改革，打造“一县一业”“一镇一特”“一村一品”，推动酒业、奶业、中医药业振兴，优势特色农业产值占比达57.8%。① 农产品加工业成为全省第一大支柱产业，河南生产了全国1/2的火腿肠、1/3的方便面、1/4的馒头、3/5的汤圆、7/10的水饺，双汇、三全、思念、白象、花花牛等知名食品品牌的影响力和市场竞争力不断提高。

三是农村人居环境持续改善。自2018年开展农村整治环境三年行动以来，全省累计完成农村无害化卫生厕所改造673万户，卫生厕所普及率达到85%，95%的村庄生活垃圾得到有效治理，农村生活污水治理率达到30%。各地创建“千村示范、万村整治”工程示范村2600个、“四美乡村”9200个。② 实施乡村建设行动，推进“治理六乱、开展六清”集中整治，所有行政村通硬化路、通客车，农村生活垃圾收运处置体系覆盖所有行政村，自来水普及率达91%。③

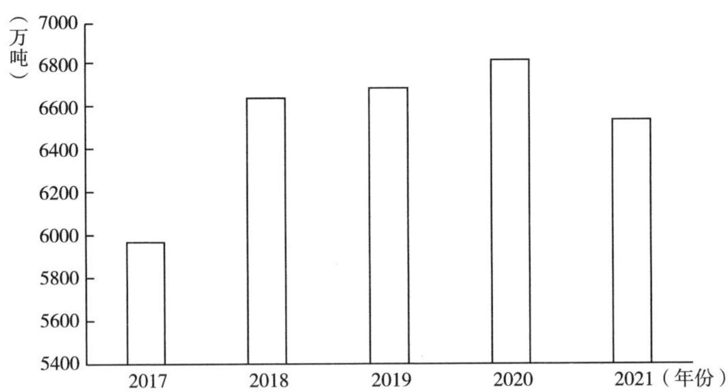

图9-5 2017~2021年河南省粮食产量变化

数据来源：根据历年河南省国民经济发展统计公报数据整理。

① 中共河南省委宣传部：《河南高质量发展谱新篇》，《人民日报》2022年8月29日。

② 河南省农业农村厅：《河南省农村人居环境整治三年行动任务圆满完成》，河南省人民政府官方网站，http://m.henan.gov.cn/2021/05-08/2140780.html。

③ 中共河南省委宣传部：《河南高质量发展谱新篇》，《人民日报》2022年8月29日。

第四节　黄河综合治理能力全面提升，全省生态环境持续改善

党的十八大以来，以习近平同志为核心的党中央提出保护黄河是事关中华民族伟大复兴的千秋大计，黄河流域生态保护和高质量发展是国家重大战略。习近平总书记一直十分关心黄河流域生态环境保护，近年来，总书记走遍了黄河上中下游 9 省区，多次对黄河流域生态环境保护提出明确要求，作出重要指示批示。自黄河流域生态保护高质量发展上升为国家战略以来，河南省将习近平总书记视察河南的重要讲话精神落地为加强黄河流域开发和治理的重要实践，紧紧抓住黄河流域生态保护和高质量发展的历史机遇，统筹推进黄河堤防建设、河道整治、滩区治理、生态廊道建设等，推动黄河流域生态环境逐步改善，污染防治攻坚战成效突出，全省生态文明建设迈上新台阶。

一　生态系统保护治理水平稳步提升

“治理黄河，重在保护，要在治理。要坚持山水林田湖草综合治理、系统治理、源头治理，统筹推进各项工作，加强协同配合，推动黄河流域高质量发展。”河南省做好对洛河、金堤河、涧河、青龙涧河等主要支流实施综合治理、生态保护与修复，推动全省黄河流域的水生态整体好转。

一是水土流失防治成效明显。河南省通过在黄河中游全面加强林草植被建设，开展水土流失综合治理和矿山生态环境修复工作，巩固了退耕还林还草成果，恢复提升了区域水土保持、水源涵养等功能。“十三五”期间，全省新增水土流失治理面积 5554 平方公里，超额完成了 5200 平方公里的规划目标。截至 2021 年，河南省已治理水土流失面积 4.4 万平方公里，其中黄河流域 1.1 万平方公里。①

二是污染防治攻坚战成效显著。持续打好三大污染防治攻坚战，全省水、空气质量均实现明显好转，土壤环境质量保持总体稳定。2021 年，全

① 谭勇：《河南完成黄河流域水土流失治理 1.1 万平方公里》，大河网，2021 年 10 月 31 日，https：//news. dahe. cn/2021/10-31/918703. html。

年PM10、PM2.5平均浓度分别降至77微克/立方米、45微克/立方米，城市空气质量优良天数达256天，优良天数比例超过70%。[①] 全省河流监测断面中，水质符合Ⅰ-Ⅲ类标准的比例达79.9%，水质为劣Ⅴ类的比例为零，南水北调中线工程河南段持续保持Ⅱ类以上水质。落实“四水四定”，推进“五水综改”，地下水开采量从2012年的137.2亿立方米下降到2021年的96.9亿立方米。[②]

三是生态修复保护工作深入推进。2021年全省完成造林面积170.73千公顷，其中人工造林面积102.13千公顷，年末共有自然保护区30个，森林公园132个。河南省森林覆盖率超过25%，[③] 新密市、兰考县、栾川县被命名为国家生态文明建设示范县，栾川县同时被命名为国家“绿水青山就是金山银山”实践创新基地。截至2021年底，全省共创建国家“绿水青山就是金山银山”实践创新基地5个，国家生态文明建设示范区11个。

二　防洪减灾体系日益完善

黄河之险、险在河南，黄河治理、要在河南。黄河下游是举世闻名的“地上悬河”，健全黄河下游防洪减灾体系，对加快构建抵御自然灾害防线、补好防灾基础设施短板、促进流域区域高质量发展具有重要意义。

一是完善黄河下游防洪工程体系。经过多年的发展，河南省已经在黄河干流及支流上建成了三门峡大坝、小浪底水库、天桥水库、陆浑水库、故县水库等一系列水利枢纽工程，以及北金堤、东平湖、南展、北展等分泄洪工程，相对完善的黄河下游的防洪工程体系基本形成。

二是筑牢黄河安澜屏障。河南省建成标准化堤防500多公里，黄河滩区居民迁建工程35个安置区全部建成，30万人迁建任务基本完成；推进沿黄生态廊道建设，黄河河南段两岸廊道累计绿化超过10万亩，[④] 河南省的防

---

① 楼阳生：《牢记嘱托 奋勇争先 更加出彩——在“中国这十年·河南”主题新闻发布会上的主发布词》，《河南日报》2022年8月29日。

② 《河南城市空气质量优良天数比例超过70%》，大河网，https://news.dahe.cn/2022/08-28/1086712.html。

③ 河南省统计局：《2021年河南省国民经济和社会发展统计公报》，河南统计局官网，2022年3月10日，http://tjj.henan.gov.cn/2022/03-10/2412169.html。

④ 《中原奋进正扬帆——沿着总书记的足迹之河南篇》，国家林业和草原局官网，http://www.forestry.gov.cn/main/72/20220611/082051432270156.html。

洪工程体系不仅经受住了黄河下游历次超过 10000m^3/秒的大规模洪水，也在 2021 年 7 月河南省发生特大暴雨洪涝灾害期间发挥了巨大作用，维持了“五十年黄河不决堤”的伟大成就，保障了人民生命财产安全和黄河的长治久安。

三　水资源刚性约束持续加强

习近平总书记在主持召开深入推动黄河流域生态保护和高质量发展座谈会时强调，“水安全是黄河流域最大的‘灰犀牛’”。河南省坚决落实党中央关于建立水资源刚性约束制度的重大决策部署，把水资源作为最大的刚性约束，进一步加强黄河流域水资源管理工作。

一是在发展理念上，准确把握保护和发展的关系。河南省坚决落实习近平总书记“以水定城、以水定地、以水定人、以水定产”要求，“有多少汤泡多少馍”，精打细算用好水资源，让水资源用在最该用的地方。面对全省人口众多，水资源极度短缺的省情，牢固树立量水而行、节水优先的底线思维，严守水资源开发利用上限，坚决遏制不合理用水需求。

二是在发展方式上，推进水资源节约集约利用。河南省加强各行业用水计划管理，在农业农村节水、工业节水、生活节水等重点领域推进水资源节约集约利用，促进了水资源利用效率不断提升。截至 2020 年底，河南省农田灌溉水有效利用系数由 2015 年的 0.601 提高至 2020 年的 0.617；万元 GDP 用水量由 2015 年的 47m^3/万元下降至 2020 年的 30.5m^3/万元；万元工业增加值用水量由 2015 年的 29.9m^3/万元下降至 2020 年的 20m^3/万元；规模以上工业用水重复利用率提高到 91%；全省整体节水水平高于全国平均水平。① 当前，河南省有郑州、许昌、济源、鹤壁等 9 个城市创建国家级节水城市，全省地级缺水型城市全部创建成省级节水型城市，共有 95 个县（市、区）完成县域节水型社会达标建设任务，达标率 61%，全省节水的规范化、科学化水平进一步提升。②

① 蒋菡：《河南破解水资源瓶颈》，《工人日报》2021 年 10 月 23 日。

② 谭勇、牛聚才：《节水优先 持续争先——河南高质量发展的“节水密码”》，《河南日报》2021 年 12 月 17 日。

三是在优化结构上，科学配置流域水资源。河南省 18 个地市中，8 个地市位于黄河两岸，另有 4 个地市引用黄河水灌溉，黄河水对保证河南粮食生产极为关键。河南省委、省政府实施“四水同治”战略，统筹优化长江、黄河、淮河、海河四大流域水资源配置，谋划实施了引江济淮（河南段）、小浪底北岸灌区、赵口引黄灌区二期、西霞院水利枢纽输水及灌区等十大水利工程，其中小浪底北岸灌区工程为国家 172 项重大水利建设项目之一，工程从小浪底水库引水，为济源和焦作的沁阳、孟州、温县、武陟等地带来大量水源，解决区域内灌区农业灌溉及城乡生活与工业用水需求；统筹地方财力和资源条件有序推进引黄调蓄、水网连通等工程建设。结合引黄灌区四通八达的渠系，强化黄河洪水资源化利用，引黄补源，合理引蓄调度，已兴建郑州龙湖、开封众意湖等 31 处引黄调蓄工程，构建健康的自然水循环和社会水循环。①

第五节　全面从严治党向纵深发展，党的建设更加坚强有力

“治国必先治党，治党务必从严。”党的十八大以来，以习近平同志为核心的党中央从关系党和国家生死存亡的高度，作出“打铁还需自身硬”的庄严承诺，以猛药去疴、重典治乱的决心勇气，推动全面从严治党向纵深发展，打虎拍蝇雷霆万钧，正风肃纪驰而不息，形成了反腐败斗争压倒性态势，党心民心为之一振，党风政风为之一新。习近平总书记强调，坚持严的主基调不动摇，坚持不懈把全面从严治党向纵深推进。近年来，河南省将党中央全面从严治党要求与省内管党治党实践紧密结合，以政治建设为统领，全面净化党内政治生态，不断提高党组织工作的质量水平，深入开展党风廉政建设和反腐败斗争。通过多年的努力，全面从严治党在河南落地生根，行之见效，全省党风政风引领社风民风持续向好，党的执政基础进一步夯实，为稳定全省社会经济发展大局提供了坚实保障。

① 《河南黄河水资源管理调度成效显著》，黄河网，http：//www.yrcc.gov.cn/xwzx/hhyw/201908/t20190831_207110.html。

一　党的思想政治建设取得长足进步

党的政治建设是党的根本性建设，在党的建设总体布局中居于首位，具有统揽全局的关键作用，决定着党建的方向和效果。思想建设是党的基础性建设，共产主义远大理想和中国特色社会主义共同理想，是中国共产党人的精神支柱和政治灵魂，也是筑牢党团结统一的基础。党的十八大以来，河南坚定向党中央看齐，认真贯彻落实党中央全面从严治党决策部署，压紧压实管党治党政治责任，高质量推动全面从严治党向纵深发展。政治建设深入推进，持续营造学的氛围、严的氛围、干的氛围，教育引导广大党员自觉做远大理想、共同理想的坚定信仰者和忠实实践者，广大党员干部的“四个意识”更加自觉、“四个自信”更加坚定、“两个维护”更加坚决。思想建设行之见效，党的群众路线教育实践活动、“三严三实”专题教育、“两学一做”学习教育、“不忘初心、牢记使命”主题教育和党史学习教育扎实开展，学习贯彻习近平新时代中国特色社会主义思想不断走深走心走实。坚持学习和弘扬焦裕禄精神、红旗渠精神、大别山精神、愚公移山精神，传承红色基因，赓续红色血脉。积极开展思想建设的理论创新，丰富教育实践活动形式，党在群众中的威信和形象进一步树立，党心民心进一步凝聚，为推动现代化河南建设提供了强大正能量。

二　党的组织建设全面加强

习近平总书记强调，“严密的组织体系，是马克思主义政党的优势所在、力量所在”。组织建设是党的建设的重要基础，党的组织路线是指导组织建设的根本方针和准则。河南省坚持更高标准更高质量，持续推动基层党建全面提质增效，持之以恒打造过硬队伍，组织力提升取得新成效，干部队伍建设更加坚强有力。

一是基层组织体系日益完善。开展强基固本三年行动，推动基层减负，基层党组织更加坚强有力。在农村创新基层党组织设置方式，探索在农民专业合作社、家庭农场等新型经营主体中建立党组织；在城市街道社区建立健全党建网格化管理体系，形成全面覆盖的区域化党建大格局；在非公有制企业和社会组织中采取联合建、挂靠建等多种方式，实现党组织和工作有效覆盖。近年来，河南省通过开展“百千万”示范行动提高党支部标准化规范化建设水平，通过健全工作机制推动基层党组织整顿常态化、长效化，从 2019 年起，分三年评选基层党建省级示范村 600 个、市级示范村 3000 个、县级示范村 10000 个。累计排查整顿软弱涣散村党组织 4589 个，[①] 基层党组织的“战斗堡垒”作用不断加强。

二是党员干部队伍素质不断提升。干部选任机制不断完善，市县乡党委和村（社区）“两委”换届工作圆满完成，“墩苗育苗”计划启动实施。河南省坚持“抓头雁”“育先锋”，通过选优配强基层党组织带头人，加大党员规范管理，推动党员干部队伍整体素质提升。2020 年，对全省 5.1 万名村（社区）党组织书记开展“万名支部书记大培训”活动，并分三批累计选派 3.1 万名第一书记驻村工作。开展“党课开讲啦”活动，2020 年全省累计开展 42.2 万余场，党员受众达 1068 万余人次，一支支精兵强干的党员干部队伍正逐步形成；面对突如其来的新冠肺炎疫情，全省 22.5 万个基层党组织、4.2 万个临时党组织迅速进入“战时”状态，126 万名党员志愿者奔赴一线，1.3 万名驻村第一书记“逆行”返岗，广大农村（社区）党员干部坚守卡点，织密防“疫”网络。特别是 2021 年遭遇历史罕见特大洪涝灾害与疫情叠加等重大考验，党员干部关键时候冲得上，危急关头豁得出，树立了对党忠诚、一心为民的良好形象。

三　党的作风建设深入推进

“激浊扬清惩腐恶，廉洁新风扑面来。”习近平总书记指出，作风建设永远在路上，永远没有休止符，必须抓常、抓细、抓长，持续努力、久久为功。河南严格落实中央八项规定及其实施细则精神，持之以恒纠治“四风”，以案促改不断深化，十届省委巡视实现全覆盖，一体推进不敢腐、不能腐、不想腐的标本兼治综合效应逐步彰显，反腐败斗争压倒性胜利全面巩固。

一是正风肃纪取得明显成效。河南坚持“严”字当头，把解决群众反映强烈的难点痛点、最急最忧最盼问题作为重中之重，深入整治侵害群众利益

① 刘一宁：《强基固本，河南省全面加强以新时代党的建设为根本的基层基础工作》，《河南日报》2020 年 11 月 10 日。

的腐败和作风问题，驰而不息纠正“四风”，严肃整治形式主义、官僚主义，扎实开展集中整治专项行动，督促党员干部提升能力、转变作风，增强广大群众获得感，干部队伍作风形象得到了改善提升。2019 年全省全年查处违反中央八项规定精神问题 3048 起、处理 4309 人，给予党纪政务处分 3355 人，查处形式主义、官僚主义问题 2741 件、处理 4989 人，给予党纪政务处分 3817 人。全年纪检监察系统信访举报工作出现了“三降”——受理信访举报、检举控告、初次举报量同比分别下降 18.6%、39.2%、44.8%。[①]

二是反腐败斗争压倒性胜利得到持续巩固。2017 年以来，河南省不断将党风廉政建设和反腐败斗争向纵深推进，将以案促改工作作为贯彻落实习近平一体推进不敢腐不能腐不想腐的重要论述的创新实践，以治标促治本，在重拳惩腐方面持续发力。2017 年 1 月至 2020 年 9 月，全省共立案 11.2 万件，给予党纪政务处分 13.1 万人，运用“四种形态”批评教育帮助和处理 31.6 万人。随着高压反腐态势的持续推进和以案促改工作的制度化常态化，河南省不敢腐不能腐不想腐的社会效应越发显现。

第六节　黄河文化进一步传承弘扬，中原文化软实力显著增强

黄河文化是中华文明的重要源头，也是中原文化的核心主体，习近平总书记在河南调研时曾强调“要深入挖掘黄河文化蕴含的时代价值，讲好‘黄河故事’，延续历史文脉，坚定文化自信，为实现中华民族伟大复兴的中国梦凝聚精神力量”[②]。近年来，河南省将保护传承弘扬黄河文化作为贯彻落实黄河流域生态保护和高质量发展国家战略的重要抓手，深入挖掘中原地区的黄河文化资源，加强黄河文化研究和黄河题材艺术创作，大力推进黄河文化遗产保护和文化旅游产业发展，取得了影响深远的社会经济效益，黄河流域生态保护和高质量发展迈出坚实的步伐。

---

① 卢松：《持续推动纪检监察工作高质量发展》，《河南日报》2020 年 1 月 16 日。

② 习近平：《论把握新发展阶段、贯彻新发展理念、构建新发展格局》，中央文献出版社，2021，第 332 页。

一　黄河文化内涵不断丰富拓展

河南省地接陕、晋、冀、鲁等省，黄河河南段是贯通黄河西东、链接中原南北的重要河段，全长 711 公里，流经三门峡、洛阳、济源、焦作、郑州、新乡、开封、濮阳 8 个市，是黄河文化形成、融合、发展的核心区域。[①] 黄河文化根植中原沃土，在漫长的历史进程中形成了仰韶文化、商都文化、农耕文化、根亲文化、河洛文化、功夫文化等。黄河文化在传承和弘扬过程中不断吸收进步思想，并与红色革命文化、社会主义先进文化兼收并蓄、融合共生，滋养出集体主义精神、斗争精神、创新精神、改革精神等新的时代内涵。步入社会主义现代化建设新时代，黄河流域生态保护和高质量发展上升为国家战略，河南省进一步加大黄河文化传承、弘扬、保护力度，充分发挥黄河文化在河南黄河流域生态保护和高质量发展中的重要作用，深入挖掘黄河文化的精神内核，讲好新时代黄河故事，黄河文化的生命力和时代价值充分彰显。

二　黄河文化主题艺术创作精品频现

近年来，河南省围绕传承黄河文化基因、讲好新时代黄河故事不断丰富文化创造内容，创新文化艺术形式，促进传统文化与科学技术相结合，一大批精品力作实力出圈：《黄河泥娃》《唐宫夜宴》《洛神水赋》《龙门金刚》等“中国节日奇妙游”系列作品屡次爆火，优秀传统文化在新时代实现创造性表达；《印象·太极》《大河安澜》等黄河主题文艺演出集中展示了党的十八大以来舞蹈、戏曲艺术创作成果；考古纪录片《隐秘的细节》上线，宏大的视野与历史的细节交相辉映，呈现了商周时期鲜活的历史；“只有河南·戏剧幻城”开城接客，用 21 个剧场、800 位演员讲述关于土地、粮食与传承的河南故事；共同参与拍摄沿黄九省区八集纪录片《黄河人家》，通过黄河故事讲述沿岸人民与母亲河的相依相守，记录他们在时代变迁中与黄河的和谐共生……随着黄河文化主题相关的各类佳作不断涌现，新时代“黄河故事”的画卷正在河南铺展开来，河南文化实力不断提升，文化自信显著增强，文化影响力在国内外逐步扩大。

---

① 姜继鼎：《河南传承黄河文化 推动文旅文创融合发展》，《人生与伴侣》2022 年 1 月 25 日。

三　黄河文化遗产保护工作成果显著

近年来，河南省深入践行保护传承黄河文化的时代重任，不断加大文化遗产保护力度，在文化文物保护利用、考古发掘、博物馆建设等方面取得了显著成绩。

一是黄河文化保护工作系统化推进。2020 年以来，为了统筹推进黄河文化保护传承工作，河南省先后编制了《黄河流域生态保护和高质量发展规划纲要》《黄河国家文化公园（河南段）建设保护规划》《河南省“十四五”文化旅游融合发展规划》《黄河流域非物质文化遗产保护传承弘扬规划》等一系列重要文件，《河南省黄河文化保护传承弘扬规划》也正在加速出台，为黄河文化的保护、传承、弘扬提供科学指引和政策保障。

二是文化遗产保护工作迈上新台阶。河南省积极开展黄河文化资源普查工作，相关部门抽调骨干力量完成黄河沿线 7051 处不可移动文物普查，推进黄河流域 947 项省级非遗项目调查，开展黄河国家文化公园 488 处重大资源分类与评价，建立黄河文化遗产资源大数据库；① 灵宝北洋平遗址、汉魏洛阳城、州桥及古汴河遗址等 22 项黄河文化考古发掘项目启动实施；黄河国家博物馆、隋唐大运河文化博物馆、殷墟遗址博物馆、黄河流域非物质文化遗产保护展示中心、中国彩陶博物馆、北宋东京城顺天门遗址博物馆等一批与黄河文化密切相关的专题博物馆建设加速推进；韶村、庙底沟等国家考古遗址公园陆续建成开放；三门峡—洛阳—郑州—开封—安阳世界级大遗址公园走廊加快建设；黄河小浪底交通与文化旅游融合发展示范区码头、航线等已开工建设；一条贯通黄河两岸、覆盖沿线城乡的黄河文化遗产保护廊道基本形成。②

四　黄河文化旅游融合发展成效突出

河南省各地坚持以文塑旅、以旅彰文，启动实施文旅文创发展战略，推动优秀文化资源优势向旅游资源优势转化，旅游资源优势向发展优势转

---

① 刘平安、李韵：《保护传承弘扬黄河文化：激发民族根脉的时代价值》，《光明日报》2022 年 5 月 18 日。

② 张莹莹：《中原大地讲好新时代“黄河故事”》，《中国文化报》2022 年 7 月 5 日。

化，不断激活文旅市场活力，促进黄河文化发扬光大，河南黄河文化旅游融合发展的品牌形象正不断深入人心。

一是黄河文化公园项目建设有序推进。2020 年 11 月，河南省被确定为黄河国家文化公园重点建设区，黄河文化公园建设主要涉及 14 个省市。2021 年，河南启动实施了一批重大黄河文化公园项目建设并取得良好进展。“十四五”时期，河南省将围绕黄河国家文化公园建设，打造伊洛河、淇河等 14 条集中展示带，建设隋唐洛阳城、北宋东京城等 50 个核心展示园、160 个特色展示点、30 个黄河国家文化公园文旅融合示范区，一批黄河文化驿站和 20 条黄河文化线路，着力打造具有国际影响力的黄河文化旅游带。①

二是文旅融合新业态发展壮大。河南省在文旅文创融合创新实践中，打造出了“只有河南·戏剧幻城”、数字博物馆、元宇宙文旅项目、创意设计美学空间等新业态、新概念，传统文化在技术加持下重新焕发生机活力。其中，“只有河南·戏剧幻城”以中原文化、黄河文明为创作根基，用“声”“光”“电”“画”等高度集成化与智能数字系统做载体，将华夏文明的璀璨辉煌和历史变迁用现代人喜欢的方式表现、传承。博物馆文创数字藏品成了新风潮。自 2021 年底以来，河南博物院与支付宝合作，先后发布了妇好鸮尊、青玉虎形佩、人首蛇身玉饰、莲鹤方壶、云纹铜镜等文创数字藏品，每次上线即被“秒光”;② 从元宇宙智慧旅游大会“虚拟人”参会，到虚拟数字人“刘伶”云台山元宇宙世界奇幻旅程，再到打造《堡垒之夜》的沉浸式游戏音乐节，河南省多个新文旅场景相继亮相，给了游客们全新的旅游体验。③

三是文化旅游市场快速复苏。黄河文化旅游节、黄河文化月活动顺利举办，把最美的黄河景观、最靓的黄河生态、最优的投资环境进行全面呈现；开展黄河流域舞台艺术精品演出，通过精彩的文艺演出，展现黄河文

① 姜继鼎：《河南文旅文创融合发展 推动黄河文化在新时代发扬光大》，映象网，http：//news. hnr. cn/snxw/article/1/1484350898179170305。

② 《河南：数字赋能“指尖”玩转博物馆》，河南省文物局官网，https：//wwj. henan. gov. cn/2022/04-01/2424557. html。

③ 《以文塑旅、以旅彰文，河南文旅“融”出一片新天地》，河南省人民政府门户网站，http：//www. henan. gov. cn/2022/07-13/2486060. html。

化魅力；组织举办黄河文化主题艺术沙龙，生动诠释“魅力黄河”“文脉黄河”“文明黄河”；黄河珍宝文物精品展，集中展示沿黄9省（区）博物馆的“镇馆之宝”，让观众全方位了解黄河历史、品读黄河文化；[①] 连续多年推出精品文化旅游线路，打响“行走河南·读懂中国”文化品牌。这些文化旅游活动丰富多彩，亮点纷呈，有力地推动了黄河文化的传承传播，激发了文旅市场活力，促进了河南省文化旅游业的持续健康发展。

---

① 刘平安、李韵：《激发民族根脉的时代价值》，《光明日报》2022年5月18日。

第十章　总纲领总遵循总指引河南实践的经验启示

从实践上升到认识，再以理论指导实践，是马克思主义辩证唯物主义的基本观点。回顾近年来河南省发生的深刻变化，取得一系列具有标志性意义的重要成果，这根本上在于以习近平同志为核心的党中央的英明领导，在于习近平新时代中国特色社会主义思想的科学指引，体现了中国特色社会主义道路的本质要求，同时也验证了中国特色社会主义道路的正确和伟大，给人以深刻的启示。

第一节　始终坚决拥护"两个确立"，坚定做到"两个维护"，不断提高政治判断力、政治领悟力、政治执行力

习近平新时代中国特色社会主义思想是强大的思想武器和科学的行动指南。这一思想武器和行动指南在实践指导上贯穿党的群众路线教育实践活动、"三严三实"专题教育、"两学一做"学习教育、"不忘初心、牢记使命"主题教育、党史学习教育等各个方面，提出了民主生活会的"兰考标准"，深化了对共产党执政规律、社会主义建设规律、人类社会发展规律的认识，科学回答了"中国向何处去、世界向何处去"的时代之问，闪耀着理论光辉、充满着思想魅力、彰显着真理力量，为我们指明了方向、注入了强劲动力。

坚决拥护"两个确立"，坚定做到"两个维护"是实现国家富强、民族复兴、人民幸福的根本政治保证。党的十九届六中全会通过的《中共中央关于党的百年奋斗重大成就和历史经验的决议》指出："党确立习近平同志

党中央的核心、全党的核心地位，确立习近平新时代中国特色社会主义思想的指导地位，反映了全党全军全国各族人民共同心愿，对新时代党和国家事业发展、对推进中华民族伟大复兴历史进程具有决定性意义。”从全国来看，回顾党的十八大以来极不平凡的历程，党和国家事业之所以取得历史性成就、发生历史性变革，最根本就在于习近平新时代中国特色社会主义思想的科学指引，根本在于“两个确立”的政治保证。我国已成为世界第二大经济体、第一大工业国、第一大货物贸易国、第一大外汇储备国，国内生产总值超过 100 万亿元，人均 GDP 超过 1 万美元，中等收入群体超过 4 亿人，对世界经济增长贡献率连续多年超过 30%，党的面貌、国家的面貌、人民的面貌、军队的面貌、中华民族的面貌发生了前所未有的变化，使中华民族迎来了从站起来、富起来到强起来的伟大飞跃，以崭新姿态屹立于世界的东方。在这一历史进程中，习近平总书记以马克思主义政治家的恢弘气魄、远见卓识、雄韬伟略为全党举旗定向，以大格局谋划改革发展稳定，以大气魄运筹治党治国治军，以大韬略统筹内政外交国防，展现出宏阔的战略眼光、非凡的政治定力、强烈的历史担当、高超的领导艺术，是全党全国各族人民当之无愧的主心骨、掌舵人、定盘星。我们要始终把坚定维护习近平总书记党中央的核心、全党的核心地位作为最大的政治，信赖核心、忠诚核心、看齐核心，任何时候任何情况下都要做到坚决拥护“两个确立”，坚定做到“两个维护”，不断提高政治判断力、政治领悟力、政治执行力。

从全省来看，河南省委高举习近平新时代中国特色社会主义思想伟大旗帜，推动新时代中原更加出彩取得重要进展。在习近平新时代中国特色社会主义思想的指引下，经济保持持续健康发展，经济总量接近 6 万亿元、居全国第 5 位，粮食产量稳定在 1300 亿斤以上，人均生产总值超过 8000 美元，城镇化率提高至 56. 45%，实现了从传统农业大省向新兴工业大省的历史性转变；群众整体生活水平显著提升，718. 6 万建档立卡贫困人口全部脱贫，53 个贫困县全部提前摘帽，9536 个贫困村全部出列，书写了中国减贫奇迹的壮阔河南篇章，历史性解决了绝对贫困问题。以历史文化资源的深度挖掘和传承活化，形成了独具特色的文旅融合发展新优势，特别是随着“一带一核三山五区”文旅融合发展格局的加快构建、人民群众高品质生活的加快形成，文化需求更会成为内需的增长点，文化资源更会成为发展的动力源，文化魅力更会成为河南的竞争力。这些都充分证明习近平新时代中国特色社会主义思想具有强大的真理力量，充分证明习近平新时代中国特色社会主义思想具有实事求是、把握规律的科学力量，是全面建设社会主义现代化河南的总坐标。我们必须坚定沿着习近平总书记指引的方向勇毅前行，始终坚持把习近平新时代中国特色社会主义思想作为强大的思想武器和科学的行动指南，始终同以习近平同志为核心的党中央保持高度一致，把“两个确立”转化为坚决做到“两个维护”的自觉行动，以前瞻30年的眼光想问题、作决策、抓发展，不断提高政治判断力、政治领悟力、政治执行力，下非常之功，用恒久之力，创造出无愧于历史、无愧于时代、无愧于人民新的更大的业绩。

坚决拥护“两个确立”，坚定做到“两个维护”，坚决按照总书记重要指示要求办，是中原接连出彩最深切的体会、最宝贵的经验，是必须始终坚持的最高政治原则和根本政治规矩，也是我们奋进新征程、建功新时代最大的信心所在、底气所在、力量所在。只要我们始终坚决拥护“两个确立”，坚定做到“两个维护”，不断提高政治判断力、政治领悟力、政治执行力，就一定能够在新时代中国特色社会主义现代化建设新征程上彰显中原担当、作出河南贡献。

第二节　始终坚持把习近平总书记视察河南重要讲话重要指示作为总纲领总遵循总指引

习近平总书记视察河南重要讲话重要指示是引领新时代河南发展的总纲领。河南作为人口大省、经济大省、粮食大省，地处连接东西、贯穿南北的战略枢纽，在中华文明发展进程中占有重要地位，在全国发展大局中地位突出、责任重大，习近平总书记和党中央一直以来对河南发展高度重视、寄予厚望。2014 年，习近平总书记两次到河南调研指导工作，肯定了河南经济社会发展取得的成绩，强调实现“两个一百年”的奋斗目标、实现中华民族伟大复兴的中国梦需要中原更加出彩。2019 年 9 月，习总书记再次来到河南考察，明确提出将黄河生态保护与高质量发展确定为重大国家战略，并强调河南要在中部地区崛起中奋勇争先、谱写新时代中原更加出彩的绚丽篇章。2021 年 5 月，习总书记自十八大以来第四次来到河南考察调研，指出要推进南水北调后续工程高质量发展、传承创新发展中医药以及因地制宜发展特色产业。从需要中原更加出彩到谱写新时代更加出彩绚丽篇章，从扛稳粮食安全这个重任到在中部地区崛起中奋勇争先，从牢记红色政权是从哪里来的到让黄河成为造福人民的幸福河再到南水北调后续工程高质量发展，都充分体现了习近平总书记对河南发展的高度重视、对河南工作的更高期望，充分展现了人民领袖对中原儿女的深情关怀。

习近平总书记视察河南重要讲话重要指示是确保高质量建设现代化河南的总遵循。当前之河南，进入高质量发展阶段，开启现代化建设新征程，到了由大到强、实现更大发展的重要关口。河南的发展面临着国家构建新发展格局、促进中部地区崛起、推动黄河流域生态保护和高质量发展三大战略机遇，多领域战略平台融合联动的叠加效应持续显现，支撑国内大市场和链接国内国际双循环的功能地位持续提升，亿万人口大省新型城镇化和乡村振兴蕴含的内需潜力持续激发，科教创新资源和新兴产业引育形成的新发展动能持续壮大，以中原文化为中心、以兴文化工程为引领的黄河文明凝聚的精神力量持续彰显，传统优势不断强化、新的优势正在塑造，已经到了可以大有作为、为全国大局作出更大贡献的重要时期。例如，河南工业家底厚实，产业门类齐全、体系完整，制造业占规模以上工业比重超过 85%，是很多产业循环的发起点、支撑点、结合点。近年来，交通、水利、能源、生态环保、信息网络、现代物流等基础支撑能力持续增强，特别是海量的数据资源、丰富的应用场景，成为产业数字化、数字产业化的天然沃土。在新一轮产业链供应链的系统重构中，沿海产业转移和新兴产业布局更为看重综合配套能力、物流运转效率，更为看重消费市场的贴近性、要素保障的稳定性，而这些都是河南的比较优势所在。这些机遇和优势，归根到底靠的是习近平总书记、党中央坚强领导，靠的是习近平新时代中国特色社会主义思想科学指引，靠的是人民领袖对中原儿女的深情关怀，充分彰显了争先进位谋出彩的奋斗精神，为乘势而上开启现代化河南建设新征程奠定了坚实基础。

习近平总书记视察河南重要讲话重要指示是确保高水平实现现代化河

南的总指引。党的十九大作出全面建设社会主义现代化国家分两个阶段来安排的战略决策。第一个阶段，从 2020 年到 2035 年，在全面建成小康社会的基础上，再奋斗 15 年，基本实现社会主义现代化；第二个阶段，从 2035 年到本世纪中叶，在基本实现现代化的基础上，再奋斗 15 年，把我国建成富强民主文明和谐美丽的社会主义现代化强国。在这一历史背景下，新一届河南省委时刻牢记领袖嘱托，自觉肩负起全面建设社会主义现代化国家新征程中的河南使命，提出了“确保高质量建设现代化河南，确保高水平实现现代化河南”的发展目标，作出实施“十大战略”等重大部署。“两个确保”“十大战略”是立足新发展阶段、新发展理念、新发展格局带来的新机遇新要求，用习近平总书记重要讲话精神指导河南实践，进一步明确河南发展的定位和方向，把中国特色社会主义事业“五位一体”总体布局、“四个全面”战略布局和实现“两个一百年”奋斗目标在河南具体化、实践化，充分体现了中央对河南的要求，实现了中央精神和河南实际的有机结合。也是新一届河南省委以前瞻 30 年的战略眼光，突破惯性思维，打破路径依赖，以奋勇争先、更加出彩的气魄，实现直道冲刺、弯道超车、换道领跑，向着大而优、大而新、大而强和高又快、上台阶不断迈进。

站在新的历史起点上，我们到了可以大有作为的关键阶段，只要我们坚定不移沿着习近平总书记指引的金光大道奋勇前进，紧抓构建新发展格局战略机遇、新时代推动中部地区高质量发展政策机遇、黄河流域生态保护和高质量发展历史机遇，就一定能够创造出更多令人刮目相看的河南奇迹，一步步把习近平总书记为我们擘画的宏伟蓝图变为美好现实。

第三节 始终坚持把精准对标对表党中央决策部署作为重大政治责任

精准对标对表党中央决策部署是历届河南省委省政府的重大政治责任。多年来，历届省委、省政府坚定不移地贯彻落实党中央的决策部署和战略安排，立足河南基本省情、把握发展阶段特征，先后制定了“一高一低”[①]

① 1991 年 1 月，河南省委五届二次全会确定了“一高一低”的战略发展目标，即经济发展速度和效益要略高于全国平均水平，人口增长速度要低于全国平均水平。

“围绕农字上工业”① “东引西进”② “两个较高”③ “中原崛起”④ “两大跨越”⑤ “四个重在”⑥ “两个高质量”⑦ “两个确保”⑧ 等一系列关乎全局的发展目标。20 世纪 90 年代初，河南省第五次党代会确立了“团结奋进，振兴河南”的指导思想，加强农业的基础地位，大力推进工业化、城市化进程，实施“以农兴工、以工促农，农工互动、协调发展”战略，提出“工业、农业两篇文章一起做”，“两道难题（工业化缓慢、农民增收困难）一起解”，开始了工农业协调发展的探索。2001 年河南省第七次党代会强调要“加快工业化、城市化进程，促进农业现代化”。2003 年明确提出要“用发

---

① 1993 年 1 月，李长春在全省农村工作会议上强调，农业大省实现工业化，必须首先立足于丰富的农副产品所提供的工业原料，坚持强农兴工的路子，把两者统一到“围绕农字上工业”上。1995 年 8 月，在同全省理论界部分专家座谈时，他再次指出，就河南的实际来讲，必须围绕“农”字上工业，上了工业促农业。强农兴工，协调发展，走出一条农业省加快工业化进程的新路子。

② “东引”就是充分发挥河南省区位、市场、劳动力资源丰富等优势，吸引东部产业、技术、资金、人才、项目、管理经验和机制，加快传统产业的技术改造，推动河南省产业改组、改造和升级；“西进”即积极参与西部大开发，加强河南省与西部省区的经济技术合作，大力开拓中西部市场，努力提高河南省农产品、工业消费品、农业生产资料及冶金、建材、农业机械、大型成套设备等投资类产品在西部市场的占有份额。

③ 2001 年河南省政府工作报告提出，发展不仅表现在速度上，更要体现在质量上，要在保持经济快速增长的同时，把质量和效益放在突出位置，实现国民经济较高的增长速度和较高的增长质量。

④ 2003 年 3 月，时任河南省委书记李克强在参加全国人代会期间接受人民日报记者采访，正式提出“中原崛起”概念，并指出：“目前我国经济正由东向西梯度推进，世界性产业转移也由我国沿海向内地延伸，河南这样一个中部省份要紧紧抓住这个机遇，充分发挥区位优势和比较优势，加快工业化和城镇化，推进农业现代化，努力实现在中原崛起。”

⑤ 2006 年 10 月召开的河南省第八次党代会明确了中原崛起的历史任务、今后五年的奋斗目标和加快“两大跨越”（经济大省向经济强省跨越，文化资源大省向文化强省跨越）、推进“两大建设”（和谐社会建设和党的建设）的发展思路。

⑥ 2010 年，省委经济工作会议提出，保持经济社会发展的好势头，在实践中需要坚持“四个重在”：重在持续、重在提升、重在统筹、重在为民。

⑦ 河南省委十届六次全会暨省委工作会议提出，高举习近平新时代中国特色社会主义思想伟大旗帜，对标党的十九大精神和习近平总书记调研指导河南时的重要讲话精神，提出了“以党的建设高质量推动经济发展高质量”的工作思路，动员全省上下牢固树立“四个意识”，坚定落实“两个坚决维护”，持续坚持“四个着力”，以新担当展现新作为，一步一个脚印实现中原更加出彩的奋斗目标。

⑧ 2021 年 9 月，省委书记楼阳生在河南省委工作会议上指出：当前河南发展站上了新的历史起点，到了可以大有作为的关键阶段。必须坚定不移沿着习近平总书记指引的方向前进，以前瞻 30 年的眼光来想问题、作决策，在拉高标杆中争先进位，在加压奋进中开创新局，确保高质量建设现代化河南，确保高水平实现现代化河南。

展工业的理念发展农业”，“以工业化为先导，大力推进工业化、城镇化和农业现代化的‘三化’进程”，以此来共同顶托中原崛起。2006年河南省第八次党代会提出，加快经济大省向经济强省跨越，加快文化资源大省向文化强省跨越，努力推进和谐中原建设，全面推进党的建设新的伟大工程。2011年河南省第九次党代会指出，走好“三化”协调科学发展路子，必须充分发挥新型城镇化的引领作用、新型工业化的主导作用、新型农业现代化的基础作用。

一以贯之、锲而不舍、重在持续是中原加快崛起、中原更加出彩的奥秘所在。党的十八大以来，河南深入贯彻落实习近平总书记重要讲话和指示批示精神，提出了打造“四个河南”，推进“两项建设”具体举措①。河南省第十一次党代会提出了“两个确保”奋斗目标，作出实施“十大战略”、推动新发展格局下县域经济高质量发展、传统产业改造升级、新兴产业重点培育、未来产业谋篇布局、推动中心城市“起高峰”、县域经济“成高原”等一系列重大部署，持续绘就现代化河南建设的美好蓝图。一次次重大抉择，始终贯穿着发展这条红线不变，中原更加出彩的步伐也因此而愈益矫健有力。这些年中原加快崛起、中原接连出彩的奥秘，概括起来就是两个字：“持续”，任凭风云变幻，始终做到重持续、重提升、重统筹、重为民，不争论、不折腾、不刮风、不呼隆，一任接着一任干、一张蓝图绘到底、一以贯之谋发展。河南加快发展的实践证明，推动科学发展不仅要有思路、有激情，更要有一股锲而不舍、持之以恒、百折不挠、矢志不渝的韧劲。这是坚持精准对标对表党中央决策部署的重大政治责任，是坚持发展是硬道理的内在要求，也是推动中国特色社会主义事业发展的关键所在。

只要我们始终坚持把精准对标对表党中央决策部署作为重大政治责任，结合河南实际创造性开展工作，躬身入局、善做善成、慎始慎终，推动习近平总书记重要讲话重要指示和党中央决策部署在河南条条落实、件件落地、事事见效，就一定能够战胜一切可以预见和难以预见的风险挑战，奋力谱写新时代中原更加出彩的绚丽篇章。

---

① “四个河南”即富强河南、文明河南、平安河南、美丽河南，“两项建设”即推进社会主义民主政治制度建设、加强和提高党的执政能力制度建设。

第四节　始终坚持以人民为中心的发展思想

进入新时代，随着经济社会发展水平的提高，人民对美好生活的向往更加强烈，民生领域需求日益复杂多元，保障和改善民生的任务十分繁重。党中央坚持以人民为中心，把增进人民福祉作为发展的根本目的，着眼在发展中补齐民生短板，在幼有所育、学有所教、劳有所得、病有所医、老有所养、住有所居、弱有所扶上取得一系列开创性成果，改革发展成果更多更公平惠及全体人民。

坚持人民至上，是习近平新时代中国特色社会主义思想的价值旨归。习近平总书记在庆祝中国共产党成立 100 周年大会上强调指出，“新的征程上，我们必须紧紧依靠人民创造历史，坚持全心全意为人民服务的根本宗旨，站稳人民立场，贯彻党的群众路线，尊重人民首创精神，践行以人民为中心的发展思想”。回顾改革开放 40 多年来的历史进程，从消减贫困、解决温饱、告别短缺到基本实现小康，再到向全面脱贫、全面建成小康社会、实现共同富裕的目标迈进，实际上每一步都是致力于解决最大的民生问题，致力于带领人民创造美好的生活。

坚持改革开放，是中原大地沧桑巨变的动力源泉。这些年来，河南牢牢把握市场取向的改革方向，不断推进体制机制改革。20 世纪 90 年代以来，河南积极推进国有企业改革，逐步建立和完善现代企业制度；积极推进所有制改革，大力发展非公有制经济，形成了多种所有制经济竞相发展的新格局；大力发展县域经济，上演了“十八罗汉闹中原”的活力迸发的大戏；深化文化体制改革，大力推进兴文化工程，使文化创造活力充分涌流。与此同时，河南积极推进对外开放，实施制度型开放战略，对标对接国际贸易和投资通行规则，构建稳定透明可预期的开放政策制度体系，推进“东引西进”，着力打造开放强省和内陆开放高地，在一些内外经贸活动中大显身手，在各项大型招商引资活动中独领风骚，不断为中原大地拓展崛起空间。河南这个过去相对封闭保守的内陆省份，如今成了中外客商竞相投资的热土。可以说，是改革开放为中原大地注入了强大的动力、增添了无尽的活力。

以改革惠民生，为广大人民群众谋福祉，坚定不移走好全体人民共同富裕道路。新一届省委省政府始终坚持以人民为中心的发展思想，坚定地同人民站在一起、想在一起、干在一起，突出抓好“一老一小一青壮”民生工作，推进“人人持证、技能河南”建设，力争实现人均GDP2035年达到2万美元、2050年达到3.5万美元，全员劳动生产率2035年达到3.7万美元/人、2050年达到7万美元/人。可以说，中原更加出彩的历史进程，就是人民群众不断发挥主体作用和无尽创造力的过程。离开人民群众的历史主动性和首创精神，就不可能有气壮山河、波澜壮阔的中原崛起。中原更加出彩的实践雄辩地证明，人民群众是真正的英雄，是推动历史发展的实践主体。我们要贯彻习近平新时代中国特色社会主义思想，在新的历史起点上把中国特色社会主义伟大事业继续推向前进，必须充分尊重人民主体地位，尊重人民首创精神，自觉地把政治智慧的增长、执政本领的增强深深扎根于人民的创造性实践之中，要牢记“江山就是人民、人民就是江山”，始终把人民放在心中最高位置，把为民造福作为最重要政绩，让人民生活更有品质、更为舒心、更加美好。

坚持发展依靠人民，走好新时代群众路线，充分组织群众、宣传群众、依靠群众、服务群众，用一个个勇争一流叠加为全省奋勇争先，用一个个竞相出彩汇聚成全省绚丽多彩。坚持发展成果由人民共享，充分尊重基层群众首创精神，善于用系统观念、法治思维、改革精神、创新办法、市场机制，把广大干部群众、各类市场主体、各类创新主体的积极性主动性创造性充分激发出来。只要我们始终与群众想在一起、干在一起，自觉地把政治智慧的增长、执政本领的增强深深扎根于人民的创造性实践之中，就一定能够汇聚起奋勇争先、万众一心共谋出彩的磅礴伟力。

第五节　始终坚持把全面加强党的领导作为最高政治原则

新的历史条件下，我们要更好进行具有许多新的历史特点的伟大斗争、推进中国特色社会主义伟大事业，就必须以更大力度推进党的建设新的伟大工程，坚定不移推进全面从严治党，切实把党建设好、管理好，保持党的先进性和纯洁性，增强党的创造力凝聚力战斗力，提高党的领导水平和执政水平，确保党始终成为中国特色社会主义事业的坚强领导核心。2013

年 12 月，习近平总书记在中央经济工作会议上指出，中国特色社会主义有很多特点和特征，但最本质的特征是坚持中国共产党领导。2016 年 7 月，习近平总书记在庆祝中国共产党成立 95 周年大会上强调，中国特色社会主义最本质的特征是中国共产党领导，中国特色社会主义制度的最大优势是中国共产党领导。全面加强党的领导是最高政治原则。历史和现实都证明，没有中国共产党，就没有新中国，就没有中华民族伟大复兴。治理好我们这个世界上最大的政党和人口最多的国家，必须坚持党的全面领导特别是党中央集中统一领导，坚持民主集中制，确保党始终总揽全局、协调各方。

这些年河南发展取得的伟大成就，最根本的是有中国共产党的坚强领导。在党的领导下，一代代中原儿女，为着国家和民族的前途命运，前赴后继、英勇斗争，义无反顾、勇往直前。从革命战争年代，“二七”大罢工掀起第一次工人运动高潮，大别山“28 年红旗不倒”，到社会主义革命和建设时期，焦裕禄同志“拼上老命大干一场”，红旗渠修建“誓把河山重安排”，谱写了一曲曲英雄壮歌，构筑起一座座不朽丰碑。这些年，河南先后涌现出了史来贺、吴金印、任长霞、常香玉、刘志华、张荣锁、李连成、李文祥等一大批优秀党员干部。这些优秀共产党人默默付出、无私奉献，成为力挺中原崛起的脊梁。改革开放以来，广大干部群众紧跟时代步伐，谋振兴、促崛起、求跨越、争出彩，中原大地发生了翻天覆地的历史巨变，一个充满生机、充满自信、充满希望的河南展现在世人面前。着力建设德才兼备的高素质干部队伍，树立更加鲜明的选人用人导向，让那些既干净又能干成事的人心无旁骛施展才华。持续大抓基层基础，深入推进强基固本工程，不断增强基层党组织的创造力、凝聚力、战斗力。坚定不移推进党风廉政建设和反腐败斗争，把“严”的主基调长期坚持下去，坚决纠治“四风”，一体推进不敢腐、不能腐、不想腐，深入开展政法队伍教育整顿，建设持久风清气正的政治生态，引领保障高质量发展行稳致远。近年来，河南深入贯彻新时代党的建设总要求，坚持严的主基调，弘扬自我革命精神，以党建“第一责任”引领和保障发展“第一要务”。实施“墩苗育苗”计划，实施强基固本工程，深入开展能力作风建设年活动和清廉河南建设，学习型党组织建设有效推进，党员干部的思想观念、工作方式、工作作风持续转变，学习之风、创新之风、务实之风、为民之风日益浓厚，有力推动思想淬炼、政治历练、实践锻炼和专业训练。

中原更加出彩的实践再次雄辩地证明，办好中国的事情，关键在党。我们要不断开创中国特色社会主义事业发展新局面，必须着力推进党的建设新的伟大工程，以严格的制度和强大执行力确保习近平总书记对河南工作的重要指示要求在河南条条落实、件件落地、事事见效，把贯彻落实中的成功做法及时总结上升到制度层面，一体推动习近平总书记视察河南重要讲话和党中央的决策部署在中原大地落地生根、开花结果。只要我们坚持党的全面领导不动摇，坚决维护党的核心和党中央权威，充分发挥党的领导政治优势，把党的领导落实到全省工作各领域各环节，贯穿到全省发展的各方面全过程，就一定能够实现“两个确保”奋斗目标，就一定能够开创河南发展的美好明天。

第十一章　总纲领总遵循总指引河南实践的典型案例

党的十八大以来，习近平总书记先后四次赴河南考察调研，亲自为河南把脉定向、擘画蓝图，寄予河南“在中部地区崛起中奋勇争先，谱写新时代中原更加出彩的绚丽篇章”的殷殷嘱托，为现代化河南建设提供了总纲领、总遵循、总指引。河南牢记习近平总书记的殷殷嘱托，切实践行习近平总书记重要讲话、重要指示精神，积极融入全国发展大局，扛起中原崛起历史重担，持续推进经济社会健康发展。全省各地在实践中积极探索、锐意创新，产生了许多创新做法、特色亮点和成功模式，形成了一系列可资借鉴的典型案例。本章精选6个具有鲜明河南特色的典型案例进行介绍分析，以更直观鲜活地展现习近平新时代中国特色社会主义思想在河南的生动实践与显著成效。

案例Ⅰ　扛稳粮食安全重任，以粮食产业高质量推动农业现代化的尉氏探索

尉氏县是国家粮食生产“河南核心区”中的产粮大县，也是全国第一批小麦商品粮基地县、全国优质农副产品产区、全国粮食生产先进县。2014年5月习近平总书记视察河南期间，对尉氏县寄予了厚望，提出了“粮食生产的根本在耕地、命脉在水利、出路在科技、动力在政策”“要立足打造全国粮食生产核心区这一目标和任务，在提高粮食生产能力上开辟新途径、挖掘新空间、培育新优势”的重要指示。八年来，尉氏县深入践行习近平总书记的殷切嘱托，坚决扛稳粮食安全重任，筑牢粮食稳产高产根基，以“保耕地、兴水利、强科技、稳政策”为关键点，抓粮食保供给、建粮田夯基础、调结构促增收、优链条谋转型，树立了粮食生产标杆，以粮食产业的高质量推动了农业现代化的高质量发展。

一　稳固粮食安全基础，促进粮食增产增收

近年来，尉氏县委、县政府始终把粮食生产作为最大的政治来抓，按照中央提出的“保供给、稳面积、优结构、促单产”的总要求，一方面深入贯彻党的各项惠农政策，通过种粮直补、农资综合补贴、良种补贴和农机补贴等一系列强农、富农、惠农政策的落实，提高了广大农民群众务农种粮积极性，粮食播种面积逐年增加，小麦、玉米等主要农作物良种基本实现全覆盖，农业机械化作业面积达到95%以上；另一方面在稳定全县粮食种植面积的基础上，通过农作物高产创建、测土配方施肥、土壤有机质提升、病虫害统防统治等农业项目的连续实施，认真抓好农业新技术、新品种的推广与应用，指导农民依靠科技提高单产，增加总产。2021 年，全县夏秋粮食作物面积 167.92 万亩，粮食产量逐年增长，农民收入持续增加。2021 年全县粮食总产 76.9 万吨，比 2014 年的 55.4 万吨提高了 38.8%，农民人均可支配收入 16458 元，是“十二五”末的 1.5 倍。粮食的丰产丰收，对稳定经济社会发展、促进社会和谐起到了“定海神针”作用。

二　完善农业基础设施条件，助力粮食生产产能提升

近年来，尉氏县把完善农业基础设施，深入推进高标准农田建设作为贯彻落实习近平总书记指示精神的有力抓手和重要载体，因地制宜科学布局，统筹高效推进，巩固提升长期效益，为粮食稳产高产夯实基础。一是加大高标准农田建设投入力度。为了稳定提高粮食生产能力，尉氏县按照“五化”标准（建设标准化、装备现代化、应用智能化、经营规模化、管理规范化）大力推进高标准农田建设。2021 年完成投资 1.1 亿元，建设高标准农田 7 万亩。累计完成投资 12.68 亿元，已建设完成高标准农田 84 万亩。二是推进农田示范区智慧化建设。建成河南省首个“5G+智慧农业”高标准农田示范区，主要建设“八站一中心一平台”和田间工程。首次提出“5G+智慧农业技术”在农业生产中应用的领先理念，基地内全面推广应用水肥一体化智能灌溉系统，实现自动化灌溉，通过手机 App，可以实现远程实时动态监测基地土壤环境、气象信息、作物生长等全过程，为农业生产提供精准化种植、可视化管理、智能化决策，让传统农业更有智慧。项目区内实现固定式喷灌、伸缩式喷灌、管灌、平移式喷灌、指针式喷灌、自走式

喷灌等多种高效灌溉模式，灌溉系数达到0.85，比普通灌溉效率提高30%，亩节约用水50立方米，极大改善了农业生产条件，亩均增产180斤，粮食产能显著提升，实现了持续稳产增产。三是持续提升农业机械化水平。在已建成的高标准农田内，引入商业保险，为全县农用变压器、机井进行投保，实现投保全覆盖，确保"设施管用，群众满意，长久持效"。同时农机装备配置进一步优化，主要粮食作物耕种收综合机械化水平达到95%以上，大宗农作物（小麦）的耕种、施肥、施药、收获、秸秆还田等主要生产环节全部实现机械化作业。农业基础设施条件和农机化作业水平同步提升，在粮食作物生产过程基本上实现机械化的同时，增强了抗御自然灾害的能力，加快了农业现代化发展进程。

三 科学谋划产业布局，积极探索农业产业化经营

近年来，尉氏县委、县政府以农业产业发展为抓手，通过高质量构筑农业产业发展体系来大力推进乡村振兴。一是科学规划布局产业架构。谋划实施了6个全产业链、33个产业园、300个产业基地，搭建了"633"产业架构，绘制了美丽乡村新图景，实现了"县有龙头带动，乡有主导覆盖，村有基地，户有致富门路"的产业发展新格局。二是合理谋划产业三级布局。县级层面以优质小麦、优质花生、生猪养殖等特色种养产业为依托，谋划优质小麦、食用菌、生猪、优质花生、蜜蜂、辣椒等高效种养业全产业链条。依托市级现代农业产业园创建打造优质小麦、食用菌两条特色产业全产业链，实现农民全环节参与、多渠道增收；乡镇层面结合资源禀赋谋划产业园区，选定1~2个特色主导产业，通过土地流转、务工就业、订单收购、代种代养、跟种跟养、收益分成等方式着力建设种养、加工、研发、展销、电商等板块齐备、带贫成效突出的产业园33个；村级层面围绕粮油瓜果菜等特色种植，以及牛、羊、鸡、鸭、鹅、蜂等特色养殖基地，重点建设300个规模化、规范化、品牌化的产业基地，以土地流转、务工就业、代种代养、跟种跟养、收益分成等多种方式助力农民增收，带领群众致富。三是构建尉氏县农业产业发展体系。围绕五优四化，构建了"两园一基地"的市县乡村4级产业发展体系，积极创建市级现代农业产业园、县级现代农业产业园、3个县级现代农业示范园、18个乡级特色产业园区及305个村级特色产业基地。通过构建市县乡村4级产业发展体系，促进"十

链百园千基地”产业升级，尉氏县产业发展模式更加成熟，农民增收渠道持续拓宽，现代农业的生产、经营及产业体系基本形成。

四　积极培育新型经营主体，促进农业规模化发展

尉氏县围绕“633”产业架构以及“十链百园千基地”建设，进一步加大新型农业经营主体培育力度，把引入农产品加工企业作为招商引资的重点，通过政策扶持、模式引导、拓宽融资、宣传推介等方式，培育了一批集约化、专业化、组织化、社会化相结合的新型农业经营主体。一是大力培育龙头企业。以大红门、千味央厨、耕耘农业等龙头企业为引领，大力发展农产品精深加工，推动一二三产业融合发展，构建“粮头食尾”“农头工尾”产业布局。二是积极支持加工业发展。实施农产品加工提升工程，不断完善产业链条，逐步推动休闲食品、功能食品等特色农副产品加工企业落地。三是扩大现代农业经营主体规模。在充分尊重农民意愿基础上，加速推进土地流转承包，引导种养大户、家庭农场、专业合作社等参与土地流转，发展多种形式的适度规模经营。力争到“十四五”末全县农副产品加工转化率提高到75%以上，农副产品加工业产值达到200亿元以上。目前，全县农业产业化龙头企业35家，规模以上农产品加工企业100余家。全县农村土地流转面积达45.4万亩，约占耕地面积的34.5%，创办各类农民专业合作社4713家，注册家庭农场568家，种粮大户规模在50亩以上的共194家。新型经营主体的多元化发展，有效助力了尉氏县农业产业结构调整，为乡村振兴注入了源源不断的活力。

五　着力发展农业科技，稳步提高农业科技水平

多年来，尉氏县持续加大科技兴农力度，大力发展智慧农业，培育、引进优质农作物新品种，着力提高农作物生产的效率和质量，为农业现代化发展提供科技支撑。一是连续多年实施基层农技推广补助项目，组织百余名技术人员分包上千户科技示范户，每个科技示范户带10户的“百千万科技示范工程”。完善了乡镇农技推广服务体系，建立农业技术推广区域站8个，充实技术人员123人，覆盖全县17个乡镇，516个行政村，132万亩耕地。二是大力推广农作物新品种。在小麦生产上主推了矮抗58、周麦22、周麦27和众麦1号等新品种9个，玉米生产上推广郑单958、蠡玉16等品

种 12 个，累计推广主要农作物良种 36 个，良种覆盖率达到 98%以上。三是大力开展统防统治、测土配方施肥、农作物高产创建等农业项目，提高农业科技投入水平。全县拥有大型植保机械百余台，植保专业合作社近十家，统防统治服务队几十个，夏秋两季开展主要农作物病虫害统防统治面积 100 万亩左右。四是开展耕地质量监测。已建设完备的耕地质量长期定位监测网络，其中省部级耕地质量监测点 3 个，县级耕地质量监测点 11 个，已完成监测点试验秋作物收获考种工作，并加强了监测点设施的管理维护。完备的耕地质量监测网络有力地支撑起全县耕地质量监测和评价，满足粮食安全责任制考核和耕地质量年度变更评价要求。五是开展墒情监测。2021 年完成测墒 20 余次，发布墒情简报 20 余期，为领导及时、准确了解全县土壤墒情变化、抗旱减灾，指导农业生产，提供了科学依据。

六　高标准实施农业项目，农业提质增效成果显著

尉氏县以实施高标准农业项目作为推进农业现代化高质量发展的着力点，深入推进农业项目建设，探索建立"乡申报、县审核""县研判、乡修正""乡确定、县通过"的"三循环"工作法，确保项目确定精准、研判精准、建库精准。对重点项目加大政策、资金、技术等方面的扶持力度，农业项目建设取得了突出成效。一是圆满完成优质麦基地建设项目。基地示范区位涉及 51 个行政村及 15 个新型经营主体，示范面积 10 万亩，示范区总收入 13670 万元。二是完成产油大县奖励资金扶持油料种植类项目。该项目重点用于开展高油酸花生繁育、良种推广和百亩方建设，总面积 2.73 万亩，总产值 2161.6 万元；良种推广示范田产值 4180.38 万元；项目区总产值 6341.98 万元。三是稳步推进绿色种养循环农业试点项目。2021 年尉氏县被定为河南绿色种养农业试点县，试点面积 10 万亩，财政资金 1000 万元，其中全产业链补贴 900 万元，宣传培训、技术服务、田间试验及监测、点粪肥检测费 100 万元。项目的实施，将逐步创建一种"养殖场户—粪肥集中处理、运输、施用社会化服务组织—种植基地"三方有机衔接的绿色种养循环农业发展模式，加快畜禽粪污资源化利用，打通种养循环堵点，促进粪肥还田，推动尉氏县农业绿色高质量发展。四是推进农产品产地冷藏保鲜设施项目建设。完成了农产品冷藏保鲜设施建设需求调查工作，批复尉氏县建设指标 14 个，建设奖补资金 475 万元。农财两家联合在尉氏县

人民政府网发布了建设申请的公告，科学遴选建设主体 14 个，完成建设 14 个、新增库容 28300 立方米。

古人云“五谷者，万民之命，国之重宝”，粮食安全事关社会稳定，事关国计民生。习近平总书记在视察河南时曾谆谆嘱托：“河南作为农业大省，农业特别是粮食生产对全国影响举足轻重”“粮食生产这个优势、这张王牌任何时候都不能丢”“保证粮食安全必须把种子牢牢攥在自己手中”，这一系列重要论述为尉氏县乃至河南全省守好粮食安全底线，提高农业综合生产能力、全面推进乡村振兴提供了总遵循、总指引。当前，在国际粮食格局发生变化，国际粮价波动，世界形势复杂多变，新冠肺炎疫情不断反复的背景下，我国粮食安全面临新形势、新挑战，在更高层次上保障粮食生产安全，河南责无旁贷。我们要牢记总书记嘱托，始终扛稳保障粮食安全的政治责任，深入推进藏粮于地、藏粮于技，全力打造全国重要的粮食生产核心区，让中国人的饭碗装上更多优质河南粮，为国家粮食安全作出更大贡献。

案例Ⅱ 打赢脱贫攻坚战，推进乡村振兴，实现共同富裕的光山模式

2019 年 9 月 17 日，习近平总书记到光山县考察调研脱贫攻坚工作，为光山经济社会发展指明了前进方向、提供了根本遵循、带来了重大机遇。光山县位于鄂豫皖三省交界，是曾经的大别山集中连片贫困地区、国家级贫困县，同时也是中央办公厅定点帮扶县。近年来，光山县把学习贯彻习近平总书记考察重要讲话指示精神作为重大政治任务，列出任务清单、责任清单、时间清单，逐条对照，逐项落实。在中央办公厅的定点帮扶下，光山县苦干实干，巩固脱贫成果、创新社会治理、促进共同富裕、推进乡村振兴工作成效显著。

一 对标对表推动习近平总书记考察重要讲话精神落地落实

光山县委县政府认真学习习近平总书记考察调研光山县重要指示重要讲话精神，积极谋划、主动作为、多措并举，对标对表习近平总书记提出的工作要求和重点任务，全力推动落地落实，在全面打赢脱贫攻坚战、巩

固拓展脱贫攻坚成果、推进乡村产业振兴、实现乡村有效治理、促进共同富裕等方面取得了丰硕成果，积累了丰富经验，逐步形成了脱贫攻坚与乡村振兴有效衔接的光山模式。

一是大力发展油茶产业。围绕习近平总书记强调的“路子找到了，就要大胆去做”的重要指示精神，县委县政府成立油茶产业发展领导小组，专班统筹推进。制定发展规划，明确到 2025 年，全县新增油茶种植面积 10 万亩，建设现代油茶产业示范园 1 万亩，改造低产油茶林 10 万亩，形成油茶种植、精深加工、科技研发、品牌打造、销售物流、产旅融合等全链条产业。创新融资模式，从省国开行获得融资 3.4 亿元，支持 10 万亩油茶种植，已发放 5526 万元；引导县国有公司与联兴油茶合作，获得农发行融资 1.7 亿元，支持企业发展精深加工和科技研发。制定奖补政策，县财政对新种植油茶一亩补贴 1100 元，已发放财政补贴 979.1 万元。提升精深加工能力，2020 年 1 月，年加工 3 万吨山茶籽、年产 8000 吨茶油的联兴油茶加工厂建成并投产。发展茶旅融合，建成连接司马光油茶园和东岳村的旅游专线；从省国开行融资 2.4 亿元，实施国家油茶公园建设；引进社会资金 1.2 亿元，打造茶溪谷项目。加强科技研发，与中国林业科学研究院合作，聘请知名油茶专家组建技术团队，开发护肤、洗涤、医用等油茶系列产品。破解用地难题，为解决油茶种植用地与耕地“非农化”要求之间的矛盾，在仙居乡沙滩地尝试种植 60 亩油茶，获得成功，下一步计划逐步推广。打造油茶品牌，成功申报“中国油茶之乡”，打造并推广了“司马光”“联兴”“全家福”等知名品牌。坚持共建共享，组建了国有油茶公司，引导企业之间组建产业联盟，成立农村产权交易中心，打通油茶发展流转土地、产权交易、资金筹措渠道。2019 年以来，光山县以人居环境整治为抓手，大力实施“房前屋后一亩油茶”的全民油茶计划，全县新发展油茶 4.4 万亩，油茶种植总面积达 27.1 万亩，有油茶企业、合作社 56 家，种植大户 218 户，4.8 万户群众参与油茶种植、生产和经营，从而获得长期稳定增收。

二是创新发展电商产业。光山县认真贯彻习近平总书记“要积极发展农村电子商务和快递业务，拓宽农产品销售渠道，增加农民收入”的重要指示精神，大力实施“电商+”战略，总结推广“电商+光山十宝”“电商+光山羽绒”的好路子。培育电商专业人才，累计举办各类电商培训班 136 期，培训 1.3 万余人次。扩大电商发展规模，全县开设各类网店 2.6 万余家、从业人员超 5 万人、催生网货生产企业 300 多家、供货商 520 家、物流速递企业 57 家。提升网销水平，2020 年网销额达 49 亿元，其中羽绒服、棉服 40 亿余元，“光山十宝”系列农副产品 9 亿元。加快电商物流项目体系建设，推进智慧电商物流园、光山县现代粮食仓储物流园等重点项目建设。积极发展农村电商，建立全国电子商务进农村乡村站点 26 个，实现县域内服务全覆盖。东岳村开通了云书网、邮乐购和“金融 e 站”等 3 家电商网站，网销的生态“稻虾米”、茶籽油等，年销售额 1000 多万元。

三是传承弘扬传统文化。光山县认真贯彻习近平总书记“推动文化繁荣兴盛，传承创新发展优秀传统文化”的重要指示精神，着力弘扬光山优秀传统文化。加大传承保护力度，成立了县非物质文化遗产保护中心，组建光山县花鼓戏剧团，通过融资，实施东岳村花鼓戏传承学校和豫南民俗文化村项目。创新编排优秀曲目，新编花鼓戏《油茶花儿开》，荣获市首届大别山舞台艺术优秀创作奖第一名。加强对外交流宣传，光山花鼓戏先后参加第七届非遗节传统文化展演、第三届晋冀豫传统戏剧展演，代表河南参加第六届中国非物质文化遗产博览会，在央视《新闻联播》宣传报道。

四是夯实基层战斗堡垒。光山县认真贯彻习近平总书记“要把基层党组织建设成为坚强战斗堡垒，把党中央提出的重大任务转化为基层的具体工作，抓牢、抓实、抓出成效”的重要指示精神，坚持以党建“第一责任”引领和保障发展“第一要务”。突出抓好党建引领，深入开展“百村引领”示范行动，高标准创建省市县农村基层党建示范村 29 个。精心组织乡村两级组织换届工作，全县 364 个村（社区）支书、主任实现“一肩挑”，一批德才兼备的优秀年轻干部充实到了乡镇党委领导班子中。扶持壮大村集体经济，全县村级集体经济收益达 4169 万元，发放带贫资金 3319 万元，带贫户数 7204 户。以党建引领社会治理创新，有效提升了乡村治理效能，扫黑除恶斗争成果显著，政法队伍教育整顿扎实推进，公众安全感和政法机关执法满意度位居全省前列、全市第一，连续三年被评为全省平安建设先进县；安全生产形势稳定，连续七年被评为全省安全生产先进县；信访工作细致有效，综合成绩位居全省第三、全市第一。

二　多策并举巩固拓展脱贫攻坚成果

光山县严格落实习近平总书记“四个不摘”要求，坚持每周四固定扶贫日制度，始终保持劲头不松，力度不减，调整优化产业政策、帮扶机制，促进广大群众不仅能脱贫，而且能致富。

一是健全有效衔接工作机制。调整组织机构，为巩固拓展脱贫攻坚成果，光山县将脱贫攻坚指挥部更名为光山县巩固拓展脱贫攻坚成果同乡村振兴有效衔接工作指挥部，指挥部下设综合协调、行业政策、督查巡查等13个专项工作组，由县委常委和分管县处级干部担任专项工作组长，明确了各组工作职责，统筹推进各项工作。做好政策衔接，省政府宣布光山县脱贫摘帽之后，立即印发了脱贫攻坚指挥部6号令，从提升政治站位、狠抓政策落实、提升脱贫质量等10个方面，明确措施任务，把巩固拓展脱贫成效向纵深推进。认真落实《中共中央、国务院关于实现巩固拓展脱贫攻坚成果同乡村振兴有效衔接的意见》和省市相关实施意见，全面落实过渡期内建立巩固成果长效机制、做好有效衔接、健全常态化帮扶机制等工作任务。同时，把工作重点转移到防止已脱贫人口返贫上来，建立监测预警机制，分类监测管理，因户施策，全力抓好各类帮扶政策落实，不断巩固脱贫成效。强化信息比对共享，每月1日和16日组织县民政、住建、教育、医保、金融、乡村振兴等行业部门进行数据比对，及时将行业部门比对结果和预警信息反馈到乡村核实，加强数据共享和对接，形成防止返贫致贫监测“大数据库”。

二是健全群众稳定增收机制。大力发展产业促进增收，持续实施“多彩田园”提质增效工程，全县共有优质水稻种植面积85万亩、油菜40万亩、茶叶24万亩、油茶27.1万亩。探索推广“粮饲双优双高”模式，成功举办全国水稻绿色高效模式现场观摩培训会。因地制宜发展食用菌、夏南牛、湖羊等特色种养业，拓展群众增收渠道。开展电商扶贫和直播带货，拓宽特色农产品线上销售渠道，“光山十宝”畅销线上线下。同时，对“三类户”通过自主发展产业实现稳定增收的，每户兑现“多彩田园”奖补资金2000元。目前，全县累计发展“多彩田园”产业示范工程541个，累计带动脱贫群众34876户次增收。全县80%以上的已脱贫户都有1~2项产业增收渠道。扶持发展村级集体经济带动增收，整合财政涉农资金，攻坚期内按照脱贫村每村100万~200万元、非贫困村每村40万元的标准，累计投入2.1亿元用于扶持村集体经济发展。持续扩大群众就业增收，通过开展就业“春风行动”、送就业到群众家门等方式，大力推动就业创业。全县脱贫人口和监测对象劳动力转移就业51459人，脱贫户、监测对象劳动力中有就业能力和就业愿望的就业率达 100%。

三是健全网格化管理机制。以村民组为小网格、村（居）委会为区域网格、乡镇（街区）为单位建立大网格，所有网格员定期对网格内的农户进行走访排查，防止出现人员漏识情况。组织人员对网格内环境进行清理，做到户美村庄美。以网格为单位，结合市“七查七保”“十项行动”工作安排，对“五必到”人群、脱贫户开展再遍访。建立对口联建机制，以信阳市乡村振兴“百千万”工程为抓手，建立县直部门与软弱涣散村、乡村振兴引领村对口联建机制。同时，要求每个乡镇依靠自身力量，打造 3~5 个乡村振兴示范村。县委县政府对联建工作实行“同奖同罚”机制，确保联建工作落地生根。同时，健全督查督导机制，按照“建章立制、明确路径、确保实效”的工作思路，建立健全脱贫后续督查巡查管理体系，加强日常督导抽查，并将结果纳入各乡镇（街区）全年考核成绩。

三　有效衔接推动乡村振兴开新局

脱贫摘帽不是终点，而是新生活新奋斗的起点。在 2021 年 8 月召开的县十三次党代会上，新一届县委提出“解放思想，务实重干，在落实‘两个更好’、加快老区振兴发展上做示范走前列”的奋斗目标。及时制定《关于推进乡村振兴战略的实施意见》，坚持试点先行，已建成南王岗乡村会客厅、钟鼓楼亲子乐园，正建设腾讯（光山）乡村振兴信创基地。同时，以点带面，努力在产业、人才、文化、治理、生态、组织振兴上开新局，全面推进乡村振兴，促进全民共同富裕。

一是发展高效农业，推动产业扶贫向产业振兴转变。持续实施“多彩田园”提质增效工程，坚持“扶大扶强”。借助新发地农批市场的平台优势，引进单品大王，推进规模农业、订单农业，提高农副产品质量和经济附加值。推广再生稻种植、湖羊养殖，形成粮饲双优、循环农业的良好局面。坚持以工促农，以实体经济、项目建设带动乡村产业发展。2021 年前两季度，集中开工重点项目 21 个，总投资 103 亿元。其中，投资 22.5 亿元的中国平煤神马集团光山新材料产业园、投资 6.5 亿元的长垣光山飞地经济健康产业园和投资 18 亿元的天瑞绿色建材产业园等一批新兴产业项目开工建设，有效带动一二三产业融合发展。

二是培优人才队伍，推动“扶贫尖兵”向人才振兴转变。2021 年，全县高考本科进线5136人，被北大、清华录取15人。开展“稻虾共作”、电商等技能培训9331人次，转移就业48159人。聘请上海交大等4所院校专家学者为产业链发展智囊团队，新增省工程技术研究中心2家、星创天地1家、中原学者工作站2家。

三是坚定文化自信，推动文化下乡向文化振兴转变。持续开展“双星”创建活动，评选“星级文明村”118个、“五星级文明户”100户。成立光山县新时代文明实践中心，23个乡镇建立了实践所、360个村建立了实践站，巩固了乡村精神文明实践阵地。开展各类主题读书活动，引导建设“书香村镇”，光山县入选2020中国最具书香百佳县市榜单。

四是坚持共建共享，推动巩固脱贫向富民振兴转变。坚持推进农村共建、共治、共享，一边持续努力做大蛋糕，一边完善机制、以人为本分好蛋糕，真正让扶贫攻坚的每一份成果、乡村振兴的每一份成就都能够及时、高效地惠及于民，持续不断地创新社会治理，在实现治理有效、推进共同富裕方面稳步前行。全面推开城乡环卫一体化工作，实现卫生保洁常态化。政府免费给村民进行厕改，厕改的设备由政府补贴，从根本上改善了农村人居环境，极大提高了广大农民的生活质量和脱贫质量，被住建部确定为河南省唯一的美好环境与幸福生活共同缔造活动试点县。“我为家乡”系列打造共建共治共享新格局。组织开展“我为家乡治水塘”活动，将整治水塘与打赢打好污染防治攻坚战，实施“拥河发展”战略紧密结合起来，积极动员全社会力量，引导群众发挥主人翁作用，推动治水塘工作高标准全面展开，把“我为家乡治水塘”作为巩固脱贫成果、推进共建共享工作的具体抓手，确保乡村有变化、村民有实惠、社会有认同。

五是践行生态理念，实现生态治理向生态振兴转变。创建国家级生态乡镇2个、省级生态乡镇14个、省级生态村47个、市级生态村84个。持续改善农村人居环境，以供销社主导的农村环卫一体化“光山经验”在全国供销系统推广。不断巩固省级森林城市建设成果，完成营造林生产任务15.1万亩。

六是建强基层组织，推动党建扶贫向组织振兴转变。深入开展“百村引领”示范行动，高标准创建省市县农村基层党建示范村29个。大力实施“领头雁”工程，在全市首创“优秀基层党组织书记工作室”，建立文殊乡东岳村、晏河乡帅洼村、寨河镇杜岗村、孙铁铺镇江湾村、槐店乡晏岗村5

个工作室。有效发挥新型农业经营主体党组织在乡村振兴中的示范引领作用，在新型农业经营主体中建立4个产业联合党总支、46个独立党支部。

“潮平两岸阔，风正好扬帆。”光山县始终牢记习近平总书记殷殷嘱托，持续巩固拓展脱贫攻坚成果，不忘初心使命，勇于担当作为，在打赢脱贫攻坚战、创新乡村治理、推进乡村振兴、实现共同富裕等方面不断探索，走出了一条光山特色的发展之路。新时代新征程，光山县正奋力开创县域经济高质量发展、乡村振兴全面推进的新发展局面，也必将为谱写新时代中原更加出彩的绚丽篇章做出新的更大的贡献！

案例Ⅲ 开展党的自我革命的“兰考标准”

党内民主生活会质量如何是评判党内政治生态的重要指标，事关党内政治建设的最终成效。党的十八大以来，以习近平同志为核心的党中央始终坚持固本溯源，打出一系列全面从严治党“组合拳”，坚决改变管党治党宽松软状况，取得了有目共睹、广泛认同的卓著成效。民主生活会的“兰考标准”，正是在新的历史时期全面从严治党过程中应运而生。习近平总书记多次强调，民主生活会要坚持用好批评和自我批评的武器，提高领导班子解决自身问题的能力，这些重要指示为民主生活会“兰考标准”明确了方向，规定了内容，树立了标准。

一 习近平总书记考察兰考

2009年以来，习近平三次到兰考考察。2009年4月，时任国家副主席习近平专程赶赴焦裕禄纪念园，与兰考县的干部群众进行座谈。在全县干部群众座谈会上，习近平概括焦裕禄精神为“亲民爱民、艰苦奋斗、科学求实、迎难而上、无私奉献”。这为民主生活会的“兰考标准”做出了政治和党性上的深刻指导。

2014年3月17~18日，习近平总书记到兰考县实地指导教育实践活动。习近平总书记指出，要把学习弘扬焦裕禄精神作为一条红线贯穿活动始终，做到深学、细照、笃行。要特别学习弘扬焦裕禄同志“心中装着全体人民、唯独没有他自己”的公仆情怀，凡事探求就里、“吃别人嚼过的馍没味道”的求实作风，“敢教日月换新天”“革命者要在困难面前逞英雄”的奋斗精神，艰苦朴素、廉洁奉公、“任何时候都不搞特殊化”的道德情操。在习近平总书记指导下，兰考县委常委班子坚持问题导向，专门召开会议对存在的系列问题进行“会诊”，广泛听取群众意见，对工作中的不足、发展中的突出问题和作风上的问题，梳辫子、拉单子，党组织书记带头开展批评和自我批评，认真点评引导，明确了民主生活会的重要着力点。

2014 年 5 月 9 日，习近平总书记指导兰考县委常委班子专题民主生活会并发表重要讲话。习近平总书记强调，县一级承上启下，要素完整，功能齐备，在我们党执政兴国中具有十分重要的作用，在国家治理中居于重要地位。县一级领导同志要珍惜岗位，秉公用权，安身、安心、安业，多为老百姓造福。跟进习近平总书记的部署要求和指导意见，兰考县地方党委常委和人大、政府、政协领导班子成员中的党员领导干部，纪委和组织部领导班子成员，每年参加一个下一级班子民主生活会，并进行全程指导，会前了解会议准备情况，认真审核对照检查材料等，开展谈心谈话；会上对开展批评情况进行点评，提出要求；会后督促党委（党组）通报会议情况，加强对整改落实的督促指导。

针对习近平总书记到兰考考察及对群众路线教育实践活动的指示精神，河南省委号召各级党组织把学习贯彻习近平总书记在兰考调研指导党的群众路线教育实践活动时的重要讲话精神作为重要政治任务，要求领导干部带头学习、带头宣讲、带头贯彻，通过集中轮训、研讨班等多种形式，全面深入系统地学习。坚持学以致用、用以促学，把学习和实际工作结合起来，提升工作水平。全省社科理论界充分发挥“思想库”“智囊团”的作用，紧紧围绕以公仆情怀、求实作风、奋斗精神、道德情操为主要内容的焦裕禄精神，积极开展理论研究，发表阐释性的理论评论文章。宣传部门采取“送党课进基层”、菜单式宣讲、网络宣讲、研讨会、座谈会等多种形式，在全省兴起学习热潮。

二　兰考标准的内涵

（一）“兰考标准”将正确把握政治方向作为提升政治能力的首要任务，是实现“兰考大变”的根本

习近平总书记在 2015 年中央政治局民主生活会上指出：“做政治上的

明白人，政治能力要强，思想定力、战略定力、道德定力要特别过硬，经得起大风大浪考验。”民主生活会的“兰考标准”要求广大党员干部在政治上树牢“四个意识”，坚定“四个自信”，坚决做到“两个维护”，勇于担当作为。兰考县从民主生活会的“兰考标准”出发，有效抓实了党的政治建设，汇聚起了上下一心思、发展干事业的强大力量。通过开展重树“四面红旗”活动，兰考农村基层党组织比学赶超的竞争意识不断增强；评选表彰三批 120 名驻村扶贫标兵，进行提拔重用，树立了重视基层崇尚实干的选人用人导向；制定“三破三解”激励村党支部书记担当作为的六条举措，开展“四星党支部书记”评选，通过打破村党支部书记入口、待遇、晋升三个“天花板”，解决住房上学、发展筹资、能力提升三个难题，进一步调动各村（社区）党组织书记干事创业、争先创优的积极性主动性，不断建强乡村振兴建设“头雁队伍”，激发基层党组织谋事创业内生动力。

（二）“兰考标准”将党领导经济作为强身健体的重要法宝，是实现“兰考大变”的核心

民主生活会的“兰考标准”坚持以党的建设高质量推动经济发展高质量，领导干部发挥表率示范作用，主动转变领导方式，在监督下开展工作，激发出对群众那股亲劲、抓工作那股韧劲、干事业那股拼劲，实现了经济稳步发展。

（三）“兰考标准”将制度建设作为防身治病的有力武器，是实现“兰考大变”的关键

习近平总书记在 2018 年中央政治局民主生活会上指出：“民主集中制是我们党的根本组织原则和领导制度，是马克思主义政党区别于其他政党的重要标志。”在基层党建中，完善学习制度，开设县级干部讲堂、聘请专家剖析讲解，不折不扣落实中央、省市委关于基层党建工作重大部署；开展“支部连支部，干部联到户”活动，举办“兰考讲堂”，强力推进组织工作规范化标准化建设；抓好党组织书记“三述三评两公示”，压实党建责任。

（四）“兰考标准”将作风建设作为标本兼治的永恒课题，是实现“兰考大变”的要旨

习近平总书记在2014年兰考县民主生活会上指出：“作风建设是永恒课题，要标本兼治，经常抓、见常态，深入抓、见实效，持久抓、见长效。”民主生活会的“兰考标准”要求拜人民为师，向人民学习，放下架子、扑下身子，接地气、通下情，“身入”更要“心至”，开展深入细致的调查研究，真正把功夫下到察实情、出实招、办实事、求实效上。兰考县在2016年“脱贫百日攻坚”期间，县级党员干部始终坚持深入一线，切实察访民情、压实工作，一些因地制宜的扶贫措施相继出台，群众得到了看得见、摸得着的实惠。在县级干部带动下，县直机关干部、乡镇干部、驻村干部在精准扶贫上下功夫，形成了“领导领着干、党员抢着干、群众跟着干”的生动局面，凝聚起打赢脱贫攻坚战的强大合力。

从“兰考之问”到“兰考之干”再到“兰考大变”，始终蕴含着“方向有指引、工作有标准、党建有成效、发展有保障”这条主线，彰显着民主生活会“兰考标准”的巨大理论意义和实践价值。正是源于民主生活会的“兰考标准”，近年来兰考县经济社会发展持续保持稳中向好、稳中有进、稳中提质的良好态势，城乡面貌发生着日新月异的巨大变化，成为河南省乃至国家中部地区最具发展活力的县域之一。

三　兰考标准的“魂”“体”“核”

（一）习近平新时代中国特色社会主义思想赋予民主生活会“兰考标准”之“魂”

民主生活会“兰考标准”的“灵魂”来自习近平新时代中国特色社会主义思想。民主生活会“兰考标准”形成于自上而下推进全面从严治党之中，形成于党要管党、从严治党的必然要求之中，是加强学习型服务型创新型马克思主义执政党建设的一项重大部署，需要在学习习近平新时代中国特色社会主义思想中深入领会，在推进中国特色社会主义伟大事业的具体实践中加以践行。

（二）党中央对党内政治建设的高标准要求赋予民主生活会“兰考标准”之“体”

旗帜鲜明讲政治，是马克思主义政党的根本要求。党的十九大报告明确指出：“把党的政治建设摆在首位，思想建党和制度治党同向发力，统筹推进党的各项建设”“严肃党内政治生活，严明党的纪律，强化党内监督，发展积极健康的党内政治文化，全面净化党内政治生态”。党内民主生活会质量如何是评判党内政治生态的重要指标，事关党内政治建设的最终成效。可以说，民主生活会“兰考标准”的“形体”来自以习近平同志为核心的党中央做出的全面从严治党的战略部署。习近平总书记多次强调，民主生活会要坚持用好批评和自我批评的武器，提高领导班子解决自身问题的能力，切实做好联系群众的“最后一公里”。这些重要指示为民主生活会“兰考标准”明确了方向，规定了内容，树立了标准，做出了示范，意义重大。

（三）习近平总书记的高度重视和指导垂范赋予民主生活会“兰考标准”之“核”

作为教育实践活动的联系点，习近平总书记于2014年3月亲临兰考县调研，于2014年5月亲自指导兰考县委常委班子专题民主生活会，于2014年8月听取兰考县委教育实践活动情况汇报。可以说，民主生活会“兰考标准”的“内核”来自习近平总书记的高度重视和指导垂范。在总书记的悉心指导下、在中央和省市相关领导和工作组的指导帮助下，在全县广大党员干部群众的积极参与支持下，县委常委班子专题民主生活会会前准备“足”、会上发言“真”、会后整改“实”，与会同志普遍受到了一次严格的党内生活锻炼，最终打造并确立了开好民主生活会的“兰考标准”。

习近平总书记在兰考的重要讲话重要指示，紧扣全党全国工作大局，联系兰考和河南实际，着眼未来和长远发展，内涵丰富，为推进党和人民事业发展和实现中华民族伟大复兴的中国梦提供了强大正能量。我们要认真学习贯彻习近平总书记在兰考县民主生活会上发表的重要讲话，大力弘扬民主生活会的兰考标准，开展党的自我革命，不忘初心牢记使命，不断推进中国特色社会主义事业，实现中华民族伟大复兴。

案例Ⅳ　打造中医药文化地标，传承中华优秀传统文化的南阳行动

2021 年 5 月 12 日，习近平总书记在河南省南阳市医圣祠考察调研时强调，要积极推进中医药科研和创新，注重用现代科学解读中医药学原理，推动传统中医药和现代科学相结合、相促进，推动中西医药相互补充、协调发展，为人民群众提供更加优质的健康服务。习近平总书记对中医药工作作出的重要指示，为推动中医药传承创新发展指明了前进方向、赋予了新的历史使命。南阳市以“中医药健康服务”为主题，努力打造“全球中医圣地、全国中医医疗高地、全国中医药名都”，努力打造中医药文化地标。

一　坚持文化为魂，着力唱响仲景品牌，打造中医圣地

以仲景文化为引领，打造中医药文旅综合体，搭建全要素、多领域、高层次的学术研究与创新发展平台，推进仲景文化传承创新发展。

一是打造中医药文化地标。将中医祖庭医圣祠由 18 亩拓展到 689 亩，达历史最大规模。项目总投资 44 亿元，建设集馆、祠、院于一体的“医圣祠文化园”（张仲景博物院），建成世界一流的中医朝圣拜祖地、中医药文化旅游地，打造世界中医药文化地标，建成后挂“国家中医药博物馆医圣馆”牌子。一期占地 432 亩，已于 2021 年 3 月开工，仲景书院主体完工，完成了一期规划方案提升，启动了张仲景博物馆展陈筹备、文物征集，以及二期规划编制和征迁工作。在正月十八张仲景诞辰日、张仲景医药文化节等重要节日举办拜谒医圣大典，申报国家级非物质文化遗产，让医圣故里成为全球中医人心目中的圣地。

二是挖掘和传承发展仲景学术精华。在国家中医药博物馆的指导和支持下，开展南阳市中医中药文物普查工作，以准确掌握和科学评价南阳市中医中药文物资源情况和价值。加强对《伤寒论》等古典文献的研究，挖掘数据，建立经方数据中心。实施“杏林寻宝”工程，开展民间中医特色疗法收集、整理、评价及推广工作，挖掘保护民间中医精华。积极开展非遗申报，2 个中医药项目入选河南省第五批“非遗”项目，12 个中医药项

目入选第六批南阳市“非遗”项目。

三是传承文化精粹。实施仲景文化传播行动，培育建设一批国家、省、市级中医药文化宣传教育基地，办好“仲景大讲堂”，推动仲景文化“进社区、进校园、进家庭、进乡村、进机关、进企业”，扎实做好科普宣传工作。在医圣祠设立“张仲景主题文艺作品创作基地”，鼓励创作张仲景主题文艺作品，已经和北京保利集团艺术中心、北京中医药大学钱超尘团队、南京中医药大学陈仁寿团队、河南中医药大学许敬生团队合作，共同创作张仲景主题文艺作品，着力营造医圣故里浓厚的仲景文化氛围。深入挖掘和传承仲景学术精华，创新发展仲景方、药、针、灸理论体系和应用，不断提升仲景学术理论水平。推进“中医药文化科普宣传教育基地”建设，加强国家、省、市级“中医药文化科普宣传教育基地”内涵建设。启动第二批市级中医药文化科普宣传教育基地申报工作。

四是加强文化交流。以仲景文化为引领，打响“张仲景”品牌，设立“仲景文化宣传周”，办好“一节一坛一会”，成功举办了第十五届张仲景医药文化节、第九届仲景论坛、第四届中国艾产业发展大会。以文兴业，新命名 9 个“南阳市中医药文化宣传教育基地”、4 个“南阳市康养旅游基地”。积极融入“一带一路”建设，深化中医药国际合作交流。张仲景博物院被确定为“国家中医药服务出口基地”。计划先从上合组织成员国开始，引导医疗机构和企业在境外设立仲景馆、中医药培训教育基地、中药材种植基地等，拓展中医药服务出口贸易，让仲景品牌走出国门，进一步扩大国际影响力。加强“仲景书院”的国际交流合作，计划先期引进河南中医药大学、北京中医药大学、南京中医药大学留学生进入书院“诵经典、跟名师”。南阳中医筋骨针法被国家中医药管理局列为“一带一路”中医药推广项目，推广到俄罗斯、瑞典等 70 个国家和地区。

二　坚持事业为根，着力提升综合实力，打造中医医疗高地

强化中医药教育、医疗机构建设，完善市县乡村中医药服务网络建设，充分挖掘资源，积极构建具有本地特色的中医药文化传承教育体系。

一是实施中医药三大标志性项目。第一，恢复重建历史名校张仲景国医大学。实行省市共建，以省为主。项目总投资 57 亿元，规划用地 3000 亩，一期用地 1000 亩，已于 2021 年 12 月开工建设。2022 年 3 月 23 日接

受了省教育厅专家评审。做好大学学科建设、师资队伍建设、人才引进、课程设置、科学研究等工作，将其打造成国内一流的中医药科研教育高等学府。第二，打造国家中医区域医疗中心。由南阳市中医院联合望京医院，共建“中国中医科学院望京医院南阳医院”，打造辐射豫鄂陕毗邻区域的国家中医区域医疗中心，项目已接受国家发改委评审，初步反馈已通过评审答辩。第三，实施市中医院新院建设工程。项目一期占地 196 亩，设置床位 1500 张，已于 2021 年 12 月开工奠基。二期将达到 470 亩，着力打造一流“三甲”中医院，作为张仲景国医大学附属医院。同时以区域医疗中心为契机，做强做大市级中医院特色科室，推动县域中医院医共体（县乡村一体化）建设。3 家“三甲”中医院分别联系 N 个县域中医院医共体。

二是完善四级中医药服务体系。以创建全国基层中医药工作先进市为抓手，持续加大投入力度，实施好名医、名科、名院“三名”工程，充分发挥中西医各自优势特长，在综合医院、专科医院稳步推进中西医协作诊疗模式，构建更为完备的中西医服务体系。市中医院通过“三甲”复审，张仲景医院、医专二附院晋升“三甲”中医院。唐河中医院晋升三级中医院，为县级首家。县级中医院除内乡县中医院外，均已创成“二甲”。2022 年推动“万名中医师”家庭签约服务，第一批每名中医师签约不低于 100 个家庭，分三批进行，争取 2022 年底覆盖全市 600 万 ~ 800 万人，做好慢病管理和疾病预防。充分发挥中医药在治未病方面的优势，利用职称晋升、荣誉评定、新人入职等杠杆，大力发展基层仲景馆，使仲景馆遍布乡村和社区，统一饮片的煎煮配送，减少乡村和社区办医成本，方便人民群众就近看病。充分利用信息化手段提升中医院发展和服务水平，建立“智慧医院”。提升市中医院整体服务能力和水平，建立建强“一馆六院多中心”，力争用 2 ~ 3 年时间，市中医院进入全省前列。市直 3 家“三甲”中医院走差异化发展之路，明晰发展定位，打造各自拳头科室，避免恶性竞争。到 2025 年，全市新建成 10 个省级中医重点（特色）专科，20 个市级中医重点（特色）专科，全面提升医圣故里中医药服务能力。

三是加强中医药人才建设。持续实施中医药特色人才培养工程，加强中医思维培养和中医临床技能培训，强化中医药师承教育。协调河南中医药大学，在市中医院设立“河南中医药大学豫西南硕士点”，为南阳市培养更多的中医药硕士，提高人才层次。做好教学医院准备工作，积极对接北京中医药大学、南京中医药大学和河南中医药大学，将市中医院设立为“中医药大学教学医院”。打造京豫宛“仲景书院”品牌，培养高端经方人才，举办三期，已结业两期。首次命名 30 个第二届“南阳市基层名中医”。计划到 2025 年力争培育引进国家级名中医 5 人，省级名中医 10 人，市级名中医 50 人，经方高级人才 100 人，中医药骨干人才 200 人。市级中医院主动争取中文核心期刊理事单位，力争每年在一、二类期刊发表论文 100 篇以上。

四是发挥中医药抗疫特色优势。在新冠肺炎疫情防控工作中，南阳市快速建立中西医协同防治机制，及早介入，全程参与，成立了中医防治领导小组，中医专家达 31 人。南阳市中医药抗疫工作受到国务院督导组的表扬，得到省、市充分肯定。2022 年 3 月 18 日，为进一步发挥中医药抗疫优势，针对当前国内疫情多源多点并发，疫情输入风险增高的形势，充分利用南阳中医药特色和优势，积极推进中医药预防工作，全面全程参与防控，切实做到预防关口前移，从当日起，全市市、县、乡、村所有中医机构面向就诊群众免费提供防疫中药茶饮。

三　坚持产业为基，着力构建中医药产业链，打造“全国中医药名都”

将中医药产业发展同乡村振兴、生态文明建设、特色产业发展相结合，推进一、二、三产业融合发展，着力打造千亿元中医药产业，计划到 2025 年，全市中医药产值由 300 亿元增加到 600 亿元，到 2030 年，达到千亿元产值。

一是发展壮大中医药产业。以宛西制药、福森药业等龙头企业为引领，推进道地药材科学化、规模化、规范化种植，建设一批规范化中药材种植基地和“定制药园”，开展南阳市“道地药材生态种植基地”“定制药园”认定工作，建成 8 个“道地药材生态种植基地”和 5 个“定制药园”。推动中药材生产加工和仓储物流基地链条建设，打造中医药产业聚集区。结合国土绿化、国储林建设项目、城市园林绿化、美丽乡村建设，推动中药材种植基地建设。联合河南省中药材生产技术体系团队，开展了

7场关于道地药材生态种植、生产加工关键技术等中药产业发展相关培训，线上线下受益人群达5000余人次。打造宛西制药中药制药园区、福森医药健康文化产业园，推动卧龙蒲山、社旗、南召、高新等艾草产业园和专业市场建设，中医药产业链被列为全市20个支柱产业链之一。"中国中医科学院望京医院南阳医院"成立后，在南阳建设望京医院饮片厂，供应北京和南阳等地医院。

二是打造"世界艾乡"。围绕打造"世界艾乡"目标，推进艾草种植、加工、研发、体验全方位发展，打造了艾草全产业链，艾草产品已达六大系列200多个品种，获得艾产品专利证书100多项。成功举办了4届中国艾产业发展大会，"世界艾乡"品牌正在崛起。加强对艾草企业的整合，开发核心技术，打造"南阳艾"品牌。联合艾草企业，以张仲景基金会名义与中央电视台天气预报栏目合作宣传推介"南阳艾"。组织制定"南阳艾标准化种植技术规程"、"南阳艾"地方标准，"南阳艾"地理标志证明商标获国家知识产权局核准注册，"南阳艾"地理标志保护产品正在申报。与市市场监督管理局配合，争取到省药监局出台了《河南省药品监督管理局支持南阳中药产业健康发展依法监督十二项措施》。目前，药益宝、宛北药业等9家企业首次获得艾草药品生产批号。

三是加强中医药科研创新。加快中药新药研发，市政府和博济签订战略合作协议，在高新区建立了现代中药产业公共研发平台。支持仲景宛西制药中药大品种二次开发、福森药业元胡止痛口服液二次开发和柴胡鼻腔喷雾剂项目建设及其应用研究。推进中药科研创新，依托南阳理工学院、南阳师范学院、南阳医专等高校研发平台与规模化生产加工企业合作，加大科研和新产品开发力度，全市中药企业建有国家级科研机构2家、省级科研机构24家、市级科研机构40家，市域内高校自建省级科研平台2家、市级科研平台6家。积极引进省级科研平台在南阳建设分中心，整合资源，积极争取建设张仲景实验室，将其建设为国家级经方研究和应用的重点实验室。对表对标，制定中医药科研奖励办法，鼓励科技创新，激励业务人员科研积极性。

四是推进中医药健康产业发展。发展中医药健康旅游，建成9个河南省中医药健康旅游示范区（基地）。联合市文化广电和旅游局开展南阳市首批康养旅游示范基地评选工作，命名4家"南阳市康养旅游基地"。结合各县区中医药资源，规划建设 7 个中医药特色小镇，已建成投入运营 1 个。推进医养结合，建成了一批医养结合基地。发展中医养生保健，全市中医养生馆遍地开花。

习近平总书记强调："要促进中医药传承创新发展，坚持中西医并重和优势互补，建立符合中医药特点的服务体系、服务模式、人才培养模式，发挥中医药的独特优势。"我们要牢记习近平总书记关于"发展中医药，注重用现代科学解读中医药学原理，走中西医结合的道路"的重要讲话重要指示，深入贯彻落实习近平总书记关于中医药工作重要指示精神，坚持中医药守正创新，实现中医药创造性转化、创新性发展，开创中医药传承创新发展新格局，推动中医药事业迈向高质量发展，为建设健康中国、实现中华民族伟大复兴的中国梦贡献力量。

案例Ⅴ　贯彻落实习近平生态文明思想，推进黄河流域生态保护和高质量发展的三门峡实践

2019 年 9 月，习近平总书记在黄河流域生态保护和高质量发展座谈会上作出部署，将黄河流域生态保护和高质量发展上升为重大国家战略，指出"治理黄河，重在保护，要在治理"，提出了"积极探索富有地域特色的高质量发展新路子"的要求。2020 年 1 月，习近平总书记主持召开中央财经委员会第六次会议，进一步强调"立足于全流域和生态系统的整体性"，"黄河流域必须下大气力进行大保护、大治理，走生态保护和高质量发展的路子"。三门峡市位于黄河中游和下游之间，是河南省的西大门，也是黄河进入河南省之后经过的第一个地级市。黄河流域不仅是三门峡重要的生态屏障，也是经济转型发展的重要地段。近年来，三门峡市委、市政府以习近平生态文明思想为指引，把黄河流域生态保护和高质量发展摆在首要位置，统筹把握保护和发展、全局和局部、当前和长远等重大关系，以"项目为王"做实重大工程，抓好大保护，以产业、能源、经济结构全面绿色转型推动高质量发展，勇做习近平生态文明思想的坚定信仰者、忠实践行者、不懈奋斗者。

一　坚定实施“生态立市”战略，加快打造黄河流域生态保护样板区

在习近平生态文明思想的指引下，三门峡市率先在全省提出生态立市战略，把生态保护作为“先手棋”，坚持生态优先、绿色发展，以增绿护水为重点，强力推进“十百千万亿”工程，提升生态系统稳定性，增强生态产品供给能力。一是综合治理 18 条黄河一级支流，扎实开展“清四乱”行动，关停沿黄排污企业 800 余家，境内黄河及其支流断面水质稳定达标，使“清水入黄”成为常态。二是修复百里黄河湿地，整体建成黄河湿地自然保护区核心区 21.6 万亩，生态修复 6800 亩，4 个黄河湿地公园向市民开放，白天鹅栖息地由 4 处增加到 9 处，前来越冬的白天鹅数量超过 1.5 万只，接近全国的 3/4。三是建设千里城市绿廊，高标准打造“集生态湿地、护堤、防汛管理为一体”的沿黄生态廊道，建成了沿黄 108 公里绿网、206 公里清水黄河的壮美景观。百里黄河生态廊道项目一期工程雏形初现，主要包括沿黄防洪抢险道路、连接桥梁、廊道绿化工程，一条廊道把城市乡村的生态涵养、湿地保护、田园风光、文化展示、旅游休闲、采摘体验、科普教育等功能区串珠成链、轴带贯通，构建起大生态、大保护、大治理的格局。四是修复万亩矿山，不惜损失上百亿增加值、退出一百多家规上企业整治小秦岭矿山乱象，关闭坑口 1000 多个、覆土种草 120 多万平方米、处理矿渣 2586 万吨，治理小秦岭及周边水土流失面积 2400 平方公里，昔日满目疮痍的小秦岭成为全省特有动植物种类最丰富的区域，相关经验被中宣部确定为高质量发展样板，并入选联合国案例。

二　时刻绷紧确保黄河安澜这根弦，坚决守牢黄河入豫“第一关”

三门峡因黄河而生，确保黄河下游防洪安全是我们承担的重大职责使命。三门峡市委市政府紧紧抓住水沙关系调节这个“牛鼻子”，统筹推进“控泥沙、清淤积、去拥堵、固堤坝”，不断提高河道治理综合效应。一是实施总投资 270 亿元的山水林田湖草沙综合治理项目，扎实推动水土保持综合治理，计划每年治理水土流失面积 500 平方公里。二是实施以三门峡大坝库区为重点的亿吨淤积泥沙综合利用，形成了黄河泥沙资源“（探）测—

(抽)取—输(送)—(利)用—评(价)”全链条技术，每年减少库区淤积150万~500万吨。三是实施固堤工程、韧性城市建设，统筹河道防洪、堤坝安全和城市防涝，对全市范围内的小流域实施修建淤地坝、护堤堰等工程措施，建成淤地坝163座；结合旧城改造，实现新建成区“海绵城市”全覆盖和中心城区地下综合管廊的全贯通。四是开展黄河流域生态环境保护专项执法行动，重点排查入河排污口、工业企业、畜禽养殖场、固体(危险)废物堆存点和其他经营性场所。全方位推进黄河流域水污染防治工作，2021年实施6个水污染治理工程项目。开展饮用水水源地环境问题专项整治，对水源保护区进行勘界立标。境内河流水环境质量总体优良，集中式饮用水水源地取水水质总达标率稳定为100%。

三　全方位秉承“四水四定”原则，推动水资源集约节约高效利用

把水安全作为事关未来发展的重大问题，强化“解决水制约就是推动高质量发展”的意识，努力推动亲水近水优势向水支撑优势转变。一是科学取用黄河水。坚持“三河为源、四水同治、五库联调、六区共享”，精准对接国家水网建设，已开工建设金卢水库、窄口灌区节水改造等6个重点工程，着力构建兴利除害的现代水网体系。二是大力推进农业节水。打造50万亩高标准旱作梯田，新增高效节水灌溉面积30万亩，高效节水灌溉面积占比达65%。三是全力推动工业节水。全市工业用水重复利用率达到80%以上，火电、氧化铝、煤化工等高耗水行业水重复利用率达到90%以上。四是推动全社会节水。扎实推进环境友好型工程，加强城市污水管网建设，城市污水管网覆盖率达到100%。

四　完整准确全面贯彻新发展理念，加快推动高质量发展

三门峡是20世纪60年代新兴的工业城市，高耗能、高耗水、高排污的发展与保护矛盾问题比较突出。如何系统治水、发展绿色清洁产业，让经济社会活动与环境承载能力相匹配，是摆在市委市政府面前的严峻课题。三门峡市围绕实现“两个确保”奋斗目标，立足三门峡比较优势，加快建强省际区域中心城市。一是实施创新驱动发展战略。全市研发投入强度由

2016年的0.62%提升到1.81%，高新技术企业数量增长了2.4倍。新一轮研发投入强度和高科技企业数量“两个倍增计划”已经启动，力争2025年全社会研发投入强度等科技创新主要指标达到全国平均水平。目前，与郑州大学、有研科技集团等合作共建的关键金属河南实验室已启动建设。二是招大引强推动产业转型。聚焦“双碳”目标，统筹推进降碳改造、产业绿色转型和绿色能源体系建设。成功举行了与中央企业合作项目集中签约仪式活动，现场签约项目42个，初步确定投资815亿元，融资超500亿元。其中产业发展和创新能力提升项目29个。三是“双控倒逼”推动绿色改造。以设立传统产业“三大改造”专项基金为引导，推动刚玉、煤炭、有色金属等行业节能降耗，2023年底全市高耗能、高污染行业将实现绿色化改造全覆盖。四是多能互补发展绿色能源。积极发展风电、光伏、抽水蓄能等清洁能源，总投资128亿元的卢氏清洁能源基地、总投资75亿元的灵宝抽水蓄能电站等一批项目有序推进，全国重要的源网荷储一体化多能互补基地加快建设。目前，三门峡市已初步建成全国最大的黄金采冶基地、富有前景的装备制造基地、富有竞争力的铝工业基地、产业门类比较齐全的新材料基地，以及重要的煤化工、苹果生产基地，是地理标志保护产品最丰富的地市之一。

五　以仰韶文化发现暨中国现代考古学诞生一百周年为契机，大力保护传承弘扬黄河文化

黄河孕育了三门峡璀璨夺目的历史文明，为我们留下了宝贵的物质和非物质文化财富。从夸父逐日、黄帝铸鼎、禹开三门的远古传说，到召公问政、魏野跑驾、杨震“四知”的历史佳话；从仰韶村现代考古发端地，到庙底沟文化的华夏之花；从老子著经、达摩西归的宗教哲学思想，到智慧人生的完璧归赵、白马非马；从终军弃繻的个人意志体现到中流砥柱的中华民族精神象征……深度挖掘黄河文化，加快打造黄河文化高地，在融入华夏历史文明传承创新区上抢占先机。三门峡市将延续历史文脉作为坚定文化自信的重要抓手、赋能高质量发展的有效载体，全力保护、传承、弘扬黄河文化。一是深入实施黄河文化遗产本体保护工程。全面贯彻习近平总书记致仰韶文化发现暨中国现代考古学诞生100周年重要贺信精神，合力打造“早期中国”文明长廊，高水平保护利用仰韶村、庙底沟、西坡等重

要遗址，加快建设仰韶文化研究中心、对接落地“中国仰韶考古论坛”，持续彰显黄河文化之“魂”、探究华夏文明之“源”。二是加快建设沿黄生态文化旅游带。坚持连点成线、串珠成链，加强对白天鹅、地坑院、函谷关、中流砥柱等城市文化符号的发掘、宣传和运用，持续提高黄河文化对游客的吸引力。三是全力推动文旅文创融合战略。实施文创产业三年倍增计划，重点打造“一带一廊”（“一带”是沿黄生态旅游示范带，“一廊”是“早期中国”文明长廊），持续办好重大节会活动，加快建设中国摄影文化城、老子文化养生园等一批重大项目，推动全链条文旅文创产业融合发展。

六　积极回应人民群众对生态环境的美好期盼，让黄河成为造福人民的幸福河

南山北岭、黄河沿岸，抬眼就是绿树成林；城市绿地、沿黄湿地，出门就有浓荫相伴，蓝天白云，绿树繁花，天鹅蹁跹……这些看得见的“环保成绩单”，擦亮了天鹅之城的生态底色，也给三门峡百姓带来了实实在在的绿色幸福感。近年来，三门峡持续推进环境污染防治攻坚战，全市空气质量不断优化、水环境质量不断向好、土壤环境质量不断改善，总体环境质量稳居全省前列，三门峡市环境攻坚 3 年任务圆满完成，环境质量位居全省第一方阵。空气环境质量持续改善。PM10、PM2.5、SO_2、NO_2、CO 均优于全省均值，空气质量优良天数累计高于省均值 97 天，全省排名第三，晋陕豫黄河金三角地区排名第一。水环境质量连续领跑全省，全市无劣 V 类水质断面，水环境质量和断面水质达标率始终位于全省前列。土壤污染防治体系基本建立。土壤污染源头得到有效治理，农用地安全利用率达到 100%，建设用地污染地块安全利用率 100%。实现重金属削减排放率 28.3%；农村污水设施治理率从 2019 年的 16%提高到 39.3%。“无废城市”建设取得阶段性成效，高标准完成《三门峡“无废城市”建设实施方案》编制工作。积极谋划九大资源节约和环境保护类产业基地建设，目前 3 个国家级基地已全部获批。“到清清卢氏深呼吸”，“好山好水来‘氧’你”，“中国首列天然氧吧专列·三门峡号”正式开通……现如今，“中国天然氧吧”和白天鹅，已成为三门峡亮丽的生态名片。

案例Ⅵ　推进郑州与开封同城化，引领中原城市群一体化发展的河南进程

习近平总书记在2020年1月召开的中央财经委员会第六次会议上指出，“推进郑州与开封同城化，引领中原城市群一体化发展”。河南省委书记楼阳生在省十一次党代会上提出要“全面推进郑开同城化，并将兰考纳入郑开同城化进程”。郑州、开封两市在全国区域一体化发展中起步早、条件好、程度深，全面推进郑开同城化发展，既是完整准确全面贯彻新发展理念、做到“一张蓝图绘到底”的现实需要，更是落实习近平总书记重要指示的具体行动，是切实提高政治判断力、政治领悟力、政治执行力的具体体现。深入贯彻落实习近平总书记的重要讲话重要指示精神，深入贯彻落实省委省政府决策部署，推动基础设施同城同网、产业体系同链同构、历史文化同文同脉、公共服务同建同享、组织保障同绘同塑、兰考纳入同步同频，坚定不移地全面推进郑州开封同城化发展，争取早日实现新突破、结出新硕果，为谱写新时代中原更加出彩的绚丽篇章作出新的更大贡献。

一　推动同城同网，不断完善同城化的基础条件

交通互联互通是同城化发展的必要保障。1994年底，河南省第一条高速公路连霍高速郑州至开封段正式通车，使河南高速公路实现零的突破。郑汴一体化提出以来，郑开两地交通基础设施项目加快推进，两市间的交通互联互通不断提速，基本消除交界地带“断头路”“瓶颈路”。目前，郑开城区间连接的高等级道路共有8条，其中，铁路3条，分别是郑徐高铁、郑开城际铁路、陇海铁路；高速公路2条，分别是连霍高速、郑民高速；干线公路1条，为G310；城市道路2条，分别是郑开大道、郑汴物流通道，形成了“铁路、公路、高速铁路、城际铁路、高速公路、快速通道”多路并行的综合交通路网。此外，郑开城际铁路开启高密度“公交化”运营模式，日开行列车27.5对，平均密度30分钟/班，不分时段、车次、车型，即来即走，从郑州东站到宋城路站仅需32分钟；郑开公交已常态化运行15年，两地实现了通勤化交通、公交化运营，区位紧密一体的优势已经全面彰显，同城化的交通基础已经具备。

二　推动同链同构，不断夯实同城化的产业支撑

城市间产业结构具有明显的互补性是区域同城化的内在基础。伴随着郑汴一体化推进、交通基础设施建设的提速，郑开两市之间已经形成 4 个较为清晰的产业承载带，产业互补共赢发展格局基本形成。以汽车产业为例，郑州拥有海马汽车、郑州日产、宇通等整车企业，开封则将以奇瑞汽车为龙头的汽车及零部件产业作为全市的支柱产业来谋划推动，与郑州形成了完整的汽车产业链条，共同铸就了郑开 200 万辆汽车产业集群，进一步提升了产业竞争力。在汽车及零部件领域的协作配合只是郑开两市产业协同的一个缩影，十几年来，开封积极承接郑州“摆不下、离不开、走不远”的产业，在电子信息、现代物流、生物医药、现代农业、文化旅游等产业领域也形成了共同延链补链强链的发展格局，有力促进了郑开两市合作发展共赢，为同城化注入了核心动力。

三　推动同文同脉，不断增强同城化的文化认同

相似的文化和历史有利于产生共同的认同感和归属感，使同城化城市更具有包容性。郑州是华夏文明的重要发祥地、国家历史文化名城、中国八大古都之一，在华夏民族传统宇宙观中，郑州地区是“天地之中心”，自古以来就是文明交流的十字要冲，根文化、少林文化和黄河文化举世闻名。开封是首批国家历史文化名城，素有“八朝古都”之称，迄今已有 4100 余年的建城史和建都史，特别是北宋时期，开封是当时世界第一大都会，孕育了上承汉唐、下启明清、影响深远的“宋文化”。郑州、开封两市同饮黄河水，均为古名都，一个商都、一个宋都，文化历史底蕴深厚，均属于中原文化，且各具特色，可以互补，共同担负着文化复兴的历史使命。此外，宋以后的大部分年代，两地的大部分区域，同属一个开封府，可以说 1000 多年来，两地地缘相近、人缘相亲，是语言、风俗相同的一家人，是筋骨相连的血肉之躯，两市群众有着高度的文化认同感。郑开同城有着强烈的社会群众认同感，具备同城化的灵魂支撑条件，必能行稳致远。

四　推动同建同享，不断强化同城化的社会意愿

同城化发展战略对于政府和民众是两种不同的理解角度，两者统一的

基础就是民生福祉的持续提高。郑汴一体化推进近二十年过程中，两地居民社会生活联系日益紧密，居民跨市居住、就业、消费等日趋频繁，社会事业和公共事务合作领域不断拓展、层次不断提升，教育文化资源共享逐步推进，公共卫生服务协作、体育交流合作持续深入，社会资源与管理实现了部分共享，明显提高了两地居民的获得感、幸福感。百度迁徙大数据显示，2021 年，郑州迁出人口总量日均 10%左右目的地为开封，数量在所有迁出目的地中排名稳居第 1 位；郑州迁入人口总量日均 11.5%左右来自开封市，数量在所有迁入来源地中排名稳居第 1 位。2006 年，郑开两地实现电信同价；2007 年起，郑州市内公交对开封市持有老年证的 60 岁以上老人免费、郑州市民与开封市民一样享受开封市旅游一卡通待遇；2013 年，郑汴“金融同城”业务正式实施，对两地居民在对方城市存取款不再收取异地业务费用；2013 年 10 月，郑汴统一使用长途区号“0371”，两市间长途和漫游通话费取消。此外，郑汴两市基础教育建立了校校联通体系，支持优质名牌高中跨地区设立分校，河南省实验小学已入驻开封；职业教育方面，河南应用职业技术学院、河南省对外经济贸易职业学院在汴建成投用，郑州电力职业技术学院祥符校区加快建设。两地公共交通“一卡通”、文化旅游“一卡通”、社会保险“郑开通办”均已实现，郑开国际马拉松赛事影响力持续扩大，带动郑开体育合作发展不断走向深入，等等。可以说两座城市间社会公共服务领域的隔阂正在逐渐消失，“同城生活”趋势愈来愈明显，具备了同城化的民生根本。

五　推动同绘同塑，不断深化同城化的组织保障

在“条块结合”的行政体制架构下，同城化的发展需要两市政府和更高行政部门的认可和大力推动。早在 2003 年，李克强总理在河南任职时就提出郑汴一体化构想；2005 年，郑汴一体化发展被列入《河南省国民经济和社会发展第十一个五年规划纲要》和《中原城市群总体发展规划纲要》；当年 12 月，郑开大道开工建设，郑汴一体化发展开始提速。2020 年 1 月 3 日，中央财经委员会第六次会议上习近平总书记明确提出，要“推进郑州与开封同城化，引领中原城市群一体化发展”，这是习近平总书记亲自提出的唯一一个同城化发展战略；2021 年 6 月，省委书记楼阳生提出“把兰考县纳入郑开同城化进程，在规划布局、基础设施、产业发展、要素配置等

方面深入研究、统筹推进”。2021年10月，河南省第十一次党代会报告提出“加快郑州都市圈一体化发展，全面推进郑开同城化，并将兰考纳入郑开同城化进程”。《河南省十四五规划和二〇三五年远景目标纲要》将郑开同城化发展作为重要章节，提出规划建设郑开同城化先行示范区。在省级层面，已经启动郑开同城化发展规划编制和支持政策研究，高效完成了兰考纳入同城化进程“1+3+3”规划方案。具体到市级层面，郑开两市主要领导已经带队党政考察团实现互访，四大班子多次对接协商，达成规划、交通、产业、生态、公共服务“五同城”共识，正在谋划推进同城化标志性工程。从中央、省级到市级层面已达成共同推动郑开同城化的共识，相关工作正积极推进，这都为全面推动郑开同城化提供了强有力的行政推动力。

六 推动同步同频，加速兰考纳入同城进程

兰考县是焦裕禄精神发源地，也是习近平总书记关于县域治理“三起来”重要论述的诞生地。在领袖嘱托的指引下，基于兰考资源禀赋和发展条件，遵照城镇化发展规律，河南省委、省政府审时度势，做出将兰考纳入郑开同城化进程的重大战略部署。2021年12月22日，河南省人民政府发布《关于印发把兰考县纳入郑开同城化进程打造全国县域治理“三起来”样板总体方案及3个专项规划和行动方案的通知》，明确提出到2025年，兰考高质量发展、高品质生活、高效能治理水平显著提升，一批基础设施、产业发展、公共服务等郑开同城化先导标志性项目建成，同城化体制机制取得突破并形成先进经验，对外辐射能力初步形成，进入全省县域经济社会高质量发展十强。力争实现地区生产总值、人均地区生产总值分别达到650亿元以上、8万元以上；一般公共预算收入达到60亿元，税收达到45亿元；全员劳动生产率达到8.5万元/人；居民人均可支配收入达到3万元，城乡居民收入比降至1.8∶1；常住人口城镇化率提高幅度超出全省平均水平。目前，兰考已初步编制了纳入郑开同城化进程的总体方案，制定了5年乃至15年的详细指标体系，打造“一区”——郑开同城化东部示范区，“一带”——黄河生态文旅带，“两廊”——北部科创走廊和南部产业走廊，“多点”——发挥兰考现代家居、绿色食品、节能环保、智能制造等产业特色优势的总体格局，在基础设施、产业体系、公共服务等方面建立规划对

接，“连汴融郑、提级扩能”，推动兰考全方位、深层次融入郑开同城化发展。并结合兰考发展布局，选定空间适合、可利用资源相对丰富、具备一定产业基础的30平方公里核心区域作为特别合作区，作为先期兰考纳入郑开同城化的关键抓手，明确其功能定位、发展目标和建设模式及步骤，在产业转移承接、区域联合招商、飞地经济建设、产业园区托管共管、风险利益共担共享的方式和模式方面积极探索、大胆创新，为兰考全面纳入郑开同城化提供先行先试的经验积累。

参考文献

［1］习近平：《在庆祝改革开放40周年大会上的讲话》，《中国企业改革发展2018蓝皮书》，2019年，第409~421页。

［2］习近平：《增强推进党的政治建设的自觉性和坚定性》，《思想政治工作研究》2019年第8期，第7~9页。

［3］《习近平总书记在“不忘初心、牢记使命”主题教育工作会议上的讲话》，《小康》2019年第21期，第22页。

［4］习近平：《贯彻落实新时代党的组织路线 不断把党建设得更加坚强有力》，《新长征（党建版）》2021年第1期，第4~7页。

［5］习近平：《在新的起点上深化国家监察体制改革》，《思想政治工作研究》2019年第4期，第8~10页。

［6］巴志鹏：《习近平生态文明建设思想及其在河南的实践》，《河南农业》2021年第24期，第54~55页。

［7］王晔：《习近平在河南调研南水北调》，《中国发展观察》2021年第Z2期，第6页。

［8］崔学军：《学习贯彻习近平重要讲话精神 大力弘扬新时代黄河文化》，《河南法制报》2020年7月17日。

［9］《习近平在河南主持召开黄河流域生态保护和高质量发展座谈会时强调共同抓好大保护协同推进大治理让黄河成为造福人民的幸福河》，《人民黄河》2019年第10期，第2~3页。

［10］《习近平在河南考察调研》，《中国军转民》2019年第9期，第8页。

［11］苗奇、王琼：《黄河流域生态保护和高质量发展先行区建设的实践向度——基于习近平总书记视察宁夏重要讲话内蕴方法论的思考》，《理论研究》2022年第1期，第72~80页。

[12] 王承哲:《大历史观视野下中国共产党解决农民问题的百年实践及其启示》,《中州学刊》2022 年第 1 期,第 1~6 页。

[13] 董锁成、厉静文、李宇、李富佳、刘倩、李泽红、卢琦、程昊:《黄河流域荒漠化协同防治与上、中、下游绿色发展》,《环境与可持续发展》2021 年第 2 期,第 44~49 页。

[14] 高吉喜、刘晓曼、周大庆,马克平,吴琼,李广宇:《中国自然保护地整合优化关键问题》,《生物多样性》2021 年第 3 期,第 290~294 页。

[15] 郭付友、佟连军、仇方道、李一鸣:《黄河流域生态经济走廊绿色发展时空分异特征与影响因素识别》,《地理学报》2021 年第 3 期,第 726~739 页。

[16] 刘瑞芳:《黄河流域平凉段水土保持与治理的基本成效和主要短板》,《现代商贸工业》2021 年第 11 期,第 38~39 页。

[17] 刘建华、黄亮朝、左其亭:《黄河下游经济—人口—资源—环境和谐发展水平评估》,《资源科学》2021 年第 2 期,第 412~422 页。

[18] 完世伟:《打好“四张牌”的河南实践》,社会科学文献出版社,2021。

[19]《省委常委会召开会议要求进一步发挥优势打好“四张牌”》,《河南日报》2016 年 12 月 7 日。

[20]《新常态里打好“四张牌”河南具有典型性》,《大河网—河南商报》2017 年 9 月 1 日。

[21]《河南:持续打好“四张牌”》,《河南日报》2018 年 2 月 9 日。

[22]《河南省委常委会召开会议 部署如何发挥优势打好“四张牌”》,平顶山新闻网,2016 年 12 月 7 日。

[23]《洛阳:在打好“四张牌”中实现率先发展》,人民网,2016 年 11 月 17 日。

[24] 河南省人民政府:《河南省国民经济和社会发展第十四个五年规划和二〇三五年远景目标纲要》。

[25] 王承哲:《“红船精神”:马克思主义中国化的精神之源》,《中原文化研究》2018 年第 5 期,第 56~60 页。

[26] 王承哲:《“人民对美好生活的向往就是我们的奋斗目标”——对

马克思主义关于社会建设思想的思考》，《紫光阁》2018 年第 6 期，第 26~27 页。

［27］何雄：《领悟重大判断 抢抓战略机遇 奋力争先出彩——对“不进则退、慢进亦退、不创新必退”的认识和体会》，《党的生活》2022 年第 1 期，第 45~46 页。

［28］李庚香：《对推动落实河南省“两个确保”“十大战略”的思考》，《党的生活》2021 年第 12 期，第 44~45 页。

［29］河南省社科联、河南中原创新发展研究院联合课题组：《锚定“两个确保” 建设出彩中原》，《河南日报》2021 年 10 月 24 日。

［30］王承哲：《习近平网络意识形态思想研究》，《中原文化研究》2017 年第 6 期，第 5~11 页。

［31］王承哲：《基于产业优化升级视角的河南网络经济强省建设研究》，《区域经济评论》2017 年第 6 期，第 134~139 页。

［32］河南省社会科学院课题组：《奋勇争先更出彩 非凡十年谱新篇——学习“中国这十年·河南”主题新闻发布会精神》，《河南日报》2022 年 9 月 5 日。

［33］王建国：《黄河流域生态保护和高质量发展的河南担当》，社会科学文献出版社，2021。

［34］张新斌：《保护传承弘扬黄河文化的河南使命》，社会科学文献出版社，2021。

［35］万银峰：《全面从严治党的河南作为》，社会科学文献出版社，2021。

［36］闫德亮：《传承红色基因的河南探索》，社会科学文献出版社，2021。

［37］陈明星：《脱贫攻坚与乡村振兴的河南路径》，社会科学文献出版社，2021。

［38］中共河南省委宣传部、河南省社会科学院：《新时代黄河大合唱》，河南人民出版社，2021。

［39］中共河南省委宣传部：《锚定“两个确保” 实施“十大战略”——大众热点话题》，河南人民出版社，2022。

［40］陈明星：《脱贫攻坚与乡村振兴有效衔接的基本逻辑与实现路

径》，《贵州社会科学》2020年第5期，第149~155页。

[41] 侯红昌：《河南接续推进乡村振兴的路径选择》，《农村经济与科技》2021年第23期，第239~241页。

[42] 豆书龙、叶敬忠：《乡村振兴与脱贫攻坚的有机衔接及其机制构建》，《改革》2019年第1期，第19~29页。

[43] 周飞舟：《从脱贫攻坚到乡村振兴：迈向“家国一体”的国家与农民关系》，《社会学研究》2021年第6期，第1~22+226页。

[44] 高强、曾恒源：《巩固拓展脱贫攻坚成果同乡村振兴有效衔接：进展、问题与建议》，《改革》2022年第4期，第99~109页。

[45] 张克成、任艺璇：《新时代全面从严治党的理论创新、实践价值与世界意义》，《理论探讨》2022年第3期，第20~27页。

[46] 胡志远、胡顺宇：《新时代全面从严治党的内涵、特征及实践逻辑》，《理论导刊》2020年第2期，第19~26页。

[47] 彭俊杰：《构建大河大山大平原生态格局》，《河南日报》2021年3月19日。

[48] 欧健：《习近平全面从严治党思想对中国特色社会主义党建理论的创新与发展》，《社会主义研究》2015年第6期，第14~20页。

[49] 楼阳生：《牢记嘱托 奋勇争先 更加出彩——在“中国这十年·河南”主题新闻发布会上的主发布词》，《河南日报》2022年8月29日。

[50] 河南省社会科学院课题组：《奋勇争先更出彩 非凡十年谱新篇——学习“中国这十年·河南”主题新闻发布会精神》，《河南日报》2022年9月5日。

[51] 中共河南省委宣传部：《河南高质量发展谱新篇》，《人民日报》2022年8月29日。

[52] 林嵬、刘怀丕：《河南：抓机遇崛起开新局 埋头苦干更出彩》，《河南日报》2022年7月26日。

[53] 龚金星、朱佩娴等：《在中原地区崛起中奋勇争先》，《人民日报》2022年7月26日。

[54] 王胜昔、崔志坚、丁艳：《河南：爬坡过坎勇攻坚》，《光明日报》2022年7月26日。

[55] 丁洋涛：《不沿边不靠海的河南让“内陆”变“前沿”》，《大河

报》2022 年 9 月 2 日。

[56] 王丁、刘怀丕、韩朝阳:《中原奋进正扬帆——沿着总书记的足迹之河南篇》,《光明日报》2022 年 6 月 11 日。

[57] 孙静:《门越开越大 路越走越广——河南推进高水平对外开放十年回眸》,《河南日报》2022 年 9 月 1 日。

[58] 刘晓波:《弘扬脱贫攻坚精神 巩固拓展脱贫成果》,《河南日报》2021 年 12 月 28 日。

[59] 谭勇、牛聚才:《节水优先 持续争先——河南高质量发展的“节水密码”》,《河南日报》2021 年 12 月 17 日。

[60] 刘一宁:《强基固本,河南省全面加强以新时代党的建设为根本的基层基础工作》,《河南日报》2020 年 11 月 10 日。

[61] 刘平安、李韵:《保护传承弘扬黄河文化:激发民族根脉的时代价值》,《光明日报》2022 年 5 月 18 日。

[62] 河南日报、河南省社科联、河南中原创新发展研究院联合课题组:《锚定“两个确保”建设出彩中原》,《河南日报》2021 年 10 月 24 日。

[63] 李庚香:《中原再出发》,河南人民出版社,2022。

[64] 王中亚:《实施换道领跑战略:三类产业发力 全面提升产业竞争力》,大河网,2022 年 4 月 21 日,https://theory.dahe.cn/2022/04-21/1005191.html。

[65] 喻新安:《中原崛起之路》,人民出版社,2013。

[66] 罗亮:《赓续红色血脉的实践困境与路径创新》,《西南大学学报(社会科学版)》2022 年第 2 期,第 200~210 页。

[67] 裴瀚云、张雪莹、夏誉轩、郭玉宇:《抗疫精神对社会风尚的影响作用研究》,《南京医科大学学报(社会科学版)》2022 年第 4 期,第 375~380 页。

[68] 夏俊华、李晓静、刘锐:《红色文化当代价值的五维探析》,《漯河职业技术学院学报》2022 年第 4 期,第 42~46 页。

[69]《习近平在河南考察时强调 坚定信心埋头苦干奋勇争先 谱写新时代中原更加出彩的绚丽篇章》,《农村·农业·农民(B 版)》2019 年第 9 期,第 5~7 页。

[70] 李力、金昕:《新时代高校立德树人的内涵、难点及实现路径》,

《东北师大学报（哲学社会科学版）》2019 年第 2 期，第 149~154 页。

[71] 赵士红、王春亮：《河南红色资源开发利用问题研究》，《中共郑州市委党校学报》2016 年第 5 期，第 82~86 页。

[72] 河南省文物局：《河南省文物局公布第二批革命文物名录》(2022-01-12) [2021-03-16]. https://wwj.henan.gov.cn/2022/01-12/2381361.html。

[73]《河南加强老区红色资源保护河南红色旅游发展前景现状及投资分析》，中研网，2021 年 9 月 23 日，https://www.chinairn.com/news/20210923/102301379.shtml。

[74] 信阳市人民政府：《我市举行第四个“大别山红色旅游日”启动暨“全国红色旅游经典景区”授牌仪式》，信阳市人民政府官网，2011 年 8 月 8 日，https://www.xinyang.gov.cn/2011/08-08/2047740.html。

[75] 河南省社会科学院课题组：《中原崛起和中国特色社会主义道路》，《中国社会科学报》2012 年 9 月 24 日。

[76]《中共中央关于党的百年奋斗重大成就和历史经验的决议》，《奋斗》2021 年第 Z2 期，第 12~37 页。

[77] 熊若愚：《坚持党的领导》，《共产党员（河北）》2022 年第 1 期，第 18~20 页。

后　记

党的十八大以来，习近平总书记四次视察河南，寄予我们“奋勇争先、更加出彩”的殷切期望，为全面建设社会主义现代化河南提供了总纲领、总遵循、总指引。河南全省干部群众始终沿着总书记指引的方向勇毅前行，锚定“两个确保”，实施“十大战略”，扛稳时代责任，以强烈的感恩之心、敬畏之心、呵护之心，奋力谱写新时代中原更加出彩的绚丽篇章。

《总纲领总遵循总指引的河南实践》是2022年河南兴文化工程文化研究专项重点支持项目。本书从习近平总书记视察河南重要讲话重要指示中汲取智慧、增添力量、找准方向，在深刻领会习近平总书记重要讲话重要指示中领悟“两个确立”的决定性意义，感悟确保高质量建设现代化河南、确保高水平实现现代化河南，谱写新时代中原更加出彩的绚丽篇章的千钧分量。本书深刻阐述总纲领总遵循总指引河南实践的理论内涵与实践引领，系统梳理总纲领总遵循总指引在河南的经济建设实践、乡村建设实践、生态环境建设实践、思想建设实践、党的建设实践、文化建设实践，提出锚定“两个确保”，全面实施“十大战略”是持续深化总纲领总遵循总指引河南实践的新探索，系统总结了总纲领总遵循总指引河南实践的辉煌成就和经验启示，在此基础上选取尉氏探索、光山模式、兰考标准、南阳行动、三门峡实践、郑开同城化等典型案例进行深入分析。在喜逢党的二十大之际，《总纲领总遵循总指引的河南实践》一书付梓了。

本书的编撰得到了河南省委宣传部、河南省哲学社会科学工作事务中心的大力支持，已被列入2022年河南兴文化工程文化研究专项重点支持项目。河南省社会科学院院长、研究员王承哲高度重视该书的编撰工作，并担任主编，全程指导编撰工作，多次提出宝贵的指导意见，院各兄弟部门给予大力支持和帮助，相关专家学者提出很好的意见和建议。具体章节撰写如下：第一章，赵志浩；第二章，郭志远；第三章，席爽；第四章，郭志远；第五章，郝莹莹；第六章，邓欢；第七章，赵志浩；第八章，郭志远；第九章，潘艳艳；第十章，彭俊杰；第十一章，张侃。谨向所有为本书撰写出版作出贡献的同志表示衷心的感谢！

由于水平有限，书中难免有差错和不妥之处，恳请广大读者批评指正。

编 者

2022 年 10 月

图书在版编目(CIP)数据

总纲领总遵循总指引的河南实践 / 王承哲主编. -- 北京 : 社会科学文献出版社, 2022.11

ISBN 978-7-5228-0973-1

Ⅰ. ①总… Ⅱ. ①王… Ⅲ. ①区域经济发展-研究-河南 Ⅳ. ①F127.61

中国版本图书馆 CIP 数据核字(2022)第 198611 号

总纲领总遵循总指引的河南实践

主　　编 / 王承哲

出 版 人 / 王利民
组稿编辑 / 任文武
责任编辑 / 连凌云
责任印制 / 王京美

出　　版 / 社会科学文献出版社 · 城市和绿色发展分社(010) 59367143
地址: 北京市北三环中路甲 29 号院华龙大厦　邮编: 100029
网址: www.ssap.com.cn
发　　行 / 社会科学文献出版社 (010) 59367028
印　　装 / 三河市尚艺印装有限公司

规　　格 / 开 本: 787mm × 1092mm　1/16
印 张: 18.25　字 数: 287 千字
版　　次 / 2022 年 11 月第 1 版　2022 年 11 月第 1 次印刷
书　　号 / ISBN 978-7-5228-0973-1
定　　价 / 68.00 元

读者服务电话: 4008918866